Wissenschaftliche Beiträge aus dem Tectum Verlag

Reihe Rechtswissenschaft

Wissenschaftliche Beiträge
aus dem Tectum Verlag

Reihe Rechtswissenschaft
Band 161

Dominik Groß

Die Haftung für Wildschäden

Exkulpationsmöglichkeit des Jagdpächters?

Tectum Verlag

Nomos

Dominik Groß
Die Haftung für Wildschäden
Exkulpationsmöglichkeit des Jagdpächters?

Wissenschaftliche Beiträge aus dem Tectum Verlag
Reihe: Rechtswissenschaft; Bd. 161

Zugl. Diss. Philipps-Universität Marburg 2021

Eingereicht unter dem Originaltitel „Die Haftung für Wildschäden – Exkulpationsmöglichkeit des Jagdpächters?“.

ISBN 978-3-8288-4677-7
ePDF 978-3-8288-7758-0
ISSN 1861-7875

Gesamtverantwortung für Druck und Herstellung:
Nomos Verlagsgesellschaft mbH & Co. KG
Printed in Germany

Besuchen Sie uns im Internet
www.tectum-verlag.de

Bibliografische Informationen der Deutschen Nationalbibliothek
Die Deutsche Nationalbibliothek verzeichnet diese Publikation in der Deutschen Nationalbibliografie; detaillierte bibliografische Angaben sind im Internet über http://dnb.d-nb.de abrufbar.

Für Verena

Vorwort

Der Fachbereich Rechtswissenschaften der Philipps-Universität Marburg hat das vorliegende Werk im Wintersemester 2020/2021 als Dissertation angenommen. Vor der Veröffentlichung konnten Literatur und Rechtsprechung bis zum Frühjahr 2021 Berücksichtigung finden. Zwecks Verbesserung der Lesbarkeit fand das generische Maskulinum Verwendung. Sofern in der Arbeit die Begrifflichkeiten Jäger, Pächter, Verpächter, Eigentümer etc. verwendet werden, sollen damit alle Personen genannt sein, die mit der Jagd und ihren gesetzlichen Bestimmungen in Berührung kommen.

Mein herzlicher Dank gilt meinem akademischen Lehrer und Doktorvater Prof. Dr. Michael Kling, der mich bereits während meines Studiums als Studentische Hilfskraft beschäftigte und schon damals einen Grundstein für das wissenschaftliche Arbeiten legte. Auch während meiner Beschäftigung als Wissenschaftlicher Mitarbeiter hat er stets den fachlichen Gedankenaustausch gefördert und war immer zu angeregten Diskussionen bereit. Darüber hinaus gewährte er mir stets die nötigen Freiräume, um eine solche Arbeit anzufertigen. Ich hoffe, dass wir auch in Zukunft freundschaftlich verbunden bleiben werden.

Großer Dank gebührt auch meinem Zweitgutachter Prof. Dr. Dr. h. c. mult. Gilbert Gornig für seine Bereitschaft, ein so exotisches Thema wie das vorliegende zu begutachten, für seine wertvollen Anregungen und für sein reges Interesse an der Thematik dieser Arbeit.

Darüber hinaus danke ich Herrn Prof. Dr. Dr. h. c. dupl. Georg Freund für die angenehme Leitung der Disputation und die Förderung einer angeregten Diskussion.

Weiterer Dank gebührt dem gesamten Lehrstuhlteam – darunter ganz besonders Dr. Johannes Rein, der sowohl mit juristischer als auch jagdlicher Expertise immer eine wertvolle Unterstützung bei dem Verfassen dieser Arbeit war.

Dr. Johannes Meier danke ich für die wertvollen Anregungen in der Vorbereitung meines Disputationsvortrags sowie seine jahrelange Freundschaft, die uns schon seit Beginn unseres Studiums verbindet.

Großer Dank gebührt meiner Kollegin und meinen Kollegen von Dr. Geilhof und Partner mbB, die mir die Möglichkeit zur berufsbegleitenden Anfertigung dieser Arbeit gegeben haben.

Von Herzen danken möchte ich meinen Eltern, Andrea und Martin Groß, die mir diesen Weg überhaupt erst ermöglicht haben. Durch ihre Liebe konnte ich mir sicher sein, auch in schwierigen Situationen immer Unterstützung zu finden.

Unermesslich dankbar bin ich meiner lieben Ehefrau, Verena Groß, die den gesamten Prozess der Entstehung dieser Arbeit miterleben durfte und musste. Ich danke ihr nicht nur für die fachlichen Diskussionen und die bedingungslose Unterstützung sondern auch für ihre Einfühlsamkeit. Sie versteht es, mein Leben auch in stressigen Situationen zu bereichern und mit Liebe zu füllen. In der Zeit der Entstehung dieser Arbeit hat sie ihre Bedürfnisse hinten angestellt, wofür ich den nötigen Dank kaum ausdrücken kann. Dir ist diese Arbeit als Zeichen meiner Dankbarkeit gewidmet.

Inhaltsverzeichnis

Kapitel 1: Die Jagd im Wandel

Die Jagd ist heute ein rechtlich stark regulierter Lebensbereich. Mit dem Natur-, Umwelt- und Tierschutz, der Land- und Forstwirtschaft sowie dem Waffengebrauch berührt sie gesellschaftlich und rechtlich rege diskutierte Themenbereiche. Und auch zivilrechtliche Streitigkeiten entstehen zuweilen im Rahmen der Jagdausübung. Insbesondere im Zuge des landwirtschaftlichen Wandels rückt der Ersatz von Wildschäden vermehrt in den Blickpunkt. In der jagdlichen Praxis sieht sich der Jagdpächter zunehmend mit Wildschadensersatzforderungen der Land- und Forstwirte konfrontiert. Wie sich zeigen wird, existieren aber ausgerechnet für die Wildschadenshaftung des Jagdpächters nur spärliche rechtliche Regelungen.

Die Jagd gehört seit Anbeginn der menschlichen Entwicklung zum Umgang des Menschen mit der Natur. Doch mit der menschlichen Gesellschaft unterlag auch die Jagd einem stetigen Wandel und nimmt in der heutigen Zeit eine völlig andere Rolle ein als noch vor einigen Jahrhunderten oder gar Jahrtausenden, von der notwendigen Nahrungsbeschaffung in der Steinzeit über ein hoheitliches Adelsprivileg[1] im Mittelalter und einen Trophäenkult etwa im „Dritten Reich" hin zum heutigen „ökologischen" Management von Flora und Fauna.[2]

Obwohl sich im Zuge dessen auch der Jäger zum „Naturschützer" bzw. „Wildtiermanager" gewandelt hat, ist die Jagdausübung heute politisch und gesellschaftlich umstrittener denn je. Einen Beitrag hierzu leistet sicherlich auch der Umstand, dass in das Bundesjagdgesetz (BJagdG) viele Regelungen des aus der Feder der Nationalsozialisten stammen-

1 *Ebner*, Gemeinschaftlicher Jagdbezirk, S. 1; *Schwenk*, in: Jagdliches Eigentum, 2018, S. 3, 15 ff.

2 Ein Überblick über die Geschichte der Jagd und des Jagdrechts findet sich bei *Bode/Emmert*, Jagdwende, S. 86 ff.; *Dietlein*, in: Jagdliches Eigentum, 2018, S. 29 ff.; *Frevert*, Jagdliches Brauchtum und Jägersprache, S. 8 ff.; *Schwenk*, in: Jagdliches Eigentum, 2018, S. 3 ff.

den Reichsjagdgesetzes (RJagdG) übernommen wurden. Schon ein Blick auf diesen historischen Aspekt vermag Argwohn dahingehend zu wecken, ob das aktuelle Jagdrecht den Belangen der modernen Jagd einerseits und Land-, Forst- und Fischereiwirtschaft andererseits noch gerecht werden kann.

Besonders deutlich zeigt sich dieses Spannungsverhältnis bei der Frage, ob und in welchem Umfang der Jagdpächter dazu verpflichtet ist, Wildschäden an land-, forst- und fischereiwirtschaftlichen Flächen zu ersetzen. Dabei stellt die Haftung für Wildschäden der Land- oder Forstwirtschaft den praktisch häufigsten Fall dar. Vor allem die moderne Landwirtschaft weist einen wirtschaftlichen Charakter auf, der mit der Kleinbauernschaft der vorhergehenden Jahrhunderte kaum noch vergleichbar ist. Sie ist geprägt von Kommerzialisierung: Die Anzahl kleiner landwirtschaftlicher Betriebe, die eine Fläche von unter 5 ha bewirtschaften, verringert sich zunehmend, während die Anzahl der Betriebe, welche eine Fläche von über 100 ha bestellen, kontinuierlich wächst.[3] Erschwerend kommt hinzu, dass die Landwirtschaft nicht mehr regional begrenzt ist, sondern sich im Zuge der Globalisierung im Kontext des weltweiten Wettbewerbs behaupten muss.[4] Ebenso gerät die Forstwirtschaft zunehmend unter Druck. Der für die Wälder verheerende Klimawandel verursacht mit Dürren, Stürmen und Schädlingen bereits für sich genommen massive wirtschaftliche Einbußen.[5]

---

3 Aktuell werden ca. 61% der landwirtschaftlich genutzten Fläche in Deutschland von diesen Großbetrieben genutzt, vgl. https://www.topagrar.com/management-und-politik/news/266-700-landwirtschaftliche-betriebe-in-deutschland-11946438.html (Stand: 20.12.2020); https://de.statista.com/statistik/daten/studie/36094/umfrage/landwirtschaft---anzahl-der-betriebe-in-deutschland/ (Stand: 20.12.2020); https://www.bauernverband.de/themendossiers/strukturwandel#:~:text=Die%20Landwirtschaft%20hat%20sich%20in,der%20landwirtschaftlichen%20Erwerbst%C3%A4tigen%20nimmt%20ab.&text=In%20der%20vornehmlich%20durch%20Familienbetriebe,wesentlicher%20Taktgeber%20f%C3%BCr%20den%20Strukturwandel. (Stand: 20.12.2020).

4 https://www.weltagrarbericht.de/themen-des-weltagrarberichts/baeuerliche-und-industrielle-landwirtschaft.html (Stand: 20.12.2020).

5 https://www.bundesregierung.de/breg-de/aktuelles/wald-leidet-unter-klimawandel-1661828 (Stand: 20.12.2020).

Die Landwirte sehen sich vor diesem Hintergrund zu einer intensiven Bewirtschaftung gezwungen, mit der jedoch eine erhöhte Anfälligkeit für Wildschäden einhergeht. Zudem wirken sich in der Forstwirtschaft durch Wild an den Forstkulturen verursachte Schäden wegen der ohnehin prekären Lage noch stärker aus. Hinzu kommen nennenswerte Veränderungen in den Beständen der sog. „schadensintensiven Wildarten". Im Grunde nachvollziehbar ist es daher, dass die Land- und Forstwirte immer häufiger mit Wildschadensersatzforderungen an den meist schadensersatzverpflichteten Jagdpächter herantreten. Demgegenüber stellt die Jagd längst kein Privileg weniger Vermögender mehr dar, sondern ist zu einem breitentauglichen Hobby geworden. Trotz allem haben sich die gesetzlichen Wildschadensersatzregelungen in den vergangenen Jahrzehnten nicht verändert: Zugespitzt formuliert haftet heute der Jagdpächter als „Hobbyjäger" und Privatperson für Wildschäden auf den Flächen eines landwirtschaftlichen Großbetriebs im Wesentlichen nach den gleichen gesetzlichen Regeln wie noch der Jagdpächter in den 1930er Jahren gegenüber einem Kleinbauern, der sein Vieh ausschließlich mit den eigenen Feldfrüchten ernährte.[6] Ein genauerer Blick offenbart sogar: Eine gesetzliche Regelung der Wildschadenshaftung des Jagdpächters fehlt nahezu komplett.

6 Vor diesem Hintergrund bezeichnete *Dietlein,* AgrarR 1996, 241 das Wildschadensersatzsystem bereits im Jahr 1996 als „überkommen".

Kapitel 2: Grundlagen des Jagdrechts in der Bundesrepublik Deutschland

A. Die Geschichte des Jagdrechts

Ursprünglich übte der Mensch die Jagd maßgeblich zur Nahrungs- und Kleidungsbeschaffung aus, aber auch präventiv, um sich vor anderen Lebewesen zu schützen, die seine Lebensgrundlage bedrohten.[7] Bei der Jagd handelt es sich um die archaischste Form der Lebensmittelbeschaffung, die sich – wenn auch in veränderter Form – bis heute fortsetzt.[8] Bevor der Mensch begann, Ackerbau zu betreiben, lebte er ausschließlich vom Jagen und Sammeln.[9] Erst die Landwirtschaft und die Domestizierung wilder Tiere führte zum Sesshaftwerden des Menschen und legte die Grundlagen für das Leben in der modernen menschlichen Gesellschaft. Diese Entwicklung ereignete sich auch auf dem Gebiet des heutigen Deutschlands. Im frühen Germanien (bis hin zum 6. Jahrhundert) existierte das rechtliche Konstrukt des Privateigentums an Grundstücken noch nicht.[10] Zu dieser Zeit konnte jeder Mann, der zum Führen einer Waffe fähig war, die Jagd ausüben – es herrschte der Grundsatz der Jagdfreiheit und „das Recht zur freien Pürsch“[11].[12] Zu dieser Zeit durfte folglich jedermann überall jagen und

---

7 *Konrad,* Wildschadensersatz, S. 25; *Meyer-Ravenstein,* Die Jagdberechtigungen, S. 10; *Blau/Hehn/Klett,* Weinrecht, Jagdrecht, Forstrecht, Fischereirecht, S. 45.

8 *Meyer-Ravenstein,* Die Jagdberechtigungen, S. 10.

9 https://www.planet-wissen.de/gesellschaft/lebensmittel/fleisch/pwiejagenundsammelnfleischundgeschlechterrollen100.html (Stand: 20.12.2020).

10 *Meyer-Ravenstein,* Die Jagdberechtigungen, S. 12; *Tausch,* Jagdrecht Hessen, Rn. 1.

11 *Bauch,* Grundgedanken des RJG, S. 2. Der Begriff „Pürsch“ ist heute die „Pirsch“; *Frevert,* Jagdliches Brauchtum und Jägersprache, S. 235, definiert sie als: „*Pirsch* oder *Pirsche,* südlich auch *Birsch* oder *Birsche*: die vorsichtige langsame Vorwärtsbewegung des Jägers im *Revier,* um ohne Störung an das Wild heranzukommen.“.

12 *Bauch,* Grundgedanken des RJG, S. 2; *Binder,* Jagdrecht, S. 4; *Konrad,* Wildschadensersatz, S. 25; *Meyer-Ravenstein,* Die Jagdberechtigungen, S. 12; *Tausch,* Jagdrecht Hessen, Rn. 1.

sich Wild aneignen.[13] Im Übrigen waren die jagdrechtlichen Reglungen zu dieser Zeit aufgrund der verschiedenen germanischen Stämme sehr undurchsichtig.[14]

Erst im frühen Mittelalter wurde das rechtliche Institut des Privateigentums geschaffen und im Zuge dessen das Jagdrecht daran geknüpft. Daraus folgte, dass der Landeigentümer auf seinen Ländereien die Jagd ausüben und auch andere Personen von der Jagd auf seinem Grund und Boden ausschließen durfte. Doch damit nicht genug: Die mittelalterlichen Regenten dehnten ihr Jagdrecht auf fremden Grund und Boden aus, wodurch der sogenannte „Königsbann“[15] als Sonderrecht entstand. Zu dieser Zeit (13. und 14. Jahrhundert) war das Jagdrecht mithin ausschließlich dem Adel zugedacht[16] und wurde so zum Privileg,[17] während man den Landwirten das Jagdrecht – mit Ausnahme einiger weniger Wildarten – in dieser Epoche beinahe vollständig entzog. Durch die Einführung dieses sog. „Jagdregals“[18] entstanden die Begriffe der „hohen Jagd“ (etwa auf Rotwild), die den Herrschenden vorbehalten war, und der „niederen Jagd“ (z.B. auf Hasen), die insbesondere zum Zwecke der Nahrungsbeschaffung auch den Untertanen erlaubt blieb. Bis heute differenziert man aufgrund dessen zwischen dem Hoch- und dem Niederwild.[19] Die Schäden, die durch das Wild und die Jagdausübung auf den landwirtschaftlich genutzten Flächen entstanden, wurden vom Adel nicht ersetzt – selbst wenn sie auf einen

---

13 *Bauch,* Grundgedanken des RJG, S. 2.

14 Ausführlich dazu *Dietlein,* in: Jagdliches Eigentum, 2018, S. 29, 30 ff.

15 *Tausch,* Jagdrecht Hessen, Rn. 1.

16 *Bauch,* Grundgedanken des RJG, S. 2 f.; *Blau/Hehn/Klett,* Weinrecht, Jagdrecht, Forstrecht, Fischereirecht, S. 45.

17 Zur Entwicklung des Jagdrechts im Mittelalter im Sinne der obigen Ausführungen *Bauch,* Grundgedanken des RJG, S. 3 ff.; *Meyer-Ravenstein,* Die Jagdberechtigungen, S. 12; *Tausch,* Jagdrecht Hessen, Rn. 1; https://www.nzz.ch/feuilleton/roberto-calasso-meditiert-im-himmlischen-jaeger-ueber-die-jagd-ld.1576017 (Stand: 20.12.2020).

18 Ursprünglich vom König vergebenes Nutzungsrecht bzw. ausschließlich königliches Jagdausübungsrecht, das ggf. auf den jeweiligen Territorialherren übertragen wurde; vgl. *Bode/Emmert,* Jagdwende, S. 97.

19 *Frevert,* Jagdliches Brauchtum und Jägersprache, S. 209, 232; *Schwenk,* in: Jagdliches Eigentum, 2018, S. 3, 15; *Blau/Hehn/Klett,* Weinrecht, Jagdrecht, Forstrecht, Fischereirecht, S. 45. Zur Differenzierung von Hoch- und Niederwild s. auch Kapitel 2 B. IV. 2.

hohen Wildbestand zurückzuführen waren, der durch den jagdfreudigen Adel gezielt herangezogen worden war. Schlussendlich gipfelten diese Missstände ab dem Jahr 1525 in den deutschen Bauernkriegen.[20]

Im Zuge der Französischen Revolution wurden die Jagdbefugnisse dem Adel abgerungen und wieder in die Hände der Landeigentümer gelegt. Auch in Deutschland führten die Veränderungen der französischen Revolution dazu, dass das Jagdrecht im Jahr 1848 obligatorisch wiederum an das Eigentum an Grund und Boden gekoppelt wurde.[21] Die Bauernaufstände in Bezug auf das Jagdrecht wurden maßgeblich dadurch ausgelöst, dass sich die Grundeigentümer aufgrund des Jagdregals nicht einmal mehr durch das Verscheuchen gegen das Wild erwehren durften.[22] Die Frankfurter Nationalversammlung sprach im Jahr 1848 die Jagdbefugnis den Grundeigentümern zu. Das Jagdrecht wurde durch diese maßgebliche Änderung mithin an die Eigentümerstellung gebunden.[23] Diese Neuerung uferte jedoch aus: Nahezu jeder Eigentümer machte auf seinem Grundstück lebhaften Gebrauch von dem neu gewonnenen Recht. Die Folge war eine regelrechte „Überjagung“, die als völlig unkontrollierte Jagdausübung zu einer Gefährdung der öffentlichen Sicherheit und Ordnung führte. Man reagierte hierauf in den meisten deutschen Ländern mit der Einführung von Jagdgesetzen, die als zentrale Neuerung das Reviersystem beinhalteten.[24] Durch die intensive Eigentümerjagd wurden aus Angst vor der Ausrottung verschiedener Wildarten sowie aus Gründen des Allgemeinwohls

20 *Tausch,* Jagdrecht Hessen, Rn. 2.

21 *Tausch,* Jagdrecht Hessen, Rn. 3 f.

22 Der Auslöser für die Bauernaufstände lag maßgeblich darin, dass sich die Grundeigentümer aufgrund des Jagdregals nicht einmal mehr durch das Verscheuchen gegen das Wild erwehren durften. Vgl. dazu *Schwenk,* in: Jagdliches Eigentum, 2018, S. 3, 19.

23 *Konrad,* Wildschadensersatz, S. 35; *Metzger,* in: Lorz/Metzger/Stöckel BJagdG Einl. BJagdG Rn. 5.

24 *Dietlein,* in: Jagdliches Eigentum, 2018, S. 29, 39; *Ditscherlein,* Natur und Recht 2005, 305; *Konrad,* Wildschadensersatz, S. 35; *Meyer-Ravenstein,* in: Jagdliches Eigentum, 2018, S. 217, 218; *Schwenk,* in: Jagdliches Eigentum, 2018, S. 3, 19; *Thies,* in: Jagdliches Eigentum, 2018, S. 249; *Wetzel,* AUR 2010, 70; *Tausch,* Jagdrecht Hessen, Rn. 5. *Bode/Emmert,* Jagdwende, S. 107 ff. hingegen stellen die Überjagung in Abrede und erachten sie allein als politische Rechtfertigung für die Beendigung der „Jagdfreiheit“. Zum Reviersystem s. Kapitel 2 B. VI.

das Jagdrecht und das Jagdausübungsrecht getrennt.[25] Infolge dieses Strukturwandels, der bis zum heutigen Tag existiert, spaltete man das Jagdrecht für kleinere Grundeigentümer auf.[26] Damals wurde die Regelung eingeführt, dass 300 Morgen (umgerechnet 75 Hektar)[27] einen Eigenjagdbezirk bilden sollen und alle kleineren Flächen einem gemeinschaftlichen Jagdbezirk angegliedert werden, welcher durch eine Jagdgenossenschaft, bestehend aus ihren Grundeigentümern, verwaltet wird.

Diese Veränderungen ließen auch den Ruf nach einer Wildschadensersatzregelung laut werden, die im Zuge der Entstehung des BGB (wenngleich erst im zweiten Entwurf) ihren Platz erstmals in § 819 BGB fand.[28] Von dort wurde die Wildschadensersatzregelung nach § 835 BGB verschoben, bevor sie mit der Schaffung des Reichsjagdgesetzes (RJagdG) aus dem BGB herausgenommen und in §§ 44 ff. RJagdG platziert wurde.[29]

Auch das Reviersystem hielt Einzug in das am 03.07.1934 eingeführte Reichsjagdgesetz. Beim Erlass des RJagdG war der damalige Reichsminister und spätere NS-Kriegsverbrecher Hermann Göring federführend.[30] Zwar lag dem Reichsjagdgesetz inhaltlich das maßgeblich von Adolf Vollbach und Ulrich Scherping entwickelte Preußische Jagdgesetz (PrJagdG) aus dem Jahr 1934 zugrunde, jedoch fungierte Göring in dieser Zeit zugleich als Ministerpräsident Preußens, sodass das Reichsjagdgesetz nicht ohne Weiteres von dem Verdacht freigesprochen werden kann, nationalsozialistisches Gedankengut zu beinhalten.[31] Bereits in formeller Hinsicht wird dieser Verdacht dadurch be-

25 Zur Differenzierung von Jagd- und Jagdausübungsrecht Kapitel 2. B. III.

26 *Dietlein*, in: Jagdliches Eigentum, 2018, S. 29, 39; *Wetzel*, AUR 2010, 70.

27 *Zrenner*, Entstehung des Bürgerlichen Gesetzbuches, S. 69.

28 Zur Wildschadensersatzregelung im Kontext der Entstehung des BGB *Selter*, AUR 2009, 175 ff.

29 *Selter* AUR 2009, 175, 177, 181.

30 Zur Entwicklung des RJagdG im Sinne des Folgenden *Scherping/Vollbach*, Reichsjagdgesetz; *Dietlein*, Jagdrecht, 26, 108 f.; *ders.*, in: Jagdliches Eigentum, 2018, S. 29, 45 ff.; https://wildeswissen.de/2016/10/17/jagdgesetz-iii-1934/ (Stand: 20.12.2020).

31 *Dietlein*, in: Jagdliches Eigentum, 2018, S. 29, 46, merkt insoweit an, dass „eine pauschale Einordnung des Reichsjagdgesetzes als „Nazi-Gesetz“ ebenso verfehlt sein [dürfte] wie dessen pauschale Freisprechung von nationalsozialistischem Gedankengut“.

stärkt, dass das RJagdG dem Ermächtigungsgesetz entsprechend allein durch Kabinettsbeschluss ohne rechtsstaatlich gebotene Beteiligung des Parlaments zustande kam.[32] Ähnliches galt in materieller Hinsicht:[33] Dem RJagdG wurde eine in nationalsozialistischer Terminologie verfasste Präambel vorangestellt, die „Wild und Wald als wertvolle deutsche Volksgüter" einordnet, die Hegepflicht zur Wahrung eines „reichen, kräftigen und gesunden Wildbestandes" vorsah und die „anerkannten Grundsätze deutscher Waidgerechtigkeit" betonte. Gleichwohl spiegelten sich die Ausführungen der Präambel – etwa mit der Bindung des Jagdrechts an Grund und Boden oder dem Revierprinzip – nicht vollständig in den inhaltlichen Regelungen des RJagdG wider.

Nach dem Ende des Zweiten Weltkriegs trat sodann am 01.04.1953 das BJagdG in Kraft.[34] Erstaunlicherweise gelang dabei keine Loslösung von den Regelungen aus dem „Dritten Reich". Vielmehr übernahm man das RJagdG mit nur geringfügigen Änderungen in das BJagdG. So finden sich insbesondere die genannten Aspekte aus der Präambel des RJagdG noch heute im BJagdG wieder. Bereits vor diesem Hintergrund ist eine kritische Betrachtung der betreffenden Regelungen angebracht. Das Bundesministerium für Ernährung und Landwirtschaft (BMEL) entgegnete im Jahr 2018 dahingehend im Rahmen einer Petition vorgebrachten Bedenken, „dass das Bundesjagdgesetz lediglich in dem unpolitisch formulierten, jagdfachlichen Teil und seinen Verbindungen zur Landwirtschaft, Forstwirtschaft und zum Naturschutz Grundgedanken des Reichsjagdgesetzes übernommen habe".[35]

Ungeachtet dessen erfüllt die Jagd in Deutschland heute mehrere Funktionen. Durch die gezielte Bejagung einzelner Wildarten soll eine gesunde Altersstruktur innerhalb der Wildbestände geschaffen werden. Zudem dient die Jagd der Erhaltung einer natürlichen Artenvielfalt, die

32 *Dietlein,* in: Jagdliches Eigentum, 2018, S. 29, 46.

33 Auch hierzu *Dietlein,* in: Jagdliches Eigentum, 2018, S. 29, 46 f., der zudem anmerkt, dass sich zwischen der Präambel und den inhaltlichen Regelungen des RJagdG durchaus Widersprüche ergeben.

34 Zur Entwicklung des Jagdrechts in der Nachkriegszeit *Dietlein,* in: Jagdliches Eigentum, 2018, S. 29, 47 ff.

35 Petition "Pet 3-18-10-789-038775" (abrufbar unter: https://epetitionen.bundestag.de/petitionen/_2017/_01/_02/Petition_69221.abschlussbegruendungpdf.pdf, Stand: 20.12.2020).

heutzutage nur erreicht werden kann, wenn der Mensch die nahezu vollständig fehlenden Prädatoren ersetzt. Der Jäger betreibt folglich in der heutigen Zeit Natur-, Landschafts-, Umwelt- und Tierschutz.[36] Das primäre Ziel vieler Jäger ist es aber nach wie vor, gesunde und kräftige Wildbestände zu fördern.[37] Dieser Gedanke der Hege wurde sogar im Bundesjagdgesetz verankert (§ 1 Abs. 2 BJagdG).[38] Freilich wird heute auch schwerpunktmäßig Wild bejagt, welches Schäden an landwirtschaftlich genutzten Flächen verursacht, namentlich Schwarzwild, Rotwild, Rehwild etc. Diese verstärkte Bejagung zur Vermeidung von Wildschäden beruht überwiegend auf dem deutlichen Wandel in der deutschen Landwirtschaft. Es wird nicht mehr nur Getreide angebaut, um Lebensmittel für den Menschen zu gewinnen und das eigene Vieh zu versorgen, sondern auch zugunsten anderer, wirtschaftlicher und infrastruktureller Zwecke, wie etwa der Stromversorgung (z.B. Anbau von Mais für Biogasanlagen).[39] Heutzutage besteht der Sinn und Zweck des BJagdG mithin vor allem in der Sicherung der Artenvielfalt und der Vermeidung von Wildschäden.[40]

B. Einführung in das gegenwärtige Jagdrecht

Durch das heutige Jagdrecht findet die Jagd eine strenge Regulierung. Bereits unter dem Begriff „Jagdrecht" kann zweierlei verstanden wer-

36 https://www.jagdverband.de/content/aufgaben-und-ziele (Stand: 20.12.2020); https://www.jagdverband.de/rund-um-die-jagd/natur-und-artenschutz (Stand: 20.12.2020); https://www.jagdverband.de/rund-um-die-jagd/natur-und-artenschutz/warum-sind-jaeger-naturschuetzer (Stand: 20.12.2020); *Seibt,* Grundwissen Jägerprüfung, S. 8.

37 *Seibt,* Grundwissen Jägerprüfung, S. 8.

38 https://www.alimentarium.org/de/wissen/die-geschichte-der-jagd (Stand: 20.12.2020). Insbesondere der Hegegedanke wird heute aber kritisch betrachtet und soll im Wege der „Waldstrategie 2050" beseitigt werden (abrufbar unter https://www.bmel.de/SharedDocs/Downloads/DE/_Ministerium/Beiraete/waldpolitik/stellungnahme-waldstrategie-2050.pdf?__blob=publicationFile&v=1, Stand 20.12.2020).

39 https://www.weltagrarbericht.de/aktuelles/nachrichten/news/de/33208.html (Stand 20.12.2020).

40 Mitteilung des Bundesministeriums für Ernährung und Landwirtschaft: https://www.bmel.de/DE/themen/tiere/jagd/aenderung-jagdrechtliche-vorschriften.html (Stand 20.12.2020).

den: Das Jagdrecht besitzt sowohl eine objektive als auch eine subjektive Ausprägung,[41] die bereits dem RJagdG zugrunde lagen.[42]

I. Gesetzgebungskompetenz unter besonderer Berücksichtigung der Wildschadensersatzregelungen

Oft wird die Frage aufgeworfen, in welchem Verhältnis das Bundesjagdgesetz zu den verschiedenen Landesjagdgesetzen steht. Das Jagdwesen fällt nach der Föderalismusreform prinzipiell in die konkurrierende Gesetzgebung gemäß Art. 72, 74 Abs. 1 Nr. 28 GG.[43] Gemäß Art. 72 Abs. 1 GG können die verschiedenen Bundesländer im Bereich der konkurrierenden Gesetzgebung legislativ tätig werden, solange der Bundesgesetzgeber von seiner Gesetzgebungszuständigkeit nicht durch Gesetz Gebrauch gemacht hat. Da allerdings für das Jagdwesen die Abweichungskompetenz des Art. 72 Abs. 3 Nr. 1 GG greift, können die Länder selbst dann von bundesrechtlichen Regelungen abweichen, wenn der Bund Gebrauch von seiner Gesetzgebungskompetenz gemacht hat. An dieser Stelle kann ausnahmsweise der Landesgesetzgeber die Regelung des Bundes durch eine neue gesetzliche Regelung aushebeln. Im Rahmen dieser Abweichungskompetenz erhält das jeweils zeitlich gesehen neuere Gesetz Geltungsvorrang.[44] Sollte ein Bundesland von einer bundesrechtlichen Norm abgewichen sein, so kann der Bundesgesetzgeber dieses Ergebnis durch ein eigenes Gesetz erneut korrigieren. Jedoch kann von diesem Gesetz dann das Land erneut abweichen. Es kommt zum „Wettlauf der Gesetzgeber“ oder auch zur „Pingpong-Gesetzgebung“.[45]

Vor dem Hintergrund der Abweichungskompetenz der Länder im Bereich des Jagdwesens (ohne das Recht der Jagdscheine) gemäß Art. 72

---

41 *Leonhardt,* Jagdrecht Bd. 1, § 1 BJagdG Rn. 1; *Linnenkohl,* Bundesjagdgesetz, § 1 Rn. 1 (S. 11); *Schuck,* in: Schuck BJagdG Einl. Rn. 3 f.; *Scherping/Vollbach,* Reichsjagdgesetz, S. 16.

42 *Scherping/Vollbach,* Reichsjagdgesetz, S. 16.

43 *Dietlein,* in: FS Hecker, 2017, S. 57; *Glaser,* NuR 2007, 439, 440; *Konrad,* Wildschadensersatz, S. 4.

44 *Dietlein,* in: FS Hecker, 2017, S. 57.

45 Zu diesem Absatz *Gröpl,* Staatsrecht I, Rn. 1094.

Abs. 3 Nr. 1 GG entbrannte ein Streit darüber, wie mit dem Wildschadensersatzanspruch umzugehen sei. Da dieser materiell-rechtlich dem Zivilrecht zugeordnet wird, unterfällt er dem Bürgerlichen Recht i.S.d. Art. 74 Abs. 1 Nr. 1 Var. 1 GG, woraus gefolgert wurde, dass eine Abweichung der Länder unzulässig sei, da der Bundesgesetzgeber im Jahr 1952 das BJagdG erlassen und damit eine verbindliche Regelung geschaffen habe.[46] Auch der Bundesgerichtshof hat in seiner Entscheidung vom 04. März 2010 ausgeführt, dass es sich bei den vorherigen Absätzen um eine „Vollkompetenz" des Bundes handle, da die Regulierung vor der Einführung des Reichsjagdgesetzes in § 835 BGB geregelt war.[47] Mittlerweile wird jedoch überwiegend angenommen, dass das Jagdrecht i.S.d. Art. 74 Abs. 1 Rn. 28 GG alle Regelungen im Zusammenhang mit der Jagd umfasst.[48]

Allerdings stellt § 29 Abs. 4 BJagdG noch einmal klar, dass die Länder die Wildschadensersatzpflicht auf weitere Wildarten ausdehnen und Wildschadensausgleichskassen eingeführt werden können. Insofern öffnet der Bundesgesetzgeber den Landesgesetzgebern die Tür, um zumindest partiell einzugreifen. Eine ähnliche Abweichungsmöglichkeit existiert im Rahmen des § 11 BJagdG, welcher die Reglungen zur Jagdpacht beinhaltet. Gemäß § 11 Abs. 4 S. 2 BJagdG soll die Mindestpachtdauer neun Jahre betragen. Durch § 11 Abs. 4 S. 3 BJagdG wird erneut dem Landesgesetzgeber die Möglichkeit eingeräumt, eine nach oben abweichende Regelung zu schaffen. Von diesem Gestaltungsangebot hat beispielsweise Hessen Gebrauch gemacht und die Pachtdauer nach § 10 Abs. 1 HJagdG auf zehn Jahre erhöht. Rheinland-Pfalz ist in § 14 Abs. 4 S. 2 LJG Rheinland-Pfalz von dieser Bestimmung nach unten abgewichen.[49]

---

46 Vgl. *Konrad,* Wildschadensersatz, S. 4 ff. Ausführlich zu dieser Entwicklung *Sachs,* in: Jagdliches Eigentum, 2018, S. 105 ff.

47 BGH NJW 2010, 1608, 1610; *Bernau,* in: Staudinger BGB § 835 Rn. 1.

48 BGH NJW 2010, 1608, 1609 ff.; *Bernau,* in: Staudinger BGB § 835 Rn. 1; *Kment,* in: Jarass/Pieroth GG Art. 74 Rn. 78.

49 *Konrad,* Wildschadensersatz, S. 5. Ob diese Abweichung haltbar ist, kann angesichts des eindeutigen Wortlauts des § 11 Abs. 4 S. 3 BJagdG bezweifelt werden.

II. Das objektive Jagdrecht

Zum einen bezeichnet das objektive Jagdrecht die Gesamtheit der die Jagd betreffenden Vorschriften. Die Jagd wird durch zahlreiche Gesetze geregelt. Zu nennen sind etwa das BJagdG und die 16 verschiedenen Landesjagdgesetze (LJagdG) mitsamt der entsprechenden Durchführungsverordnungen (DVO).[50] Jedoch haben jagdliche Belange auch in zahlreichen anderen Gesetzen eine Normierung erfahren. Dabei seien exemplarisch das Waffengesetz (WaffG) und das Tierschutzgesetz (TierSchG) genannt. Spricht man vom Jagdrecht im objektiven Sinn, so wird darunter also die Gesamtheit der Normen verstanden, die mit dem Jagdrecht in Verbindung stehen.[51] Dabei kommt es nicht darauf an, welchem Rechtsgebiet die betreffenden Normen zuzuordnen sind, sondern darauf, dass sie mit der Jagd oder Jagdausübung in einem inneren Zusammenhang stehen.[52] Die Summe der Rechtsvorschriften, die unter dem objektiven Jagdrecht zusammengefasst werden, sind deshalb interdisziplinär ausgestaltet. Eine genaue Zuordnung zum Zivilrecht oder dem Öffentlichen Recht ist nicht trennscharf möglich, allerdings auch nicht nötig.[53] Zum Jagdrecht zählen etwa die besonderen zivilrechtlichen Vorschriften über den Jagdpachtvertrag in den §§ 11 ff. BJagdG und §§ 10 ff. HJagdG.[54] Wird ein Pachtvertrag geschlossen, so gelten für diesen überdies die zivilrechtlichen Bestimmungen nach §§ 581 ff. BGB. In öffentlich-rechtlicher Hinsicht sind insbesondere die Erteilung, Versagung und Einziehung eines Jagdscheins nach §§ 15 ff. BJagdG von Interesse. Wird der Erlass eines Jagdscheins begehrt, so muss nach der Ablegung der Jägerprüfung ein Antrag bei der zuständigen unteren Jagdbehörde gestellt werden, die sodann den Jagdschein ausstellt – ein lupenreiner Verwaltungsakt.[55] In strafrechtlichem Kontext genießt das subjektive Jagdrecht Schutz. Sollte jemand gegen fremdes Jagdrecht verstoßen, so kann dieser wegen Jagdwilderei (§ 292

50 *Linnenkohl*, Das Bundesjagdgesetz, § 1 Rn. 1 ff. (S. 11 ff.).

51 *Linnenkohl*, Das Bundesjagdgesetz, § 1 Rn. 1 (S. 11).

52 *Schuck*, in: Schuck BJagdG Einl. Rn. 3.

53 *Hasenjäger*, Lehre vom Jagdpachtvertrag, S. 2.

54 *Schäfer/Belgard*, in: Mitzschke/Schäfer § 1 Rn. 5.

55 BVerwG (3. Senat), Beschluss v. 13.11.2017 – 3 B 51.16; VGH München, Urteil v. 29.06.2016 – 21 B 16.527; VG Würzburg, Urteil v. 20.08.2015 – 5 K 14.1303.

StGB) strafrechtlich verfolgt werden. Die Jagdwilderei umfasst mehrere Handlungsvarianten, die unter die „Jagdausübung" subsumiert werden können. Bei der ersten Tatbestandvariante („nachstellen") handelt es sich sogar um ein in den Vorfeldbereich der Rechtsgutsverletzung verlagertes, unechtes Unternehmensdelikt.[56] Die übrigen Tatbestandsvarianten sind als Erfolgsdelikte zu qualifizieren.[57]

III. Das subjektive Jagdrecht

Zum anderen beschreibt der Begriff des „Jagdrechts" auch gewisse subjektive Rechte im Zusammenhang mit der Jagd. Hier wird maßgeblich zwischen dem subjektiven „Jagdrecht" und dem „Jagdausübungsrecht" differenziert. Wem das Jagdrecht bzw. das Jagdausübungsrecht zusteht, richtet sich nach dem Reviertyp: Das Jagdrecht an Flächen in einem gemeinschaftlichen Jagdbezirk soll bei den Grundeigentümern verbleiben, während das Jagdausübungsrecht auf die Jagdgenossenschaft übergehen soll.[58] In Eigenjagdbezirken wird das Jagdausübungsrecht nicht automatisch abgetrennt.[59] Der Besitzer einer Eigenjagd wird aufgrund der Größe seines Grundbesitzes automatisch Inhaber beider Rechte.[60] Das Jagdausübungsrecht kann allerdings auch von ihm im Wege der Verpachtung übertragen werden.[61]

1. Jagdrecht

Nach § 1 Abs. 1 S. 1 BJagdG handelt es sich bei dem Jagdrecht um „die ausschließliche Befugnis, auf einem bestimmten Gebiet wildlebende Tiere, die dem Jagdrecht unterliegen (Wild) zu hegen, auf sie die Jagd auszuüben und sie sich anzueignen."[62] Unter dem Jagdrecht im

56 *Zeng*, in: MKStGB § 292 Rn. 2.
57 *Zeng*, in: MKStGB § 292 Rn. 2.
58 *Dietlein*, in: Jagdliches Eigentum, 2018, S. 29, 39.
59 *Metzger*, in: Lorz/Metzger/Stöckel BJagdG § 3 Rn. 6.
60 *Froese*, in: Jagdliches Eigentum, 2018, S. 159, 173.
61 *Dietlein*, in: Jagdliches Eigentum, 2018, S. 29, 39 f.; *Fickendey-Engels*, in: MAH AgrarR § 21 Rn. 6 f.; *Frank*, in: Schuck BJagdG § 7 Rn. 19; *Metzger*, in: Lorz/Metzger/Stöckel BJagdG § 11 Rn. 3.
62 *Pückler*, Der Jäger und sein Recht, S. 43; *Stolting/Zoebe*, Das Tier im Recht, S. 47.

subjektiven Sinn versteht man also das absolute Recht, auf einem bestimmten Gebiet (§ 3 Abs. 1 BJagdG) die Jagd auszuüben und Dritte davon auszuschließen, womit ein deutlicher sachenrechtlicher Bezug offenbar wird.[63] Das Jagdrecht beinhaltet demnach – ebenso wie das Eigentum – eine Ausschluss- und eine Nutzungsfunktion.[64] Zum Teil wird auch angenommen, es wirke ähnlich wie der Besitz oder ein Pfandrecht.[65]

Vergegenwärtigt man sich den Wortlaut des § 1 Abs. 1 BJagdG, so sind die Kernbestandteile des Jagdrechts die Hege, die Jagdausübung und die Aneignung des Wildes. Das Jagdrecht verleiht seinem Inhaber die genannten Befugnisse.[66] Projiziert man diese Überlegung nun darauf, dass der Grundeigentümer grundsätzlich der Inhaber des Jagdrechts ist, so müsste man eigentlich zwingend davon ausgehen, dass ausschließlich er die in § 1 Abs. 1 BJagdG ausgeführten Handlungen ausführen darf. Nach dem Wortlaut von § 1 Abs. 1 S. 2 BJagdG obliegt dem Jagdrechtsinhaber und damit dem Grundeigentümer etwa die Pflicht zur Hege.[67] In den meisten Fällen wird jedoch die Pflicht zur Hege durch den Jagdberechtigten per pachtvertraglicher Regelung auf den Jagdpächter abgewälzt.[68]

Dies wird durch einen juristischen „Kunstgriff" ermöglicht: Das deutsche Jagdrecht differenziert zwischen dem Jagdrecht und dem Jagdausübungsrecht. Das Jagdausübungsrecht mit den tatsächlichen Befugnissen, die erforderlich sind, um die Jagd auszuüben, wird auf den Jagdpächter übertragen, während das Jagdrecht beim bei dem jeweiligen Grundeigentümer verbleibt.

63 *Metzger*, in: Lorz/Metzger/Stöckel BJagdG § 1 Rn. 1.
64 *Vieweg/Werner*, Sachenrecht, § 3 Rn. 6.
65 *Binder*, Jagdrecht, S. 14.
66 *Leonhardt*, Jagdrecht Bd. 1, § 1 BJagdG Rn. 1.
67 LG Stendal, Urteil v. 08.02.2000 – 23 O 202/99; *Bendel*, AgrarR 1975, 273 f.
68 Vgl. *Metzger*, in: Lorz/Metzger/Stöckel BJagdG § 1 Rn. 10.

a) Rechtsnatur des Jagdrechts

Die dogmatische Natur des Jagdrechts ist bis heute umstritten.[69] Im Wesentlichen wird vertreten, dass das Jagdrecht entweder ein Ausfluss aus dem Freiheits- und Persönlichkeitsrecht (Art. 2 Abs. 1 GG) ist oder dass es aus dem Grundeigentum resultiert. Einig sind sich die Vertreter beider Auffassungen aber immerhin darin, dass es in der Frühzeit ein Recht auf den freien Tierfang gab.[70] Außerdem wurde das Jagdrecht als „Allgemeingut" angesehen, da so die Fleischversorgung gesichert werden konnte.[71]

Der Rechtsprechung zufolge handelt es sich bei dem Jagdrecht um eine bloße Verlängerung des Eigentums gemäß Art. 14 Abs. 1 GG.[72] Vertreter dieser Ansicht stützen sich maßgeblich auf die neuere Entstehungsgeschichte des Jagdrechts.[73] Die rechtliche Umgestaltung im Zuge der Abkehr vom sog. „Jagdregal" hin zur Bindung des Jagdrechts an Grund und Boden ist der Auslöser für die Auffassung, dass das Jagdrecht ein Ausfluss des Eigentums sei.[74] Nach Vertretern dieser Auffassung könne das Jagdrecht kein eigenständiges Recht sein, da es sonst ein „subjektiv dingliches Recht" und als solches dem Eigentümer zugehörig sei.[75] Würde man das Jagdrecht als „Realrecht" qualifizieren, so müsste dieses konsequenterweise in das jeweilige Grundbuch eingetragen werden. Da das Jagdrecht nicht eintragungsfähig ist, wird die Selbstständigkeit des Jagdrechts negiert.[76] Zudem lasse sich anhand der Nutzungs- und Ausschlussfunktion des Jagdrechts die nahe Ver-

69 *Dalcke/Delius,* Preußisches Jagdrecht, S. 15; *Meyer-Ravenstein,* Die Jagdberechtigungen, S. 23; *ders.,* in: Jagdliches Eigentum, 2018, S. 217, 222; *Metzger,* in: Erbs/Kohlhaas Strafrechtliche Nebengesetze § 1 BJagdG Rn. 3 ff.; *Schuck,* in: Schuck BJagdG Einl. Rn. 2.

70 *Dalcke/Delius,* Preußisches Jagdrecht, S. 14 f.; *Schuck,* in: Schuck BJagdG Einl. Rn. 2;

71 *Blau/Hehn/Klett,* Weinrecht, Jagdrecht, Forstrecht, Fischereirecht, S. 45.

72 BGHZ 26, 384, 386; RGZ 70, 70, 73; *Brenner,* DÖV 2014, 232, 234 f.; *Metzger,* in: Erbs/Kohlhaas Strafrechtliche Nebengesetze § 1 BJagdG Rn. 3. Dahingehend auch HStGH, Urteil v. 12.02.2020 – P.St. 2610 Rn. 80 ff.

73 *Meyer-Ravenstein,* Die Jagdberechtigungen, S. 23 f.

74 *Scherping/Vollbach,* Reichsjagdgesetz, S. 16.

75 *Dickel,* Das deutsche bürgerliche Recht für Forstmänner, S. 508 ff.

76 *Dickel,* Das deutsche bürgerliche Recht für Forstmänner, S. 508 ff.

wandtschaft zum Eigentum erkennen.[77] Da es aus dem Eigentum an einem Grundstück entspringe, handele es sich bei dem Jagdrecht außerdem um ein subjektives Nutzungsrecht im Sinne des § 96 BGB.[78] Auch die Verfassung schütze das Jagdrecht über Art. 14 Abs. 1 GG vor öffentlich-rechtlichen Eingriffen, da es aus dem Eigentum folge.[79]

Jedoch ist in dem Jagdrecht nach vorzugswürdiger Ansicht ein selbstständiges Recht zu erblicken, welches grundsätzlich vom Eigentum unterschieden werden muss.[80] Dies steht jedoch einem Schutz des Jagdrechts entsprechend den Vorschriften über das Eigentum nicht entgegen, da das subjektive Jagdrecht eigentums*ähnlich* ist.

Bereits ein Blick auf den historischen Hintergrund des Jagdrechts verdeutlicht, dass das subjektive Jagdrecht ein selbstständiges Recht ist. Der Mensch übte bereits die Jagd aus, als das Institut des Grundeigentums noch nicht existierte. Die Jagdausübung war unerlässlich, um die Versorgung einer gesamten Familie zu sichern. Vor diesem Hintergrund wurde das Jagdrecht als „Allgemeingut" angesehen[81] bzw. stand als „Recht zur freien Pürsch" jedermann zu. Damit wird deutlich, dass das subjektive Jagdrecht auch unabhängig von einem etwaigen Grundeigentum bestehen kann.[82] Das Jagdrecht ist nicht auf das Grundeigentum zurückzuführen, sondern dessen Selbständigkeit vielmehr auf das Recht auf den freien Tierfang zu stützen,[83] das ursprünglich jedermann zustand. Da man in der darauffolgenden Zeit des Jagdregals das Jagdrecht vom Grundeigentum gelöst und dem Adel und dem Klerus verliehen hat, ist die spätere Verneinung dieser rechtlichen Selbstständigkeit widersprüchlich. In der Zeit, als nur der Adel zur Jagd berechtigt war, konnte das Jagdrecht jedoch auch einzel-

---

77 *Schuck,* in: Schuck BJagdG Einl. Rn. 4. Zur Nutzungs- und Ausschlussfunktion des Eigentums *Vieweg/Werner,* Sachenrecht, § 3 Rn. 6.

78 *Tausch/Boettcher,* in: Kopp/Tausch/Boettcher Jagdrecht Hessen § 1 BJG Rn. 1.

79 *Crone,* in: Jagdliches Eigentum, 2018, S. 317 f.; *Metzger,* in: Erbs/Kohlhaas Strafrechtliche Nebengesetze § 1 BJagdG Rn. 5.

80 *Kuhlmann,* Das Jagdrecht, S. 9 ff.; *Metzger,* in: Erbs/Kohlhaas Strafrechtliche Nebengesetze § 1 BJagdG Rn. 3.

81 *Blau/Hehn/Klett,* Weinrecht, Jagdrecht, Forstrecht, Fischereirecht, S. 45.

82 *Kuhlmann,* Das Jagdrecht, S. 9 f.; *Blau/Hehn/Klett,* Weinrecht, Jagdrecht, Forstrecht, Fischereirecht, S. 45.

83 *Dalcke/Delius,* Preußisches Jagdrecht, S. 1, 15; *Schwenk,* in: Jagdliches Eigentum, 2018, S. 3, 7; *Stockhofe,* in: Jagdliches Eigentum, 2018, S. 311.

nen Grundeigentümern verliehen werden – ein weiterer Ansatzpunkt, der erkennen lässt, dass das Jagdrecht dogmatisch selbstständig ist.[84] In diesem Zusammenhang ist auch dem Argument zu widersprechen, das Jagdrecht müsse im Grundbuch eingetragen werden, wenn es ein eigenständiges Recht darstellen solle. Es besteht weder eine rechtliche noch eine tatsächliche Notwendigkeit das Jagdrecht in das Grundbuch einzutragen. Es können durchaus zwei Rechte miteinander verbunden sein, wovon eines eintragungspflichtig ist und das andere nicht.[85] Die historische Betrachtung zeigt, dass das Jagdrecht keineswegs zwingend an das Eigentum als Bezugspunkt gebunden ist. Allein die Tatsache, dass das Jagdrecht zunächst jedermann zustand, dann an das Grundeigentum gebunden wurde, sodann das Jagdregal bestand und schließlich das Reviersystem eingeführt wurde, zeigt auf, dass die Bindung des Jagdrechts an Grund und Boden keineswegs eine unumstößliche Tatsache ist.[86] Aus der Bindung an Grund und Boden kann daher keineswegs auf eine untrennbare Verknüpfung des Jagdrechts mit dem Grundeigentum geschlossen werden.[87]

Insbesondere wenn man sich den Schutz vergegenwärtigt, der dem Jagdrecht zugutekommt, wird deutlich, dass es sich dabei nicht nur um einen bloßen „Anhang“ oder „Ausfluss“ des Eigentums handeln kann. Das Jagdrecht wird unter einen umfassenden Schutz gestellt. So wird es als „sonstiges Recht“ im Sinne des § 823 Abs. 1 BGB und vor fremder Jagdausübung über § 292 StGB geschützt.[88] Sollte ein Wilderer unberechtigterweise die Jagd auf dem Grundstück des Jagdberechtigten ausüben, generiert der Eigentümer durch die Verletzung des Jagdrechts als sonstiges Recht Schadensersatzansprüche über § 823 Abs. 1 BGB und im Falle der Erfüllung des Straftatbestandes der Jagdwilderei über § 823 Abs. 2 BGB i.V.m. § 292 StGB.[89] Darüber hinaus

84 *Kuhlmann,* Das Jagdrecht, S. 11.

85 *Kuhlmann,* Das Jagdrecht, S. 7.

86 Dahingehend mit verfassungsrechtlichen Bedenken *Schuck,* in: Schuck BJagdG § 3 Rn. 2.

87 So aber *Brenner,* DÖV 2014, 232, 234 f., der dennoch – wenig konsequent – das Jagdausübungsrecht als gleichermaßen durch das Eigentumsrecht geschützt ansieht.

88 *Sprau,* in: Palandt BGB § 823 Rn. 16; *Stresemann,* in: MKBGB § 96 Rn. 3.

89 BGH BeckRS 1958, 31201008; *Schuck,* in: Schuck BJagdG Einl. 2.

erfährt es über § 1004 BGB ebenfalls Schutz gegen Störungen.[90] Es wäre untypisch, einen umfassenden Schutz für ein Recht zu etablieren, welches nur einen Annex zum Eigentum darstellt. Das Jagdrecht bedürfte keines eigenständigen Schutzes durch § 823 Abs. 1 BGB, wenn es lediglich ein Ausfluss des Eigentums wäre. In diesem Fall könnte jede Beeinträchtigung des Jagdrechts mit einem Generalverweis auf die Schutzvorschriften des Eigentums beseitigt werden.[91] Würde das Jagdrecht bloß dem Eigentum anhaften, so käme dies einer Verneinung seiner rechtlichen Existenz gleich, die eine rechtliche Einordnung entbehrlich machen würde.[92]

Abschließend bietet sich ein vergleichender Blick auf andere Länder an. In den USA und Kanada hat sich beispielsweise das Patentjagdsystem (synonym Lizenzjagdsystem) etabliert. Hierbei existieren keine Reviere, sondern der Jäger erwirbt für eine bestimmte Wildart ein Patent, einen sog. „tag" und damit die Befugnis, innerhalb eines Bundesstaates diese bestimmte Wildart zu erlegen.[93] Im Vergleich zum deutschen Reviersystem zeigt dies deutlich, dass das Jagdrecht jedenfalls in den betreffenden Staaten selbstständig und vom Grundeigentum gänzlich unabhängig ist. Allerdings ist dazu nicht zwingend ein Blick über den „großen Teich" notwendig. In der Schweiz gibt es sowohl Kantone, in denen ein Reviersystem vorherrscht, als auch solche, in denen die Patentjagd verbreitet ist.[94] Folglich kann das Jagdrecht auch in der Schweiz ohne dinglichen Bezug bestehen, da bei der Patentjagd im gesamten Kanton gejagt werden darf.

---

90 OLG Düsseldorf, Urteil v. 21.10.1987 – 9 U 59/87 Rn. 24 = NJW-RR 1988, 526; OLG Saarbrücken, Urteil v. 5.5.2013 – 2 U 64/13 Rn. 24.

91 In diesem Sinne *Kuhlmann*, Das Jagdrecht, S. 6.

92 *Kuhlmann*, Das Jagdrecht, S. 6.

93 https://www.weser-kurier.de/region/wuemme-zeitung_artikel,-Zwei-Jaeger-werben-fuer-deutsches-Reviersystem-_arid,386053.html (Stand: 20.12.2020). Eine ausführliche Beschreibung des Lizenzsystem findet sich in *Joel*, Jagd, S. 76 f. Zur Patentjagd in schweizerischen Kantonen https://www.nzz.ch/schweiz/patentjagd-und-revierjagd-1.18077638 (Stand: 20.12.2020).

94 *Reimoser*, in: Jagdliches Eigentum, 2018, S. 57, 74; https://www.bafu.admin.ch/bafu/de/home/themen/biodiversitaet/fachinformationen/massnahmen-zur-erhaltung-und-foerderung-der-biodiversitaet/nachhaltige-nutzung-der-biodiversitaet/jagd.html (Stand: 20.12.2020).

b) Jagdrecht auf Grund und Boden (§ 3 BJagdG)

Ungeachtet dessen steht das Jagdrecht dem Eigentümer de lege lata auf seinem Grund und Boden zu (§ 3 Abs. 1 S. 1 BJagdG).[95] Das Jagdrecht „ist untrennbar mit dem Eigentum am Grund und Boden verbunden" (§ 3 Abs. 1 S. 2 BJagdG) und kann demnach nicht als selbstständiges dingliches Recht unabhängig vom Eigentum begründet werden. Dieser Umstand ist zugleich der Grund dafür, dass die Befugnisse des Jagdrechts von seinem Inhaber nicht selbstständig veräußert werden können, da sonst der Grundsatz der Verbundenheit mit dem Eigentum durchbrochen würde.[96] Das Jagdrecht ist also nicht frei übertragbar, sondern akzessorisch zum Grundeigentum. Bei einer Grundstücksveräußerung geht das Jagdrecht ipso iure auf den Erwerber über.[97] Die Übertragung des Jagdrechts folgt der des Eigentums und richtet sich somit mittelbar nach den Regelungen des Bürgerlichen Gesetzbuches.[98] Auch eine Erbengemeinschaft kann im Erbfall des ursprünglichen Jagdberechtigten im Wege der Universalsukzession Inhaberin des Jagdrechts werden. Der Jagdrechtsinhaber muss nicht zwangsläufig eine natürliche Person sein.[99]

Das bestimmte Gebiet, auf dem die Jagd ausgeübt werden darf, wird Revier genannt und stellt einen genau abgegrenzten Jagdbezirk im Sinne des § 4 BJagdG dar.[100] Das Jagdrecht ist an den Grund und Boden dieses abgegrenzten Gebiets gebunden und steht dem jeweiligen Eigentümer zu. Eine Abspaltung des subjektiven Jagdrechts von dem dazugehörigen Grundstück ist dogmatisch nicht vorgesehen, sodass der Grundstückseigentümer stets auch der Inhaber des Jagdrechts ist und bleibt.[101]

Abweichungen sind nur in ganz seltenen Fällen vorgesehen – beispielsweise auf Helgoland sowie für die Jagd auf Wasservögel auf dem

95 *Meyer-Ravenstein*, Die Jagdberechtigungen, S. 69; *Sailer*, ZRP 2005, 88.

96 *Metzger*, in: Lorz/Metzger/Stöckel BJagdG § 3 Rn. 2. Vgl. ebenfalls dazu *Schuck*, in: Schuck BJagdG § 3 Rn. 1.

97 *Schulz/Seherr-Thoß*, Die Jagd, S. 1.

98 *Linnenkohl*, Das Bundesjagdgesetz, § 3 Rn. 1 (S. 16 f.).

99 *Metzger*, in: Lorz/Metzger/Stöckel BJagdG § 3 Rn. 1.

100 *Schäfer/Belgard*, in: Mitzschke/Schäfer § 1 Rn. 6.

101 *Kuhlmann*, Das Jagdrecht, S. 5 f.; *Sailer*, ZRP 2005, 88.

Untersee und dem Rhein bei Konstanz (vgl. § 44 BJagdG).[102] Für Helgoland kann das Ministerium für Energiewende, Landwirtschaft, Umwelt, Natur und Digitalisierung das Jagdrecht eigenständig regeln. Meist wird davon Gebrauch gemacht, indem Rechtsverordnungen erlassen werden.[103] Ebenfalls kann am Untersee und dem Rhein bei Konstanz eine eigene Regelung von dem zuständigen Ministerium erlassen werden.[104] Auf der Nordseeinsel Helgoland ist die Jagd frei und nicht an das Eigentum gebunden.[105] Die Jagd auf Wasservögel am Untersee und dem Rhein bei Konstanz steht dem Grundsatz nach allen volljährigen männlichen Anwohnern dieses Jagdgebiets zu.[106] In den beiden aufgezeigten Fällen wird vom Grundsatz des § 3 Abs. 1 BJagdG eine Ausnahme gemacht.[107]

2. Jagdausübungsrecht

Von dem Jagdrecht ist das Jagdausübungsrecht zu differenzieren. Dementsprechend sind auch die Begriffspaare „Jagd“ und „Jagdrecht“, sowie „Jagdausübungsrecht“ und „Jagdausübung“ zu unterscheiden.[108] Grundsätzlich kann dabei wiederum zwischen der Jagdausübung im weiteren und im engeren Sinne unterschieden werden.[109] Unter dem Begriff der „Jagdausübung“ ist generell die Gesamtheit aller mit der Jagd zusammenhängenden Tätigkeiten zu verstehen.[110] Das Jagdausübungsrecht ist seinerseits eine eigenständige subjektive Rechtsposition, die jedenfalls den Schutz durch das Eigentumsrecht genießt.[111] Das

102 *Metzger,* in: Lorz/Metzger/Stöckel BJagdG § 44 BJagdG Rn. 1 ff.; *Tausch,* in: Schuck BJagdG § 44 Rn. 1.

103 *Tausch,* in: Schuck BJagdG § 44 Rn. 2.

104 *Tausch,* in: Schuck BJagdG § 44 Rn. 4.

105 *Metzger,* in: Lorz/Metzger/Stöckel BJagdG § 44 BJagdG Rn. 1.

106 *Metzger,* in: Lorz/Metzger/Stöckel BJagdG § 44 BJagdG Rn. 1; *Schuck,* in: Schuck BJagdG § 3 Rn. 1.

107 *Metzger,* in: Lorz/Metzger/Stöckel BJagdG § 44 BJagdG Rn. 1.

108 *Bendel,* AgrarR 1975, 273; *Ditscherlein,* Natur und Recht 2005, 305; *Meyer-Ravenstein,* in: Jagdliches Eigentum, 2018, S. 217, 227; *Thies,* in: Jagdliches Eigentum, 2018, S. 249; *Meyer-Ravenstein,* Die Jagdberechtigungen, S. 35.

109 *Meyer-Ravenstein,* Die Jagdberechtigungen, S. 35.

110 *Meyer-Ravenstein,* Die Jagdberechtigungen, S. 35; *Froese,* in: Jagdliches Eigentum, 2018, S. 159, 172.

111 HStGH, Urteil v. 12.02.2020 – P.St. 2610 Rn. 84.

Jagdausübungsrecht im weiteren Sinne umfasst folglich die Befugnisse, die § 1 Abs. 1, 4 und 5 BJagdG dem Jäger verleiht.[112] Hierzu zählen die Berechtigungen, die Jagd auf das Wild auszuüben (§ 1 Abs. 4), es sich anzueignen (§ 1 Abs. 5 BJagdG) sowie die Hege zu betreiben (§ 1 Abs. 1 S. 2 BJagdG).[113] Unter der Jagdausübung im engeren Sinn wird hingegen lediglich das Recht verstanden, die Handlungen des § 1 Abs. 4 BJagdG auszuüben.[114] Das Jagdausübungsrecht im weiteren Sinne ist also insofern weiter gefasst, als es darüber hinaus auch die Aneignung und die Hege des Wildes mit umfasst. Bereits das Preußische Allgemeine Landrecht (PrALR) definierte die Jagd fast wortgleich.[115] An dieser Stelle wird bereits angedeutet, dass die Befugnisse, die dem Grundeigentümer nach § 1 Abs. 1, 4 und 5 BJagdG obliegen, in der Praxis regelmäßig nicht ihm, sondern dem späteren Jagdausübungsberechtigten obliegen. Dabei ist besonders bei gemeinschaftlichen Jagdbezirken zu beachten, dass die Grundeigentümer als Jagdgenossen niemals Inhaber des Jagdausübungsrechts werden. Die gebräuchliche Differenzierung ist schon angesichts dessen mit Zweifeln behaftet.[116]

a) Jagdausübungshandlungen im engeren Sinne

Die Ausübung der Jagd im engeren Sinne (§ 1 Abs. 4 BJagdG) erstreckt sich auf das Aufsuchen, Nachstellen, Erlegen und Fangen von Wild.

Unter dem Aufsuchen versteht man das geplante Aufspüren von Wild an Orten, an denen sich nach der Kenntnis des Jagdausübungsberechtigten Wild häufig aufhält.[117] Das Aufsuchen des Wildes gestaltet sich in der Praxis weitaus schwieriger, als es dem jagdlichen Laien bewusst sein mag. Dazu werden beispielsweise sog. „Wilduhren" verwendet. Dabei handelt es sich um Uhren, die sich in einem Plastikgehäuse befinden, das einer Eichel ähnelt. Diese Uhren laufen wie eine ge-

112 *Meyer-Ravenstein,* Die Jagdberechtigungen, S. 36; *Schäfer/Belgard,* in: Mitzschke/Schäfer § 1 Rn. 14.
113 *Meyer-Ravenstein,* Die Jagdberechtigungen, S. 36; *Gies,* in: Düsing/Martínez AgrarR § 1 BJagdG Rn. 10 ff.
114 *Meyer-Ravenstein,* Die Jagdberechtigungen, S. 35; *Schäfer/Belgard,* in: Mitzschke/Schäfer § 1 Rn. 15.
115 *Bitting,* Das dingliche Jagdrecht, S. 8.
116 Näheres zur Kritik an der gesetzlichen Differenzierung siehe Kapitel 2 B. III. 3.
117 *Gies,* in: Düsing/Martínez AgrarR § 1 BJagdG Rn. 5.

wöhnliche Uhr, stellen ihren Betrieb jedoch ein, wenn sie – z.B. durch das Umwühlen („Brechen“[118]) des Erdbodens durch Wildschweine – umgestoßen werden. Anhand der nun abzulesenden Uhrzeit kann der Jäger feststellen, wann sich Wild in der Nähe befunden hat. Eine Wilduhr wird häufig auf einer „Kirrung“[119] aufgestellt. Hierbei handelt es sich um eine Stelle im Revier, an der bewusst geringe Mengen „Kirrgut“ (Möhren, Äpfel, Kartoffeln etc.) ausgebracht werden, um das Wild anzulocken.[120] Ob eine Kirrung im Bezirk des jeweiligen Jagdausübungsberechtigten zulässig ist, richtet sich nach dem jeweiligen LJagdG.[121] In Hessen ist nach § 30 Abs. 8 HJagdG eine Kirrung pro Jagdbezirk zulässig. Ein anderes Mittel zum Aufsuchen von Wild ist eine Wildkamera. Diese zeichnet das Geschehen an der angebrachten Stelle auf, sodass anhand des Bildmaterials genau ausgewertet werden kann, welche Wildarten sich an der betreffenden Stelle regelmäßig aufhalten. Mithilfe dieser Mittel kann der Jäger feststellen, zu welcher Zeit er welchen Ort aufsuchen kann, um dem Wild zu begegnen.

Nachstellen ist das dem Wild systematische Auflauern, nachdem dem Jäger bekannt geworden ist, wo es sich aufhält.[122] Der die Jagd Ausübende stellt dem Wild nach, um es letztendlich zu erlegen. Folglich handelt es sich um eine Vorbereitungshandlung, die dem Jagderfolg vorausgeht, die sich allerdings hinreichend verdichtet haben muss.[123] Das Aufstellen eines Hochsitzes oder das Erwerben einer Falle für die Jagd gehört dementsprechend noch nicht zum Nachstellen.[124] Das Reichsgericht führte dazu bereits aus, dass es genügt, wenn der Jagdausübende sich mit ungeladener Waffe auf dem „Anstande“ (dem „Ansitz“; eine Stelle im Revier, die der Jäger aufsucht, um auf das

118 *Frevert,* Jagdliches Brauchtum und Jägersprache, S. 182: „Schwarzwild bricht den Boden mit seinem Gebrech (Schnauze), wenn es ihn umwühlt, um darin die Erd-, Brut- oder Untermast zu suchen.“ Durch das sog. „Brechen“ entstehen der Großteil der Wildschäden durch Schwarzwild.

119 *Frevert,* Jagdliches Brauchtum und Jägersprache, S. 217: „Die Futtergabe in kleiner Menge, womit man Wild an eine bestimmte Stelle lockt, um es zu erlegen, sog. Kirrplatz.“

120 *Seibt,* Grundwissen Jägerprüfung, S. 223 f.

121 *Seibt,* Grundwissen Jägerprüfung, S. 223 f.

122 *Gies,* in: Düsing/Martínez AgrarR § 1 BJagdG Rn. 5.

123 *Schuck,* in: Schuck BJagdG § 1 Rn. 35.

124 *Schuck,* in: Schuck BJagdG § 1 Rn. 35.

Wild zu warten) befindet, da eine Waffe schnell schussbereit gemacht werden könne.[125] Stellte man auf die geladene Waffe ab,[126] so müsste man nach der Auffassung des Reichsgerichts nachweisen, dass sich zu diesem Zeitpunkt Wild in der Nähe befunden hat, welches bejagt werden sollte.[127] Meistens werden die Jagdpraktiken des Ansitzens, des Pirschens oder der Gesellschaftsjagd ausgeübt.[128] Unter der Ansitzjagd versteht man das Erwarten des Wildes von einer Ansitzeinrichtung (z.B. einem Hochsitz, einem Sitzstock oder einer einfachen Leiter) aus.[129] Die Pirsch ist das bewusste bewegte Aufsuchen des Wildes. Meist wird versucht, das Wild bei der Nahrungsaufnahme anzutreffen. Diese Jagdart ist die anspruchsvollste, da das Wild äußerst sensibel auf äußere Verhältnisse reagiert.[130] Von einer Gesellschaftsjagd spricht man, sobald vier Jagdscheininhaber die Jagd gemeinsam ausüben (vgl. § 18 Abs. 2 HJagdG).[131] Die Gesellschaftsjagd wird maßgeblich als Treib- oder Drückjagd ausgeübt. Bei einer Treibjagd wird den Schützen Wild von Hunden und Treibern zugetrieben.[132] Hingegen kommen bei einer Drückjagd keine Hunde zum Einsatz, sondern das Wild wird durch einige wenige Jagdhelfer aus dem Einstand „gedrückt".[133] Bei diesen Jagdpraktiken handelt es um die am häufigsten ausgeübten Jagdarten. Vereinzelt stellen Jäger dem Wild auch durch Fährtenlesen nach. Dabei wird der Charakter des Nachstellens besonders deutlich.

Unter dem Erlegen versteht man eine zulässige Art der Tötung von Tieren, die unter das Jagdgesetz fällt (§ 2 BJagdG).[134] Nicht zulässig ist es beispielsweise, dem Jagdrecht unterliegende Tiere mit Pfeil und Bogen zu strecken. Mit welchen Waffen und speziellen Kalibern Wild getötet werden darf, ist in § 19 BJagdG geregelt. Die Kalibergrößen und die Auftreffenergie (in Joule) wurden geregelt, da jede Wildart

---

125 RGSt 20, 4, 5.
126 RGSt 122, 421, 422.
127 RGSt 20, 4, 5 f.; 122, 421, 422.
128 *Seibt*, Grundwissen Jägerprüfung, S. 215 ff.
129 *Seibt*, Grundwissen Jägerprüfung, S. 215.
130 *Seibt*, Grundwissen Jägerprüfung, S. 219.
131 *Seibt*, Grundwissen Jägerprüfung, S. 225.
132 *Seibt*, Grundwissen Jägerprüfung, S. 225.
133 *Seibt*, Grundwissen Jägerprüfung, S. 226.
134 *Gies*, in: Düsing/Martínez AgrarR § 1 BJagdG Rn. 6; *Schäfer/Belgard*, in: Mitzschke/Schäfer § 1 Rn. 14.; *Schuck*, in: Schuck BJagdG § 1 Rn. 37.

eine unterschiedliche Physis besitzt und dementsprechend anders auf die Geschosseinwirkung reagiert.[135] Manche Wildarten sind besonders „schusshart", d.h. sie würden durch ein leichtes Kaliber möglicherweise nur verletzt und nicht tödlich getroffen. Um zu verhindern, dass Tiere „krankgeschossen" (verletzt) werden und qualvoll verenden, wurden die passenden Patronengrößen gesetzlich geregelt.[136] Damit soll sichergestellt werden, dass das Wild möglichst schnell zu Tode kommt und nicht unnötig leidet. Aus diesen Gründen ist etwa die Jagd mit Pfeil und Bogen in Deutschland verboten. Die verhältnismäßig geringe Aufprallenergie im Vergleich zu einem Projektil entfaltet keine hinreichende Tötungswirkung.[137]

Unter dem Begriff „Fangen" wird die Begründung der tatsächlichen Herrschaft über das lebende Wildtier verstanden, wobei es unerheblich ist, ob sie durch eine jagdliche Handlung erlangt wurde.[138] In praktischer Hinsicht wird die Jagdart vorzugsweise mithilfe spezieller Fallen auf „Raubwild" (z.B. Waschbären) ausgeübt.

b) Waidgerechtigkeit

aa) Begriff

Während der Jagdausübung müssen die „allgemein anerkannten Grundsätze deutscher Waidgerechtigkeit" beachtet werden (§ 1 Abs. 3 BJagdG). Dabei handelt es sich um ungeschriebene Verhaltensanforderungen, die bei der Jagdausübung an den Jäger gestellt werden.[139] Diese Verhaltensanforderungen sollen dafür sorgen, dass der Jäger sein ethisches Verhalten gegenüber dem Tier reflektiert und ihm angemessene Beachtung schenkt.[140] Im Begriff der Waidgerechtigkeit spiegelt

135 *Seibt*, Grundwissen Jägerprüfung, S. 48; *Schäfer/Belgard*, in: Mitzschke/Schäfer § 19 Rn. 7.

136 *Schäfer/Belgard*, in: Mitzschke/Schäfer § 19 Rn. 7.

137 *Linnenkohl*, Das Bundesjagdgesetz, § 19 Rn. 2 (S. 45 f.).

138 *Gies*, in: Düsing/Martínez AgrarR § 1 BJagdG Rn. 9; *Metzger*, in: Lorz/Metzger/Stöckel BJagdG § 1 Rn. 15; *Schäfer/Belgard*, in: Mitzschke/Schäfer § 1 Rn. 14.

139 *Dietlein*, Jagdrecht, S. 145; *Frevert*, Jagdliches Brauchtum und Jägersprache, S. 271; *Schäfer/Belgard*, in: Mitzschke/Schäfer § 1 Rn. 48; *Tausch/Boettcher*, in: Kopp/Tausch/Boettcher Jagdrecht Hessen § 1 BJagdG Rn. 10.

140 *Müller-Schallenberg/Förster*, Natur und Recht 2007, 161; *Seibt*, Grundwissen Jägerprüfung, S. 119 f.; *Metzger*, in: Lorz/Metzger/Stöckel BJagdG § 1 Rn. 16; *Schäfer/*

sich insbesondere der Gedanke des Natur- und Tierschutzes wider.[141] Dem Jäger sollen bestimmte ethische Leitlinien gesetzt werden, damit dieser sich dem Tier und der Natur gegenüber achtsam und respektvoll verhält.[142] Es führt nicht jeder Verstoß gegen die Waidgerechtigkeit automatisch zum Entzug des Jagdscheins.[143] Allerdings können sie Anhaltspunkte über die persönliche Eignung und Zuverlässigkeit des Inhabers geben.[144]

bb) Exkurs: Verstöße gegen die Waidgerechtigkeit

Der Sinn und Inhalt des Begriffs der Waidgerechtigkeit soll anhand eines kleinen Exkurses verdeutlicht werden. Die §§ 17 und 18 BJagdG regeln, unter welchen Voraussetzungen der Jagdschein erst gar nicht zu erteilen ist und wann er wieder eingezogen werden kann. Die maßgeblichen Kriterien für die Nichterteilung und die Einziehung sind in § 17 BJagdG niedergelegt. Dabei wird auf die Zuverlässigkeit, das Alter und die körperliche Eignung der Person abgestellt. Es wird zwischen obligatorischen und fakultativen Versagungsgründen differenziert.[145] Zwingend sind die Altersgrenzen für die Erteilung des Jagdscheins. Einer Person, die nicht mindestens 16 Jahre alt ist, kann der Jagdschein nicht erteilt werden (§ 17 Abs. 1 Nr. 1 BJagdG).[146] Des Weiteren muss der Jagdscheinanwärter zwingend die erforderliche Zuverlässigkeit besitzen (§ 17 Abs. 1 Nr. 2 BJagdG). Nach § 17 Abs. 3 BJagdG wird unwiderlegbar vermutet, dass jemand die erforderliche Zuverlässigkeit

---

Belgard, in: Mitzschke/Schäfer § 1 Rn. 48; *Tausch/Boettcher,* in: Kopp/Tausch/Boettcher Jagdrecht Hessen § 1 BJagdG Rn. 10. *Frevert,* Jagdliches Brauchtum und Jägersprache, S. 271, definiert die Waidgerechtigkeit folgendermaßen: „Waidgerecht nennt man alles, was streng den (früher mündlich überlieferten) Regeln, Sitten und Bräuchen des Waidwerks entspricht, insbesondere auch unter Aspekten des Natur- und Tierschutzes."

141 *Frevert,* Jagdliches Brauchtum und Jägersprache, S. 271; *Gies,* in: Düsing/Martínez AgrarR § 1 BJagdG Rn. 20; *Metzger,* in: Lorz/Metzger/Stöckel BJagdG § 1 Rn. 19.

142 *Schuck,* in: Schuck BJagdG § 1 Rn. 27.

143 Der Jagdschein kann jedoch aberkannt werden, wenn der Inhaber wiederholt und/oder schwerwiegend gegen die Grundsätze der Waidgerechtigkeit verstößt, s. *Tausch/Boettcher,* in: Kopp/Tausch/Boettcher Jagdrecht Hessen § 1 BJagdG Rn. 11.

144 Vgl. VG Augsburg, Urteil v. 25.03.2008 – Au 4 K 06.431 = BeckRS 2008, 44318.

145 *Leonhardt,* Jagdrecht Bd. 1, § 17 BJagdG Rn. 1.

146 *Leonhardt,* Jagdrecht Bd. 1, § 17 Rn. BJagdG 2.1.1.

nicht besitzt, wenn Tatsachen die Annahme rechtfertigen, dass derjenige missbräuchlich oder leichtfertig mit Waffen umgeht, sie nicht richtig verwahrt oder sie nichtberechtigten Dritten überlässt.[147] Nach § 17 Abs. 4 BJagdG ist zudem u.a. von der Unzuverlässigkeit des Betreffenden auszugehen, wenn die Person, welche die Erteilung des Jagdscheins begehrt, gegen eine jagd-, tier- oder naturschutzrechtliche Vorschrift, das Waffengesetz, das Gesetz über die Kontrolle von Kriegswaffen oder das Sprengstoffgesetz verstoßen hat (Nr. 1 d). § 17 Abs. 4 Nr. 1 d) BJagdG bietet dabei ein Einfallstor für die Waidgerechtigkeit. Exemplarisch handelt es sich bei den Regelungen über die Schon- und Jagdzeiten sowohl um jagd- als auch im weitesten Sinne tierschutzrechtliche Vorschriften.[148] Ein gravierender Verstoß gegen die Waidgerechtigkeit ist beispielsweise das Nichteinhalten der Schonzeiten (§ 22 BJagdG) oder der Verstoß gegen die sachlichen Verbote (§ 19 BJagdG). Die sachlichen Verbote, welche in § 19 BJagdG enumerativ aufgezählt werden, sind derart elementare Aspekte der Waidgerechtigkeit, dass sie gesetzlich kodifiziert wurden.[149] Exemplarisch werden bestimmte Anforderungen an die Geschosse und die jeweilige Auftreffenergie gestellt (§ 19 Abs. 1 Nr. 2 a und b BJagdG). § 18 BJagdG regelt, dass dieselben Gründe, die zur Nichterteilung des Jagdscheins führen, auch zum Entzug des Jagdscheins führen können, wenn diese Gründe bei der Erteilung des Jagdscheins noch nicht vorlagen, aber nachträglich bekannt werden. Demzufolge kann auch ein bereits erteilter Jagdschein wieder entzogen werden, wenn sachliche Gründe vorliegen, die darauf schließen lassen, dass der betreffende Jagdscheininhaber die erforderliche Zuverlässigkeit nicht besitzt.

Die Schonzeiten sind zum Schutze des Wildes eingeführt worden. Durch die Jagd- und Schonzeiten wird individuell für jede Wildart festgelegt, wann sie bejagt werden darf. Diese Zeiten sind an den jährlichen biologischen Zyklus der jeweiligen Wildart angepasst. Dabei kann zwischen Jung- und Alttieren sowie nach dem Geschlecht unterschieden werden. Während der Schonzeit ist die Bejagung verboten, damit sichergestellt werden kann, dass die nächste Wildgeneration

147 *Leonhardt,* Jagdrecht Bd. 1, § 17 BJagdG Rn. 2.1.2.1.

148 *Metzger,* in: Lorz/Metzger/Stöckel BJagdG § 22 Rn. 1.

149 *Linnenkohl,* Das Bundesjagdgesetz, § 19 Rn. 1 (S. 45); *Schäfer/Belgard,* in: Mitzschke/Schäfer § 19 Rn. 2; *Wetzel,* in: Schuck BJagdG § 19 Rn. 1.

ohne Jagdstress heranwächst.[150] In Deutschland haben die meisten Wildarten Jagd- und Schonzeiten. Diese können von den Landesgesetzgebern im Wege der konkurrierenden Gesetzgebung abgeändert und auf das Bedürfnis des jeweiligen Bundeslandes angepasst werden.[151] Eine aktuelle Entscheidung erging zuletzt im Frühjahr 2020 seitens des Hessischen Staatsgerichtshofs bezüglich der Schonzeitregelungen verschiedener Wildarten. Insbesondere legte die FDP-Fraktion des Hessischen Landtages die §§ 2, 3 der Hessischen Jagdverordnung (HJagdV) in der Fassung des Artikels 1 der Verordnung zur Zusammenfassung und Änderung jagdlicher Verordnungen vom 10. Dezember 2015[152] im Rahmen eines Normenkontrollverfahrens zur Überprüfung vor, da die Jagdzeiten für juvenile Waschbären, Füchse und Marderhunde nicht mit der Hessischen Verfassung vereinbar seien. Sie rügte eine „mangels sachlicher, insbesondere wildbiologischer Rechtfertigung unverhältnismäßige Einschränkung des eigentumsrechtlich abgesicherten Jagdrechts und Jagdausübungsrechts durch die mit der Neuregelung einhergehende Verkürzung bzw. Abschaffung der Jagdzeiten“ für bestimmte Tierarten.[153] Der Hessische Staatsgerichtshof teilte die Ansicht, dass die HJagdV insoweit mit der Eigentumsgarantie des Art. 34 HV unvereinbar ist.[154] Nach dem Urteil des Hessischen Staatsgerichtshofs wurden die Jagdzeiten für die entsprechenden Wildarten angepasst.[155] Im Gegensatz dazu werden manche Wildarten ganzjährig geschont. Bei einer solchen Regelung tritt besonders der naturschutzrechtliche Gedanke hervor.[156] Andererseits gibt es auch Wildarten, die das ganze Jahr über bejagt werden dürfen. Dazu gehört maßgeblich das Schwarzwild. In den meisten Bundesländern kann auf Schwarzwild (mit Ausnahme bestimmter Altersklassen) das ganze Jahr

---

150 *Schuck*, in: Schuck BJagdG § 22 Rn. 13 f.

151 Die rechtliche Situation der Gesetzgebungskompetenz fasst HStGH, Urteil v. 12.02.2020 – P.St. 2610, S. 4 prägnant zusammen; *Schuck*, in: Schuck BJagdG § 22 Rn. 2.

152 GVBl 2015, S. 670.

153 Vgl. HStGH, Urteil v. 12.02.2020 – P.St.2610 Rn. 7.

154 HStGH, Urteil v. 12.02.2020 – P.St.2610.

155 https://ljv-hessen.de/vorwort-maerz-2020/ (Stand: 20.12.2020); https://ljv-hessen.de/jungfuechse-und-jungmarderhunde-sind-ab-morgen-in-hessen-wieder-ganzjaehrig-bejagbar/ (Stand: 20.12.2020).

156 *Metzger*, in: Lorz/Metzger/Stöckel BJagdG § 22 Rn. 3.

über die Jagd ausgeübt werden[157]. Dabei gilt zudem die Ausnahme, dass führende Bachen[158] zu schonen sind. Die Jagd- und Schonzeiten orientieren sich insgesamt an den Populationsgrößen der Wildtierbestände und auch daran, in welchem Umfang die entsprechende Wildart Wildschäden verursacht.[159]

Besonders massive Verstöße gegen die Waidgerechtigkeit können auch als Jagdwilderei i.S.d. § 292 StGB qualifiziert werden oder eine Ordnungswidrigkeit darstellen. So handelt beispielsweise ordnungswidrig, wer Schalenwild – ausgenommen Schwarzwild – zur Nachtzeit erlegt (§ 39 Abs. 1 Nr. 5 i.V.m. § 19 Abs. 1 Nr. 4 BJagdG). Hier zeigt sich deutlich, dass Waidgerechtigkeit und Tierschutz Hand in Hand gehen: Zur Waidgerechtigkeit gemäß § 1 Abs. 3 BJagdG gehört es auch, dem Wild unnötige Qualen zu ersparen.[160] Durch das Nachtjagdverbot soll dem Wild eine störungsfreie Nachtruhe ermöglicht werden.[161] An dieser Stelle wird also ein Verstoß gegen die Grundsätze der Waidgerechtigkeit in Verbindung mit dem Tierschutzgedanken als Ordnungswidrigkeit sanktioniert.

Geringere Verstöße gegen die deutsche Waidgerechtigkeit (z.B. in Bezug auf das Brauchtum) führen lediglich dazu, dass andere Jäger das Verhalten als anstößig empfinden. Einen leichten Verstoß gegen die Waidgerechtigkeit stellt es etwa dar, wenn dem erlegten „Stück"[162] kein letzter Bissen gegeben wird oder es auf dem Streckenplatz auf die linke Körperseite gelegt wird.[163]

157 § 1 Abs. 2 Verordnung über die Jagdzeiten vom 2. April 1977 (BGBl. I 1977 S. 531).

158 Unter „führenden Bachen" versteht man weibliche Wildschweine, die Junge (Frischlinge) haben und diese säugen.

159 In diesem Sinne auch *Schuck,* in: Schuck BJagdG § 22 Rn. 6 ff.

160 *Schuck,* in: Schuck BJagdG § 1 Rn. 27.

161 *Wetzel,* in: Schuck BJagdG § 19 Rn. 16.

162 „Das Stück, allgemeine Bezeichnung für Wild, vornehmlich für weibliches; der Jäger sagt „Auf der Wiese standen fünf Stück Rehwild." S. *Frevert,* Jagdliches Brauchtum und Jägersprache, S. 261.

163 Unter dem letzten Bissen versteht man einen Bruch, den das erlegte Stück erhält. Diese Tradition stellt die Ehrerbietung und Versöhnung mit dem Lebewesen dar, dessen Leben genommen wurde; so *Frevert,* Jagdliches Brauchtum und Jägersprache, S. 60 f. Näheres zu den Bruchzeichen vgl. unter Kapitel 2 B. III. 2. d). Bei einer Gesellschaftsjagd werden alle Stücke traditionell auf die rechte Körperhälfte gelegt. Diese Tradition wird darauf zurückgeführt, dass man früher die rechte

Abschließend kann festgehalten werden, dass unter der Waidgerechtigkeit ein unbestimmter Rechtsbegriff verstanden wird, der sich aus Komponenten des Natur-, Arten- und Tierschutz zusammensetzt. Den Jagdausübenden soll bewusst sein, dass er auf die inneren Zusammenhänge der Natur Einfluss nimmt.[164] Der verantwortungsbewusste und waidgerechte Jäger soll nicht als bloßer „Erleger“ oder „Wildbestandsdezimierer“ wahrgenommen werden, sondern vielmehr als aktiver „Naturschützer“ und „Wildtiermanager“. Die Waidgerechtigkeit soll dem Jäger als Leitfaden dienen.

c) Hegepflicht

aa) Grundlagen

Gemäß § 1 Abs. 1 S. 2 BJagdG ist mit dem Jagdrecht die Pflicht zur Hege verbunden. Nach § 1 Abs. 2 BJagdG besteht das Ziel der Hege in der Erhaltung eines den landschaftlichen und landeskulturellen Verhältnissen angepassten artenreichen und gesunden Wildbestandes sowie der Pflege und Sicherung seiner Lebensgrundlagen. Dabei muss die Hege so ausgeführt werden, dass Beeinträchtigungen einer ordnungsgemäßen land-, forst- und fischereiwirtschaftlichen Nutzung, insbesondere Wildschäden, möglichst vermieden werden (§ 1 Abs. 2 BJagdG). Damit liegen der Hege zwei Zielrichtungen zugrunde: Zum einen soll das Biotop, zum anderen sollen die wild lebenden Tierarten geschützt werden.[165] Die Verpflichtung, sowohl das Wild als auch seinen Lebensraum zu schützen und zu pflegen, ist ein Beleg dafür, dass es sich bei der Praktizierung der Jagd um aktiven Natur- und Tierschutz handelt.[166] Der Gedanke der „Hege“ entspringt darüber hinaus der Sozialpflichtigkeit des Eigentums und stellt sicher, dass der Jagdpächter zum Erhalt gesunder Wildbestände beiträgt, die jedenfalls auf-

Körperhälfte als die „gute“ Seite des Körpers betrachtete. So sollte verhindert werden, dass Dämonen aus der Erde in den Wildkörper eindringen, vgl. https://www.fragen-zur-jagd.at/aus-dem-jagdleben/2017/streckenlegung-als-ehrfurcht-vor-dem-wild/ (Stand 29.01.2021).

164 *Gies*, in: Düsing/Martínez AgrarR § 1 BJagdG Rn. 20.

165 *Gies*, in: Düsing/Martínez AgrarR § 1 BJagdG Rn. 11 f.; *Tausch/Boettcher*, in: Kopp/Tausch/Boettcher Jagdrecht Hessen § 21 BJG Rn. 3 f.

166 *Gies*, in: Düsing/Martínez AgrarR § 1 BJagdG Rn. 13.

grund des im Bundesjagdgesetz verankerten „Wilderhaltungsgebots" im Interesse der Allgemeinheit liegen.[167] Dies stellt eine deutliche Verfolgung des Allgemeinwohls dar.[168] Für einen Verstoß gegen die Verpflichtung zur Hege sieht das BJagdG keine generelle Sanktion vor, jedoch drohen im Falle schwerwiegender Verfehlungen des Verpflichteten strafrechtliche Sanktionen nach § 38 BJagdG.[169]

Die Hegepflicht kann als Ausfluss des Grundgedankens der Waidgerechtigkeit angesehen werden. Dass die Hege insbesondere der Gesundheit der Wildtiere dient,[170] lässt sich salopp als „Nützen heißt auch schützen" umschreiben.[171] Für die Gesundheit der Wildtiere ist sowohl ein angemessenes Nahrungsangebot als auch eine angepasste Altersstruktur der Population unerlässlich.[172] Vor diesem Hintergrund soll keine unkontrollierte Bejagung stattfinden, welche die natürlichen Altersstrukturen zerstören könnte. Ein „Totalabschuss" wird verhindert, da mit dem Hegeziel eine „Wilderhaltungspflicht" statuiert wird.[173] Schwierigkeiten können sich ergeben, wenn die Exekutive durch Jagdverordnungen vermehrt regulatorisch eingreift und so verschiedene Wildarten von der Jagd ausschließt, wodurch diese der Hege entzogen werden.[174]

Es mag irritieren, dass die Hegeverpflichtung gemäß § 1 Abs. 1 S. 2 BJagdG mit dem Jagdrecht verbunden sein soll. Aus der Unterscheidung zwischen Jagdrecht und Jagdausübungsrecht könnte man folgern, dass auch die Hegeverpflichtung mit den Befugnissen der Jagdausübung vollständig auf den Jagdpächter übergehen. Auch der Verpächter soll jedoch in Bezug auf die Hege mit in die Verantwortung genommen werden und diese gemeinsam mit dem Pächter bewerkstelligen, wovon sich allerdings durch Landesgesetze oder jagdpachtvertragliche

---

167 *Dietlein*, in: Jagdliches Eigentum, 2018, S. 197, 214 f.
168 *Dietlein*, in: Jagdliches Eigentum, 2018, S. 197, 200.
169 *Gies*, in: Düsing/Martínez AgrarR § 1 BJagdG Rn. 14.
170 *Leonhardt*, Jagdrecht Bd. 1, § 1 BJagdG Rn. 12.
171 *Dietlein*, in: Jagdliches Eigentum, 2018, S. 197, 200, 215.
172 *Leonhardt*, Jagdrecht Bd. 1, § 1 BJagdG Rn. 12.
173 *Leonhardt*, Jagdrecht Bd. 1, § 1 BJagdG Rn. 10.
174 *Brenner*, DÖV 2014, 232, 238; *Dietlein*, in: Jagdliches Eigentum, 2018, S. 197, 200; eingehend *Dietlein*, in: Rutting/Jung liber amicorum für M. Hecker, 2017, 62 ff.

Regelungen Änderungen ergeben können.[175] Sollte der Bestand einer bestimmten Wildart in einem Extremfall bedroht sein, kann auf der Basis des Hegegedankens beispielsweise angeordnet werden, dass der Eigentümer verschiedene Flächen zur Erholung des Wildes bereitzustellen hat.[176]

bb) Exkurs: Streichung des Hegegedankens und „Waldstrategie 2050"

Umso erstaunlicher ist es, dass es im Rahmen der „Waldstrategie 2050" nun Bestrebungen des wissenschaftlichen Beirats für Waldpolitik beim Bundesministerium für Ernährung und Landwirtschaft gibt, auch den Abschuss für Rehwild für das gesamte Jahr zur ermöglichen. Bei unzureichendem Abschuss soll sogar die Möglichkeit der staatlichen Ersatzvornahme eingeräumt werden, falls der Jagdausübungsberechtigte Rehwild nicht in ausreichender Zahl erlegt.[177] Außerdem schlägt der wissenschaftliche Beirat vor, den „Hegegedanken des Reichsjagdgesetzes" endgültig aus dem BJagdG zu verbannen und ihn „zugunsten wildbiologischer und ökologischer Erkenntnisse zu entfernen".[178] Vor dem Hintergrund der nationalsozialistischen Konnotation des Hegebegriffs, die insbesondere in der Präambel des RJagdG hervorgehoben wurde,[179] ist eine terminologische Bereinigung des BJagdG durchaus empfehlenswert. Der Schutz des Wildes kann auch durch tier- und naturschutzrechtliche Vorschriften sowie die Berücksichtigung der genannten „wildbiologischen und ökologischen Erkenntnisse" bewirkt werden. Dennoch erscheint die Entwicklung im Rahmen der „Waldstrategie 2050" zumindest fragwürdig, da hiermit vor allem die Dezimierung überhöhter Wildbestände als schneller und einfacher

175 Zum Zusammenhang von Hegeverpflichtung und Jagdrecht *Metzger,* in: Lorz/Metzger/Stöckel BJagdG § 1 Rn. 6 ff.

176 *Heider,* Tierartenschutz, S. 117 f.; *Metzger,* in: Lorz/Metzger/Stöckel BJagdG § 1 Rn. 10.

177 Wissenschaftlicher Beirat Waldpolitik beim BMEL (Hrsg.) (2020), Eckpunkte der Waldstrategie 2050 Stellungnahme S. S. 43.

178 Wissenschaftlicher Beirat Waldpolitik beim BMEL (Hrsg.) (2020), Eckpunkte der Waldstrategie 2050 Stellungnahme S. 42 f.

179 S. hierzu bereits B. I.

Lösungsweg ausgemacht wird.[180] Bei der Suche nach geeigneten Lösungsansätzen findet der Einfluss der Land- und Forstwirtschaft auf die Wildtierbestände hingegen nur eine untergeordnete Berücksichtigung. Flora und Fauna sind voneinander abhängig und beeinflussen sich gegenseitig. Der Strukturwandel in der Landwirtschaft und die Anlegung von Monokulturen in den Forsten brachte ein erhebliches Wachstum insbesondere der wildschadensträchtigen Wildpopulationen mit sich. In der Stellungnahme zur „Waldstrategie 2050" wird selbst ausgeführt, dass der starke Maisanbau und die damit verbundene verbesserte Deckung zur Verbesserung der Lebensbedingungen des Wildes beigetragen haben.[181] Dennoch wird offenbar dem „Interesse der Waldbesitzer an ihrem Waldeigentum" ein deutlicher Vorrang vor der Erhaltung der Wildtierbestände eingeräumt und lediglich angeregt, „neu über die Lastenverteilung zwischen Waldbesitzern und Öffentlichkeit nachzudenken".[182] Zudem bleibt vollkommen unberücksichtigt, dass auch das durch Art. 14 Abs. 1 GG eigentumsrechtlich geschützte Jagdrecht durch Mindestabschusszahlen eine Einschränkung erfahren kann; denn das Jagdrecht umfasst nicht nur das Erlegen des Wildes, sondern auch den Schutz der Wildbestände. An dieser Stelle weicht jedenfalls der Tierschutz zum Zwecke der Erhaltung des Waldes den ökonomischen Interessen der Forstwirtschaft, ohne dass dieses Spannungsverhältnis einer näheren Betrachtung unterzogen wird. Von einer Berücksichtigung der „wildbiologischen und ökologischen Erkenntnisse", die an die Stelle des Hegegedankens treten sollen, kann – abgesehen von der Feststellung überhöhter Wildbestände – kaum die Rede sein. Plakativ formuliert lautet die Lösung: „Wald vor Wild".

---

180 Vgl. Wissenschaftlicher Beirat Waldpolitik beim BMEL (Hrsg.) (2020), Eckpunkte der Waldstrategie 2050 Stellungnahme nur exemplarisch S. 8, 10, 31, 36.

181 Wissenschaftlicher Beirat Waldpolitik beim BMEL (Hrsg.) (2020), Eckpunkte der Waldstrategie 2050 Stellungnahme S. 40.

182 Wissenschaftlicher Beirat Waldpolitik beim BMEL (Hrsg.) (2020), Eckpunkte der Waldstrategie 2050 Stellungnahme S. 15.

d) Aneignungsrecht

Mit dem Erlegen von Wild geht das Recht zur Aneignung nach § 958 Abs. 1 BGB einher.[183] Das erlegte Wild wird als aus einem Recht – dem Jagdausübungsrecht – gewonnene Frucht i.S.d. § 99 Abs. 2 BGB angesehen.[184] Gemäß § 960 Abs. 1 S. 1 BGB sind wilde Tiere so lange herrenlos, wie sie sich in Freiheit befinden. Wird nun ein Stück Wild erlegt, ist der Jagdausübungsberechtige als Revierinhaber dazu befugt, sich das Wild anzueignen.[185] Die Aneignung des erlegten „Stückes" erfolgt im Wege des originären Eigentumserwerbs durch die Inaugenscheinnahme („Inbesitznahme") nach der Erlegung.[186] Die Aneignung muss nicht immer durch den Revierinhaber selbst vollzogen werden. So fungieren Jagdgäste, Treiber oder anderes Jagdpersonal als Besitzdiener gemäß § 855 BGB.[187] Um anzuzeigen, dass ein Stück Wild in Besitz genommen wurde, wird auf den Wildkörper ein „Bruchzeichen" (kurz: „Bruch") gelegt.[188] Brüche sind Verständigungszeichen des traditionellen jagdlichen Brauchtums, die aus abgebrochenen Zweigen bestimmter Baumarten (Eiche, Fichte, Erle, Kiefer und Tanne) hergestellt werden, um so mit fremden und anderen Jägern zu kommunizieren. Früher dienten sie insbesondere der Organisation einer Jagd, um beispielweise die Anstände der Schützen anzuzeigen.[189] Heute kommen zu diesem Zweck freilich technische Geräte (v.a. Mobiltelefone) zum Einsatz, sodass die Bruchzeichen obsolet geworden sind, zur

---

183 *Hertel,* in: Jagdliches Eigentum, 2018, S. 271, 276. Ob sich daraus auch eine Aneignungspflicht herleiten lässt, ist nicht eindeutig geklärt. In diesem Sinne aber *Gies,* in: Düsing/Martínez AgrarR § 1 BJagdG Rn. 10.

184 *Mansel,* in: Jauernig BGB Anm. zu §§ 99–103 Rn. 3.

185 *Meyer-Ravenstein,* Die Jagdberechtigungen, S. 55.

186 *Meyer-Ravenstein,* Die Jagdberechtigungen, S. 55; *Gies,* in: Düsing/Martínez AgrarR § 1 BJagdG Rn. 6; *Oechsler,* in: MKBGB § 958 Rn. 1.

187 *Gies,* in: Düsing/Martínez AgrarR § 1 BJagdG Rn. 6.

188 *Seibt,* Grundwissen Jägerprüfung, S. 201 f.

189 *Frevert,* Jagdliches Brauchtum und Jägersprache, S. 182 f.; *Seibt,* Grundwissen Jägerprüfung, S. 200 ff. „Abgebrochener Zweig von Eiche, Erle, Kiefer, Fichte und Weißtanne, im Hochgebirge auch Lärche, Alpenrose und Wacholder; wird als sogenanntes *Bruchzeichen* bei erlegtem Wild (*Wildbruch* und *letzter Bissen*) sowie zur Verständigung der Jäger untereinander (*Haupt-, Leit-, Anschuss-, Fährten-, Standplatz-, Warte-* und *Warnbruch*) und als Schmuck (*Erlegerbruch*) verwendet."

Wahrung des jagdlichen Brauchtums aber durchaus noch Anwendung finden.

3. Kritik an der Terminologie und Aufgabe der Differenzierung

Überaus fragwürdig erscheint, ob die Differenzierung zwischen dem Jagdrecht und dem Jagdausübungsrecht noch sach- und zeitgerecht ist. Das Jagdrecht beinhaltet sämtliche mit der Jagd in Zusammenhang stehende Befugnisse (Hege, Jagdausübung und Aneignung) und ist de lege lata – wie bereits dargelegt – untrennbar mit dem Eigentum am Grundbesitz verbunden (§ 3 Abs. 1 S. 2 BJagdG), woraus zum Teil gefolgert wird, dass das Jagdrecht ein bloßer, unselbständiger Splitter des Eigentums sei. Generell bedarf es zur Jagdausübung gezwungenermaßen eines gültigen Jagdscheins (§§ 15 ff. BJagdG)[190]. Das Jagdrecht steht zwar weiterhin dem Grundeigentümer zu, aber das Jagdausübungsrecht kann nur an eine Person verpachtet werden, die im Besitz eines gültigen Jagdscheines ist. Nur durch dieses Kriterium kann sichergestellt werden, dass die gesetzlichen Voraussetzungen, die an einen Jäger gestellt werden, auch gewahrt werden und alle die Jagd Ausübenden einen ähnlichen Qualitätsstandard aufweisen.[191] Über den Kunstgriff der Aufspaltung von Jagdrecht und Jagdausübungsrecht soll der Grundeigentümer unweigerlich Inhaber des Jagdrechts bleiben und das Recht zur Jagdausübung an den Jagdpächter als Inhaber eines Jagdscheines übertragen können. Der Jagdausübungsberechtige kann dadurch – jedenfalls bei weitem Verständnis – alle erforderlichen jagdlichen Handlungen (Hege, Jagdausübung und Aneignung) ausführen, obwohl der Grundstücksinhaber immer noch Inhaber seines Jagdrechts sein soll. Nur in den seltenen Fällen, in denen der Eigentümer auch Inhaber eines gültigen Jagdscheins ist, fallen das Jagdrecht und das Jagdausübungsrecht zusammen.

Durch diese Aufspaltung behält der Verpächter mithin ein ausgehöhltes Recht zurück, das ihm keinerlei inhaltliche Rechte verleiht, da sämtliche Jagdbefugnisse bereits auf den Jagdausübungsberechtigten übergegangen sind. Durch diese Änderung im Rahmen der Einfüh-

190 *Tausch,* in: Schuck BJagdG § 15 Rn. 1.
191 *Tausch,* in: Schuck BJagdG § 15 Rn. 1.

rung des Reviersystems im Jahr 1848 wurde den Eigentümern von Flächen, die kleiner als 75 Hektar sind und deswegen einem gemeinschaftlichen Jagdbezirk angegliedert werden mussten, formell ein Recht eingeräumt – das Jagdrecht. Allerdings wurde ihnen der tatsächlich begehrte Inhalt des Rechts direkt wieder entzogen, weil nur das neu geschaffene Jagdausübungsrecht, welches der Jagdgenossenschaft obliegt, die eigentlichen Befugnisse enthält.[192] Mit der Schaffung des Reviersystems zündete man eine juristische Blendgranate, die die Illusion hervorrief, dass derjenige, der kein Großgrundeigentümer ist, immer noch das Jagdrecht an seinem Eigentum behält, selbst wenn der Jagdgenossenschaft das Jagdausübungsrecht übertragen wird und diese es dann gewinnbringend an einen Dritten (den Jagdausübungsberechtigten) verpachtet.[193]

Für eine solche künstliche Aufspaltung besteht aus heutiger Sicht keine Notwendigkeit mehr. Diese Konstellation kommt in etwa dem Fall gleich, dass dem Vermieter von Wohnraum immer noch ein „Recht zum Wohnen" verbleibe, während der Mieter das „Wohnrecht" erhält. Zu derartigen Fallgestaltungen führte *Wolff-Raiser* bereits im Jahr 1957 zutreffend aus: „*Gibt mir das Gesetz ein Recht, indem es mir zugleich jede Rechtsausübung entzieht, so fehlt mir das Recht!*".[194] Dass bis heute an der Differenzierung zwischen Jagd- und Jagdausübungsrecht festgehalten wird, hat höchstwahrscheinlich seinen Grund in den Erfahrungen aus dem Mittelalter, als das Jagdrecht als Adelsprivileg etikettiert und den Bauern als eigentlichen Grundeigentümern gänzlich abgesprochen wurde. Nachdem man 1848 revolutionär die Kopplung des Jagdrechts an Grund und Boden durchgesetzt hatte, fiel es vermutlich schwer, sich von dieser Errungenschaft wieder zu lösen. Aus heutiger Sicht bleibt zu überlegen, ob man diese antiquierte Unterscheidung zugunsten einer dogmatisch konsequenten Lösung nicht aufgeben und

192 *Konrad*, Wildschadensersatz, S. 37.

193 *Wetzel*, AUR 2010, 70 ist in seiner Ausführung weniger drastisch und nennt diese Vorgehensweise einen „juristischen Trick"". Die Intention des Gesetzgebers sollte jedoch deutlich erkennbar sein. *Bauch*, Grundgedanken des RJG, S. 39 führt dabei aus, dass es für den betreffenden Bauern einen „ideellen Wert habe, wenn er Träger des Jagdrechts sei." Aus heutiger Sicht ist jedoch anzunehmen, dass die ursprünglich historisch bedeutsame Differenzierung vom Betroffenen in der Praxis nicht mehr wahrgenommen wird.

194 *Wolff/Reiser*, Sachenrecht, S. 299.

das gesamte Jagdrecht an einem Grundstück dem Pächter zusprechen sollte.

Der Aufgabe der Unterscheidung von Jagd- und Jagdausübungsrecht steht nicht entgegen, dass das Jagdrecht – unabhängig davon, ob man es als bloßen Splitter des Eigentums oder als selbständiges Recht betrachtet – jedenfalls dem Schutz des Art. 14 Abs. 1 GG unterfällt. Das Jagdrecht stünde auch nach dieser Konzeption zunächst dem Grundeigentümer zu und könnte von diesem direkt im Wege der Rechtspacht[195] an den Jagdpächter übertragen werden. Eine Verletzung des Eigentumsrechts ergäbe sich bei dieser Übertragung ebenso wenig wie bei der Übertragung des Eigentums an einer Sache, da das Eigentum nach Art. 14 Abs. 1 GG und somit auch das gleichermaßen geschützte Jagdrecht disponibel ist. Dem Grundeigentümer ginge das Jagdrecht nicht unfreiwillig verloren wie zur Zeit des Jagdregals, sondern er könnte frei über sein Jagdrecht verfügen. Freilich müsste mit der Unterscheidung von Jagdrecht und Jagdausübungsrecht zugleich die akzessorische Bindung des Jagdrechts an das Grundeigentum gemäß § 3 Abs. 1 S. 2 BJagdG zugunsten seiner eigenständigen Übertragbarkeit aufgegeben werden.

IV. Wild

1. Begriff des Wildes (vgl. § 2 BJagdG)

Der Begriff „Wild" umfasst „wildlebende Tiere, die dem Jagdrecht unterliegen" (§ 1 Abs. 1 S. 1 BJagdG) und fasst damit die in Deutschland lebenden Säugetiere und Vögel zusammen, die als jagdbar gelten.[196] Grundsätzlich wird, wie in § 2 Abs. 1 BJagdG ersichtlich, zwischen zwei Wildkategorien unterschieden: Haarwild (§ 2 Abs. 1 Nr. 1 BJagdG) und Federwild (§ 2 Abs. 1 Nr. 2 BJagdG). Bei Haarwild handelt es sich um Säugetiere, welche dem Jagdrecht unterliegen.[197] Federwild

195 Zur Qualifizierung des Jagdpachtvertrags als Rechtspachtvertrag Kapitel 3 A. I.

196 *Seibt,* Grundwissen Jägerprüfung, S. 66.

197 *Frevert,* Jagdliches Brauchtum und Jägersprache, S. 204; *Seibt,* Grundwissen Jägerprüfung, S. 67, 69.

im Sinne des BJagdG sind alle dem Jagdrecht unterliegenden Vögel.[198] Die Lebewesen, die dem Jagdrecht unterliegen, sind in § 2 BJagdG enumerativ und abschließend aufgezählt. Die dort aufgeführten Arten wurden vom Gesetzgeber festgelegt; der Landesgesetzgeber kann jedoch zusätzliche Tierarten dem Jagdrecht unterstellen (§ 2 Abs. 2 BJagdG). Nordrhein-Westfalen hat von dieser Ermächtigung Gebrauch gemacht und exemplarisch die Nilgans, die Rabenkrähe und die Elster in den Kreis der jagdbaren Tiere aufgenommen (§ 2 Abs. 1 Nr. 2 b)–d) LJagdG NRW).

2. Hoch- und Niederwild (§ 2 Abs. 4 BJagdG)

Eine weitere maßgebliche Unterscheidung wird zwischen den Hoch- und Niederwildarten getroffen (§ 2 Abs. 4 BJagdG). Als Hochwild wird alles Schalenwild außer Rehwild, Auerwild, Steinadler und Seeadler bezeichnet. Das übrige Wild zählt zum Niederwild. § 2 Abs. 3 BJagdG enthält die Legaldefinition des Schalenwildes: Wisente, Elch-, Rot-, Dam-, Sika-, Reh-, Gams-, Stein-, Muffel- und Schwarzwild gehören dazu. Der Begriff „Schalenwild“ geht darauf zurück, dass der Jäger die Hufe des Wildes als „Schalen“ bezeichnet.[199] Die Differenzierung zwischen Nieder- und Hochwild ist ein Überbleibsel aus der Zeit, in der die Jagd ein dem Adel zustehendes Privileg war.[200] Die Begriffe Hoch- und Niederwild folgen aus der Hohen Jagd, welche dem Adel vorbehalten war. Die Niedere Jagd hingegen durfte auch von der gemeinen Bevölkerung ausgeübt werden.[201]

---

198 *Seibt,* Grundwissen Jägerprüfung, S. 141.

199 *Seibt,* Grundwissen Jägerprüfung, S. 69; *Metzger,* in: Lorz/Metzger/Stöckel BJagdG, § 2 Rn. 18. *Frevert,* Jagdliches Brauchtum und Jägersprache, S. 247 verwendet hingegen den Begriff *Klauen.*

200 *Schwenk,* in: Jagdliches Eigentum, 2018, S. 3, 15; *Schuck,* in: Schuck BJagdG § 2 Rn. 26.

201 *Frevert,* Jagdliches Brauchtum und Jägersprache, 209, 232; *Schwenk,* in: Jagdliches Eigentum, 2018, S. 3, 15.

V. Wild- und Jagdschäden

Dem Grunde nach werden Schäden bei der Jagd in zwei Schadenskategorien aufgeteilt: Wild- und Jagdschäden. Entgegen der ersten landläufigen Assoziation umfasst der Wildschadensbegriff nicht etwa Verkehrsunfälle, an denen Wild beteiligt ist. Vielmehr sind Wildschäden solche Schäden, die durch bestimmte Wildarten an einem land-, forst- oder fischereiwirtschaftlich nutzbaren Grundstück verursacht werden (vgl. § 29 Abs. 1 S. 1 BJagdG), wobei hiervon nicht nur Schäden an der Grundstückssubstanz, sondern auch an Bestandteilen oder Erzeugnissen erfasst sind.[202] Unter den Begriff des Wildschadens fielen schon in den Jagdgesetzen von Preußen die schädigenden Handlungen des Wildes in Form des Äsen, Verbiss, Schälen, Lagern, Niedertreten und Aufwühlen des Bodens.[203] Da nur bestimmte Wildarten zum sog. „Schadwild" gehören,[204] ist beispielweise das Beschädigen eines Maisfeldes durch Wildschweine, nicht jedoch das Fressen ausgebrachten Saatgutes durch Ringeltauben als Wildschaden zu werten.

Bei Jagdschäden i.S.d. § 33 BJagdG handelt es sich hingegen um Schäden, die dem Grundstückseigentümer durch nicht ordnungsgemäße Jagdausübung entstanden sind.[205] So handelt es sich beispielsweise um einen Jagdschaden, wenn der Jagdausübungsberechtigte mit einem Kraftfahrzeug im Rahmen der Jagdausübung über ein Feld fährt und dabei Getreide beschädigt.

VI. (Jagd-)Bezirke

Wie bereits erwähnt, ist das Jagdrecht unmittelbar an Grund und Boden gekoppelt. Damit ging die Etablierung des Reviersystems in

202 *Gies*, in: Düsing/Martínez AgrarR § 29 BJagdG 1 ff.; *ders.*, in: Düsing/Martínez AgrarR § 33 BJagdG Rn. 1 ff.; *Schuck*, in: Schuck BJagdG § 29 Rn. 1; *Wagner*, in: MKBGB § 835 Rn. 7. Zu den Voraussetzungen des Wildschadensersatzes s. im Einzelnen Kapitel 4 A. IV.

203 *Bauer*, Jagdgesetze Preußens, S. 209.

204 Hierzu ausführlich im Rahmen der Voraussetzungen des Wildschadensersatzanspruchs, s. Kapitel 4 A. IV. 2.

205 *Gies*, in: Düsing/Martínez, AgrarR § 33 BJagdG Rn. 1.

Deutschland einher.[206] Nach dem Reviersystem ist die Jagdberechtigung an ein bestimmtes Gebiet gebunden – im Gegensatz zum sogenannten Patentsystem, das zum Beispiel in den USA, Kanada und Skandinavien gilt und bei dem der Jäger die generelle Berechtigung erwirbt, auf jeglichem Grundbesitz die Jagd auszuüben. Dabei wird von dem Jäger im Vorfeld selbst festgelegt, auf welche Wildart die Jagd ausgeübt werden soll und viele Stücke erlegt werden sollen.[207]

1. Eigenjagdbezirke und gemeinschaftliche Jagdbezirke (§§ 4, 7, 8 BJagdG)

Im Rahmen des Reviersystems sind zweierlei Jagdbezirke zu differenzieren: Gemäß § 4 BJagdG sind Jagdbezirke (Gebiete, in denen die Jagd ausgeübt werden darf), entweder Eigenjagdbezirke oder gemeinschaftliche Jagdbezirke.[208] Nach § 7 Abs. 1 S. 1 BJagdG handelt es sich bei einem Eigenjagdbezirk um eine zusammenhängende Grundfläche, die land-, forst- oder fischereiwirtschaftlich genutzt wird, mindestens 75 Hektar groß ist und im Eigentum ein und derselben Person oder einer Personengemeinschaft steht. In diesem Gebiet steht das Jagdrecht dementsprechend auch nur einer Person oder einer Personengemeinschaft zu, sodass in einem Eigenjagdbezirk grundsätzlich stets der Eigentümer der Inhaber des Jagdrechts und des Jagdausübungsrechts ist. In einem Eigenjagdbezirk fallen diese Rechte also nicht ipso iure auseinander.[209] Die Länder dürfen aufgrund ihrer konkurrierenden Gesetzgebungskompetenz insbesondere hinsichtlich der erforderlichen Fläche davon abweichende Regelungen treffen (vgl. § 7 Abs. 1 S. 2 BJagdG).

---

206 *Wetzel,* AUR 2010, 70; *Blau/Hehn/Klett,* Weinrecht, Jagdrecht, Forstrecht, Fischereirecht, S. 50; *Schuck,* in: Schuck BJagdG § 3 Rn. 21.

207 *Blau/Hehn/Klett,* Weinrecht, Jagdrecht, Forstrecht, Fischereirecht, S. 50; *Schuck,* in: Schuck BJagdG § 3 Rn. 21.

208 *Ebner,* Gemeinschaftlicher Jagdbezirk, S. 2; *Blau/Hehn/Klett,* Weinrecht, Jagdrecht, Forstrecht, Fischereirecht, S. 50; *Munte,* in: Schuck BJagdG § 8 Rn. 1, 3.

209 Vgl. zum Jagdausübungsrecht in den verschiedenen Reviertypen LG Neuruppin, Urteil v. 16.11.2015 – 1 O 38/15 Rn. 13; *Sailer,* ZRP 2005, 88 f.; *Wetzel,* AUR 2010, 70, 71; *Wolff/Reiser,* Sachenrecht, S. 298; *Schuck,* in: Schuck BJagdG § 3 Rn. 15. *Adams,* Gefährdungs- und Verschuldenshaftung, S. 48, bezeichnet die Zufallshaftung des Eigentümers als „Opferhaftung".

Demgegenüber stehen die gemeinschaftlichen Jagdbezirke. Von einem gemeinschaftlichen Jagdbezirk spricht man, wenn Grundflächen einer Gemeinde oder einer abgesonderten Gemarkung nicht zu einem Eigenjagdbezirk gehören und im Zusammenhang mindestens 150 Hektar umfassen (§ 8 Abs. 1 BJagdG). Nach § 8 Abs. 2 BJagdG können auch Grundflächen verschiedener Gemeinden auf Antrag zu einem Jagdbezirk zusammengeschlossen werden. Ebenso können gemeinschaftliche Jagdbezirke in selbstständige Jagdbezirke aufgeteilt werden, wenn sie eine Mindestgröße von 250 Hektar besitzen (§ 8 Abs. 3 BJagdG). Exakt wie bei den Eigenjagdbezirken können auch hier die Länder andere Mindestgrößen festsetzen (§ 8 Abs. 4 BJagdG). Die Besonderheit bei einem gemeinschaftlichen Jagdbezirk ist, dass das Jagdrecht in diesen Fällen nicht den Grundeigentümern als solchen, sondern der Jagdgenossenschaft zusteht (§ 8 Abs. 5 BJagdG).

Durch die Etablierung gemeinschaftlicher Jagdbezirke soll sichergestellt werden, dass die Jagd nur auf Flächen ausgeübt wird, die durch ihre Gesamtfläche eine geeignete Größe besitzen. Dadurch soll unter anderem vermieden werden, dass sich „Splitter-" oder „Zwergjagdbezirke" bilden und auf deutlich zu kleinen Flächen die Jagd von zu vielen Personen ausgeübt wird bzw. die ausreichende Bejagung von kleinen Flächen gewährleistet wird.[210] Folglich sollen auch sehr kleine Flächen einem Jagdbezirk angegliedert werden, damit diese für die Jagd nutzbar gemacht werden können. Es kommt dabei nicht darauf an, dass diese Flächen für sich genommen eine gewisse jagdliche Nutzbarkeit vorweisen.[211] Die Einführung des Revierprinzips diente damit der im Interesse der Allgemeinheit liegenden Wahrung gesunder Wildbestände.[212]

2. Befriedete Bezirke

Es gibt jedoch auch Flächen, die keinem Jagdbezirk angehörig oder die befriedet sind und auf denen dementsprechend die Jagd ruht (§ 6 S. 1 BJagdG). Werden die Voraussetzungen für einen Eigenjagd- oder

210 *Munte*, in: Schuck BJagdG § 9 Rn. 1; *Wolff/Reiser*, Sachenrecht, S. 296.
211 *Metzger*, in: Lorz/Metzger/Stöckel BJagdG § 8 Rn. 2.
212 *Dietlein*, in: Jagdliches Eigentum, 2018, S. 29, 40.

einen gemeinschaftlichen Jagdbezirk nicht erfüllt (z.B. mit Blick auf die erforderlichen Mindestgrößen), so können Flächen entstehen, die frei von der Jagdausübung sind – sog. jagdbezirksfreie Flächen.[213] Unter dem Begriff „Ruhen" wird dabei verstanden, dass die Jagd in diesen Gebieten nicht ausgeübt werden darf.[214] Hinsichtlich der Befriedung ist weitergehend zu differenzieren:

Um gesetzlich befriedete Bezirke i.S.d. § 6 S. 1 BJagdG handelt es sich beispielsweise bei Friedhöfen, Gärten, Wildgehegen, Sport- und Erholungsflächen oder anderen in sich geschlossene Flächen,[215] wobei die Landesgesetzgeber diesen Begriff in der Regel genauer definieren.[216] Sinn und Zweck des § 6 BJagdG ist mit Blick auf diese Flächen u.a. die Vermeidung von Gefahren für die öffentliche Sicherheit und Ordnung.[217]

Zudem besteht die Möglichkeit, eine Grundfläche auf Antrag des Grundeigentümers zu einem befriedeten Bezirk zu erklären (§ 6a BJagdG). Dafür muss von dem die Befreiung Beantragenden dargelegt werden, warum er den Austritt aus der Jagdgenossenschaft begehrt. Erst seit dem Jahr 2013 sieht das Gesetz in § 6a BJagdG die Möglichkeit vor, eine prinzipiell einem gemeinschaftlichen Jagdbezirk angehörige Fläche aus ethischen Gründen befrieden zu lassen.[218] Der EGMR hatte darüber zu entscheiden, ob es einem Grundstückseigentümer, der die Jagd aus Überzeugung ablehnt, möglich sein sollte, die Jagd auf seinem Grundstück zu untersagen.[219] In der Entscheidung *Hermann* gegen *Deutschland* wurde von der großen Kammer ausgeführt,

213 *Gies*, in: Düsing/Martínez AgrarR § 6 BJagdG Rn. 1.

214 Im Einzelnen besteht jedoch Uneinigkeit bzgl. der genauen Jagdausübungshandlungen, vgl. *Frank*, in: Schuck BJagdG § 6 Rn. 4; *Metzger*, in: Lorz/Metzger/Stöckel BJagdG § 6 Rn. 6; *Schäfer/Belgard*, in: Mitzschke/Schäfer § 6 Rn. 10.

215 *Frank*, in: Schuck BJagdG § 6 Rn. 4; *Gies*, in: Düsing/Martínez AgrarR § 6 BJagdG Rn. 2 ff.; *Thies*, Wild- und Jagdschaden, S. 21.

216 *Frank*, in: Schuck BJagdG § 6 Rn. 1. Vgl. beispielsweise § 5 Abs. 1 HJagdG.

217 *Frank*, in: Schuck BJagdG § 6 Rn. 4.

218 *Munte*, in: Schuck BJagdG § 6a Rn. 1. Im Vorfeld wurde in der Literatur sogar vereinzelt vertreten, dass die Duldung der Jagd als verfassungswidrig anzusehen ist; s. z.B. *Sailer*, ZRP 2005, 88, 92. Diese Auffassung blieb jedoch nicht kritiklos, vgl. *Müller-Schallenberg/Förster*, ZRP 2005, 230, 232.

219 EGMR (Große Kammer), Urteil v. 26.06.2012 – 9300/07 = NJW 2012, 3629 (Herrmann/Deutschland). Ausführlich zu den Konsequenzen dieser Entscheidung Kapitel 4 A. IV. 1. b) bb).

dass die legitimen Ziele, die das Bundesjagdgesetz verfolgt, in diesem Fall zurückzustehen haben.[220] In dieser Entscheidung hatte sich der Beschwerdeführer an den EGMR gewandt, da seine Verfassungsbeschwerde vom BVerfG nicht zur Entscheidung angenommen worden war[221]. Der EGMR schloss sich in dieser Entscheidung seiner bisherigen Rechtsprechung[222] an und stellte fest, dass es für den Eigentümer eine unzumutbare Belastung darstelle, wenn er die Jagd zu dulden habe, obwohl er sie aus ethischen Gründen ablehne.[223]

VII. Jagdgenossenschaft

Wie bereits dargelegt, ist in einem gemeinschaftlichen Jagdbezirk die Jagdgenossenschaft die Inhaberin des Jagdrechts. Gemäß § 9 Abs. 1 BJagdG bilden die Eigentümer der Grundflächen, die zu einem gemeinschaftlichen Jagdbezirk gehören, die Jagdgenossenschaft. § 10 BJagdG gibt Aufschluss über die Jagdnutzung durch die Jagdgenossenschaft. Regelmäßig wird die Jagd durch Verpachtung genutzt, wobei diese auf die Jagdgenossen beschränkt werden darf (§ 10 Abs. 1 BJagdG). Außerdem können von der Jagdgenossenschaft Berufsjäger eingestellt werden, um die Jagd auf den dazu gehörigen Flächen sicherzustellen (§ 10 Abs. 2 S. 1 BJagdG). Sollten sich die Genossen gegen die Nutzung der Jagd entscheiden, kann diese auch mit behördlicher Zu-

---

220 *Munte*, in: Schuck BJagdG § 6a Rn. 1.

221 BVerfG NVwZ 2007, 808. Leitsatz der Redaktion: „Die Regelungen des Bundesjagdgesetzes über die Bildung von gemeinschaftlichen Jagdbezirken (§ 8 Abs. 1) und von Jagdgenossenschaften (§ 9 Abs. 1) und über die Übertragung des Jagdausübungsrechts auf die Jagdgenossenschaften (§ 8 Abs. 5) stellen eine zulässige Inhalts- und Schrankenbestimmung des Eigentums i.S. Art. 14 Abs. 1 S. 2 GG dar. Die Zwangsmitgliedschaft in der Jagdgenossenschaft ist auch im Übrigen verfassungsgemäß."

222 Der EGMR hatte bereits ähnlich gelagerte Fälle aus Frankreich und Luxemburg zu entscheiden. EGMR, Urteil v. 29.04.1999 – 25088–94, 28331–95 u. 28443–95 = NJW 1999, 3695 ff. (Chassagnou/Frankreich); EGMR, Urteil v. 10.07.2007 – Beschwerde Nr. 2113/04 = NuR 2008, 489 ff. (Schneider/Luxemburg).

223 EGMR (Große Kammer), Urteil v. 26.06.2012 – 9300/07 = NJW 2012, 3629, 3632 f., der insbesondere erläutert, warum der der Eigentümer einer befriedeten Fläche weiterhin Mitglied der Jagdgenossenschaft bleibt. S. dazu auch *Hindelang/Berner*, JuS 2013, 925, 930 Ausführlich zu dieser Entscheidung unter Kapitel 4 B.

stimmung ruhen (§ 10 Abs. 2 S. 2 BJagdG). Darüber hinaus fällt auch die Jagdgenossenschaft eine Entscheidung darüber, wie der Reinertrag der Jagd von ihr zu nutzen ist (§ 10 Abs. 3 BJagdG).

Bei einer Jagdgenossenschaft handelt es sich um eine als Gebietskörperschaft zu qualifizierende juristische Person des Öffentlichen Rechts, die kraft Gesetzes entsteht und durch die untere Jagdbehörde beaufsichtigt wird.[224]

Die Jagdgenossenschaft wird aufgelöst, wenn ein gemeinschaftlicher Jagdbezirk aufhört zu bestehen – z.B. wenn ein Eigentümer mehrere Flächen von ausreichender Größe erwirbt, die dann einen Eigenjagdbezirk bilden oder der gemeinschaftliche Jagdbezirk unter die Mindestfläche der 150 Hektar zurückfällt. Ein weiterer, eher unüblicher Grund könnte sein, dass eine Gemeinde sich selbst vollständig auflöst.[225] Da das Jagdausübungsrecht und das Jagdrecht getrennt wurden, ist es nun der Jagdgenossenschaft möglich, das Jagdausübungsrecht an dem gemeinschaftlichen Jagdbezirk an einen einzelnen Jäger zu verpachten. Die Organe der Jagdgenossenschaft sind der Jagdvorstand und die Jagdgenossenschaftsversammlung.[226]

Die Jagdgenossenschaft wird von ihren Mitgliedern gebildet. Um Mitglied der Jagdgenossenschaft zu werden, muss man Eigentümer eines Grundstücks sein, welches zu einem gemeinschaftlichen Jagdbezirk gehört oder diesem zumindest angegliedert ist. Hierbei wird ausschließlich an die Eigentümerstellung angeknüpft.[227] Ein Landpächter, der vertraglich das Nutzungsrecht an landwirtschaftlich genutzten Flächen übernimmt, wird durch seine landwirtschaftliche Tätigkeit nicht Jagdgenosse.[228] § 9 Abs. 1 BJagdG statuiert eine Zwangsmitgliedschaft.[229] Es gibt bis heute grundsätzlich keine Möglichkeit, aus dieser

224 *Wetzel,* AUR 2010, 70, 71; *Leonhardt,* Jagdrecht Bd. 1, § 9 BJagdG Rn. 1.1 f.; *Munte,* in: Schuck BJagdG § 9 Rn. 2, 4; *Wolff/Reiser,* Sachenrecht, S. 299.

225 *Metzger,* in: Lorz/Metzger/Stöckel BJagdG § 8 Rn. 2; *Munte,* in: Schuck BJagdG § 9 Rn. 2 f.

226 *Leonhardt,* Jagdrecht Bd. 1, § 9 BJagdG Rn. 3.

227 *Munte,* in: Schuck BJagdG § 9 Rn. 27.

228 *Leonhardt,* Jagdrecht Bd. 1, § 9 BJagdG Rn. 1.3; *Munte,* in: Schuck BJagdG § 9 Rn. 5.

229 BVerfG NVwZ 2007, 808; *Wetzel,* AUR 2010, 70, 71; *Wolff/Reiser,* Sachenrecht, S. 299.

Zwangsgemeinschaft auszutreten, da diese mit dem deutschen Grundgesetz und der Europäischen Menschenrechtskonvention im Einklang steht.[230] Nach der Konzeption des BJagdG steht es dem Eigentümer auch nicht zu, die Jagd auf seinem Grundstück zu verbieten, da nach dem Bundesjagdgesetz gejagt werden muss, um einen gesunden und artenreichen Wildbestand zu erhalten.[231] Wenn ein Grundstück auf Antrag nach § 6a BJagdG befriedet wird, bleibt der Eigentümer zwar Jagdgenosse, auf seinem Grundstück darf die Jagd allerdings nicht mehr ausgeübt werden.

230 *Munte*, in: Schuck BJagdG § 9 Rn. 6. Gewissermaßen als „Ausnahme" gestaltet sich nur der Fall der Befriedung von Grundflächen, vgl. *ders.*, in: Schuck BJagdG § 9 Rn. 91.

231 BVerfG, Beschluss v. 13.12.2006 – 1 BvR 2084/05 = NVwZ 2007, 808; Beschluss v. 02.02.2007 – 2 BvR 126/04; BVerwG Urt. v. 14.04.2005 – 3 C 31/04 = NVwZ 2006, 92; BGH, Urteil v. 15.12.2005 – III ZR 10/05 = NJW 2006, 984; *Dietlein*, AgrarR 2000, 76; *Müller-Schallenberg/Förster*, Natur und Recht 2007, 161 ff.; *dies.*, ZRP 2005, 230 ff.; *Pückler*, AgrarR 2001, 72 ff.; *Munte*, in: Schuck BJagdG § 9 Rn. 6. A.A. *Ditscherlein*, Natur und Recht 2005, 305 ff.; *Maierhöfer*, NVwZ 2007, 1155, 1157 f.; *Sailer*, NVwZ 2006, 174.

Kapitel 3: Grundlagen des Jagdpachtvertrages (vgl. auch §§ 11 BJagdG)

Im Regelfall wird die Jagd von einem Jagdpächter ausgeübt. Die Notwendigkeit des Abschlusses eines Jagdpachtvertrages ergibt sich in einem gemeinschaftlichen Jagdbezirk bereits daraus, dass die Jagdgenossenschaft selbst nicht pachtfähig ist. Auch in einem Eigenjagdbezirk wird regelmäßig ein Jagdpachtvertrag geschlossen, da viele Grundstückseigentümer selbst nicht Inhaber eines Jagdscheins sind und daher die Jagd nicht selbst ausüben dürfen. Dementsprechend ist der Abschluss eines Jagdpachtvertrages (gemäß § 581 BGB i.V.m. § 11 BJagdG) der in der Praxis weitaus häufigste Fall.

Der Pachtvertrag hat im Bürgerlichen Gesetzbuch in den §§ 581 ff. BGB seine Kodifikation gefunden. Gemäß § 581 BGB wird der Verpächter verpflichtet, dem Pächter den Gebrauch des verpachteten Gegenstands und den Genuss der Früchte, soweit sie nach den Regeln einer ordnungsgemäßen Wirtschaft als Ertrag anzusehen sind, während der Pachtzeit zu gewähren. Im Gegenzug ist der Pächter dazu verpflichtet, an den Verpächter den vereinbarten Pachtzins zu zahlen.[232] Dementsprechend handelt es sich bei einem Pachtvertrag um ein synallagmatisches Dauerschuldverhältnis zwischen den jeweiligen Vertragsparteien.[233] Durch den Pachtvertrag wird zwischen den Beteiligten ein Dauerschuldverhältnis begründet, auf welches – sollte es an pachtvertragsspezifischen Regelungen fehlen – die Grundsätze des allgemeinen Schuldrechts Anwendung finden. Es gilt das dem BGB immanente „Schachtelprinzip".[234] Im Gegensatz zum Mietvertrag

232 Vgl. allgemein zum Pachtvertrag *Klein-Blenkers*, in: NKBGB § 581 Rn. 1 f.; *Brox/Walker*, Besonderes Schuldrecht, § 14 Rn. 1.

233 *Gies*, in: Düsing/Martínez AgrarR § 11 BJagd Rn. 1; *Harke*, in: MKBGB § 581 Rn. 1; *Metzger*, in: Lorz/Metzger/Stöckel BJagdG § 11 Rn. 2; *Brox/Walker*, Besonderes Schuldrecht, § 14 Rn. 1.

234 *Harke*, in: MKBGB § 581 Rn. 1.

wird die Nutzungsmöglichkeit des Pachtgegenstandes noch um die Fruchtziehung erweitert. Daher ist es dem Pächter möglich, alle wirtschaftlichen Erzeugnisse gewinnbringend einzusetzen.[235]

Die Hauptleistungspflichten des Verpächters beschränken sich vorliegend auf die Gebrauchsüberlassung und die Gewährung des Fruchtgenusses. Bei der Gebrauchsüberlassung handelt es sich jedoch um kein „konstitutives" Merkmal, sondern allein der Fruchtgenuss ist charakteristisch für einen Pachtvertrag. Die Gebrauchsüberlassung kann folglich abbedungen werden. Die Fruchtziehung hingegen ist der wesentliche Teil des Pachtvertrages – im Gegensatz zum Mietvertrag, bei dem die Gebrauchsüberlassung im Vordergrund steht. Maßgebliches Differenzierungskriterium gegenüber einem Mietvertrag (§§ 535 ff. BGB) ist mithin, dass der Verpächter seinem Vertragspartner über den Gebrauch hinaus erlaubt, die Früchte, welche aus der Nutzung entstehen können, zu ziehen.[236] Die Fruchtziehung kann zwar pachtvertraglich eingeschränkt werden, allerdings darf sie nicht vollständig ausgeschlossen werden, da sonst die charakteristische Prägung des Pachtvertrages verloren ginge.[237]

Die Fruchtziehung ist zu gewähren, wenn sie als Frucht einer ordnungsgemäßen Wirtschaft angesehen werden kann. Der Verpächter muss dem Pächter die Fruchtziehung lediglich ermöglichen. Ob der Pächter die Früchte zieht, bleibt ihm selbst überlassen.[238] Dementsprechend wird das Risiko der Ziehung der Früchte auf den Pächter verlagert, da diese in seinem wirtschaftlichen Interesse liegt.[239] Der Pächter erlangt das Eigentum an den Früchten über den Erwerb nach § 956 BGB. Danach kann der Erwerb durch einen persönlich Berechtigten erfolgen. Dort heißt es: „*Gestattet der Eigentümer einem anderen, sich Erzeugnisse oder sonstige Bestandteile der Sache anzueignen, so erwirbt*

235 *Harke*, in: MKBGB § 581 Rn. 1.

236 *Harke*, in: MKBGB § 581 Rn. 1; *Klein-Blenkers*, in: NKBGB § 581 Rn. 5 ff.

237 *Dickersbach*, in: Erman BGB § 581 Rn. 2, 11; *Harke*, in: MKBGB § 581 Rn. 2; *Weidenkaff*, in: Palandt BGB § 581 Rn. 5.

238 *Dickersbach*, in: Erman BGB § 581 Rn. 12.

239 BGH NJW 1982, 2062; NJW 1981, 2405, 2406; *Dickersbach*, in: Erman BGB § 581 Rn. 12.

dieser das Eigentum an ihnen, wenn der Besitz der Sache ihm überlassen ist, mit der Trennung, andernfalls mit der Besitzergreifung."[240]

Die allgemeinen Vorschriften der §§ 581 ff. BGB werden durch die speziellen Regelungen des BJagdG ergänzt. Demzufolge ergänzt § 1 Abs. 1, Abs. 5 BJagdG die Vorschrift des § 956 BGB. Gemäß § 1 Abs. 1 BJagdG darf sich der Jagdrechtsinhaber Wild aneignen. Hier zeigen sich deutlich die Schwächen der Differenzierung zwischen Jagd- und Jagdausübungsrecht: Bei wortlautgetreuer Anwendung des § 1 BJagdG müsste man zu dem Ergebnis kommen, dass das Jagdausübungsrecht lediglich die Befugnisse nach § 1 Abs. 4 BJagdG verleiht und die Aneignung dem Jagdrechtsinhaber obliegt, denn bei strengem Wortlautverständnis gewährt § 1 Abs. 1 BJagdG das Aneignungsrecht dem Inhaber des Jagdrechts, nicht dem des Jagdausübungsrechts. Dies hätte zur Folge, dass das Aneignungsrecht dem Grundeigentümer bzw. der Jagdgenossenschaft (und damit regelmäßig dem Verpächter) obläge, während der Jagdausübungsberechtigte (der Pächter), der das Wild erlegt, sich das erlegte Wild nicht aneignen dürfte. In der Praxis wird jedoch auch entgegen dem Wortlaut das Recht zur Aneignung dem Jagdausübungsberechtigten übertragen. Diese Ausgestaltung führt die Unterscheidung von Jagdrecht und Jagdausübungsrecht ad absurdum. Der Jäger dürfte mithin Wild aufsuchen, ihm nachstellen, es fangen und es schlussendlich auch erlegen. Da er es sich allerdings nicht aneignen darf, müsste er das erlegte Stück Wild in letzter Konsequenz (für den Inhaber des Jagdrechts, dem Verpächter) liegen lassen, da er nach der Dogmatik des § 1 BJagdG nicht zur Aneignung befugt ist.

A. Rechtsnatur

Der Wildschadensersatzanspruch gemäß § 29 Abs. 1 S. 1 BJagdG richtet sich nach seiner Konzeption grundsätzlich gegen die Jagdgenossenschaft als Gebietskörperschaft des Öffentlichen Rechts und regelmäßigen Verpächter. Erst wenn die Haftung pachtvertraglich auf den Jagdpächter übertragen wurde, kann dieser in die Haftung genommen werden. In Anbetracht dessen stellt sich die Frage nach der dem

240 *Dickersbach*, in: Erman BGB § 581 Rn. 14.

Jagdpachtvertrag zugrundeliegenden Rechtsnatur. So können bereits an dieser Stelle die Weichen für die Beantwortung der Frage gestellt werden, ob der geltend gemachte Anspruch öffentlich-rechtlicher oder privatrechtlicher Natur ist.

I. Landpachtvertrag oder Rechtspachtvertrag?

Wie aus § 11 Abs. 1 S. 1 BJagdG hervorgeht, wird „die Ausübung des Jagdrechts in seiner Gesamtheit" verpachtet. Der Norm ist zu entnehmen, dass nur das Jagdausübungsrecht verpachtet werden kann, da das Jagdrecht wegen der akzessorischen Bindung an das Grundeigentum nach § 3 Abs. 1 S. 2 beim Eigentümer der betroffenen Flächen verbleibt.

Fraglich ist allerdings, ob es sich bei dieser Form der Pacht um eine in § 581 BGB vorgesehene Ausgestaltung handelt. Der gängigste und wohl bekannteste Pachtvertrag ist die Pacht einer Gastwirtschaft. Der Pächter mietet dort nicht nur die Räumlichkeiten an, sondern hat auch die Erlaubnis, die Früchte, welche durch den Betrieb der Gaststätte entstehen, zu ziehen. In diesem Beispiel ist die Fruchtziehung der Gewinn, der durch den Verkauf von Speisen und Getränken erzielt wird. Allerdings ist diese Form des Pachtvertrags nicht exakt mit den Befugnissen vergleichbar, die der Jagdausübungsberechtigte erlangt. Bei der Pacht einer Gastwirtschaft wird eine Räumlichkeit überlassen, um gewinnbringend Speisen, Getränke und weitere Dienstleistungen anzubieten.[241] Bei der Verpachtung eines Jagdreviers erhält der Pächter hingegen die Möglichkeit, Wild zu erlegen, darf allerdings die Flächen nicht anderweitig für sich allein nutzen. Aufgrund dessen kommt eine weitere Art des Pachtvertrages in Betracht:[242]

Der Jagdpächter übt die Jagd auf einem bestimmten abgegrenzten Gebiet – dem sogenannten Revier (oder auch Jagdbezirk §§ 4 ff. BJagdG) – aus. Dieser Umstand legt es nahe, dass es sich dabei um einen sog. Landpachtvertrag i.S.d. § 585 BGB handelt.[243] In einem Landpachtvertrag verpflichtet sich der Verpächter dazu, dem Pächter ein

---

241 *Harke,* in: MKBGB § 581 Rn. 7 f.

242 *Harke,* in: MKBGB § 581 Rn. 4.

243 *Harke,* in: MKBGB § 585 Rn. 1.

Grundstück zur überwiegenden landwirtschaftlichen Bewirtschaftung gegen Entgelt zu überlassen (§ 585 Abs. 1 Alt 2 BGB). Auch forstwirtschaftlich genutzte Grundstücke können im Wege des Landpachtvertrages gepachtet werden (§ 585 Abs. 3 BGB).[244] Die Jagd wird vom Jagdpächter sowohl auf landwirtschaftlich als auch auf forstwirtschaftlich genutzten Flächen ausgeübt. Nun könnte die Ansicht vertreten werden, der die Jagd Ausübende schütze durch den gezielten Abschuss von Wild den Verpächter vor Schäden, welche durch das Wild verursacht werden, weswegen es sich um eine landwirtschaftliche Nutzung handle. Unter der Landwirtschaft versteht man allerdings – jedenfalls nach der baurechtlichen Definition – insbesondere den Ackerbau, die Wiesen- und Weidewirtschaft einschließlich Tierhaltung, soweit das Futter überwiegend auf den zum landwirtschaftlichen Betrieb gehörenden landwirtschaftlich genutzten Flächen erzeugt werden kann, die gartenbauliche Erzeugung, der Erwerbsobstbau, der Weinbau, die berufsmäßige Imkerei und die berufsmäßige Binnenfischerei (vgl. § 201 BauGB).[245] Nach dieser öffentlich-rechtlichen Legaldefinition handelt es sich bei der Jagdausübung nicht um eine landwirtschaftliche Tätigkeit.

Zieht man diese baurechtliche Definition der Landwirtschaft auch hier heran, muss es sich bei einem Jagdpachtvertrag vielmehr um eine Rechtspacht handeln.[246] Diese Einordnung wird durch den Wortlaut des § 11 BJagdG gestützt, demzufolge „die Ausübung des Jagd*rechts* in seiner Gesamtheit [...] an Dritte verpachtet werden [kann]" (§ 11 Abs. 1 S. 1 BJagdG). Gemäß § 11 Abs. 1 S. 2 BJagdG kann ein Teil des Jagdausübungs*rechts* nicht Gegenstand eines Jagdpachtvertrages sein, jedoch kann sich der Verpächter einen Teil der Jagdnutzung, der sich auf bestimmtes Wild bezieht, vorbehalten. Prinzipiell muss also das Jagdausübungsrecht in Gänze verpachtet werden.[247] Exemplarisch kann sich der Jagdverpächter somit die Jagd auf Rotwild auf

244 *Harke*, in: MKBGB § 585 Rn. 6.

245 *Dickersbach*, in: Erman BGB § 585 Rn. 2; *Riecke*, in: Prütting/Wegen/Weinreich BGB § 585 Rn. 2 f.

246 BGH WM 1986, 1359; *Dickersbach*, in: Erman BGB § 581 Rn. 6; *ders.*, in: Erman BGB Vor § 581 Rn. 30; *Gies*, in: Düsing/Martínez AgrarR § 11 BJagd Rn. 1; *Koch*, in: Schuck BJagdG § 11 Rn. 3.

247 *Koch*, in: Schuck BJagdG § 11 Rn. 7.

seinem Grund und Boden vorbehalten und die Bejagung anderer Wildarten an den Pächter übertragen.[248] Die Formulierung in § 11 BJagdG spricht dafür, dass der Gesetzgeber den Jagdpachtvertrag als Rechtspacht qualifiziert. Gegenstand des Jagdpachtvertrages ist unter Berücksichtigung dieser Vorschrift das Jagdausübungsrecht in einem abgegrenzten Gebiet. Dabei wird das Jagdausübungsrecht entweder unmittelbar vom Jagdrecht des Grundstückseigentümers abgeleitet oder zuvor der Jagdgenossenschaft zugesprochen, die es dann ihrerseits verpachten kann.[249] Im Ergebnis kann der Eigentümer sein Eigentum im Hinblick auf alle ihm zur Verfügung stehenden Möglichkeiten mannigfaltig nutzen, nur die Jagd darf er dort aufgrund der Verpachtung nicht mehr ausüben.[250] Diese Befugnis steht nach Abschluss des Vertrages ausschließlich dem Jagdpächter zu. Ein Rechtspachtvertrag i.S.d. § 581 BGB setzt aber auch voraus, dass das Recht geeignet ist, die Fruchtziehung zu ermöglichen.[251] Die Jagdgenossenschaft oder der Eigenjagdbesitzer überträgt gegen Entgelt sein Jagdausübungsrecht auf den Pächter.[252] Durch die Verpachtung des Jagdausübungsrechts werden dem Pächter die Befugnisse des § 1 Abs. 4 BJagdG – Hege, Jagdausübung und Aneignung[253] – eingeräumt. Hierdurch kann der Jagdpächter den Wildbestand nutzen und darf einzelne Tiere als „Früchte" entnehmen. Mithin ist das Jagdausübungsrecht geeignet, die Fruchtziehung im Revier zu ermöglichen. Folglich ist der Jagdpachtvertrag als Rechtspachtvertrag i.S.d. § 581 BJagdG anzusehen.[254] Sollten die speziellen pachtvertraglichen Regelungen verschiedene Problemstellungen nicht abdecken, können die Regelungen des Mietrechts (§§ 535 ff. BGB) ergänzende Anwendung finden.[255]

---

248 *Koch,* in: Schuck BJagdG § 11 Rn. 8.
249 *Koch,* in: Schuck BJagdG § 11 Rn. 3.
250 *Koch,* in: Schuck BJagdG § 11 Rn. 3.
251 *Harke,* in: MKBGB § 581 Rn. 5; *Weidenkaff,* in: Palandt BGB § 581 Rn. 16.
252 *Munte,* in: Schuck BJagdG, § 10 Rn. 2; *Schäfer/Belgard,* in: Mitzschke/Schäfer § 10 Rn. 3.
253 S. hierzu bereits Kapitel 2 B. III. 2.
254 *Hertel,* in: Jagdliches Eigentum, 2018, S. 271, 273; *Pecho,* Rechtsstellung Jagdpächter, S. 20; *Schäfer/Belgard,* in: Mitzschke/Schäfer § 11 Rn. 3.
255 *Koch,* in: Schuck BJagdG, § 11 Rn. 1.

II. Öffentlich-rechtlicher oder privatrechtlicher Vertrag

Erstaunlich selten wird diskutiert, ob es sich bei einem Jagdpachtvertrag um einen öffentlich-rechtlichen Vertrag handeln könnte. Der Jagdpachtvertrag wird – je nachdem, ob es sich um einen Eigenjagdbezirk oder einen gemeinschaftlichen Jagdbezirk handelt – zwischen dem Jagdpächter einerseits und dem Eigenjagdbesitzer oder der Jagdgenossenschaft andererseits geschlossen.

In einem Eigenjagdbezirk kommt der Jagdpachtvertrag zwischen dem Eigenjagdbesitzer als Verpächter und dem Jagdpächter, mithin zwischen zwei natürlichen Personen, zustande. In diesem Fall handelt es sich unzweifelhaft um einen privatrechtlichen Vertrag i.S.d. § 581 BGB i.V.m. § 11 BJagdG.

Jedenfalls in einem gemeinschaftlichen Jagdbezirk ist aber die Einordnung als öffentlich-rechtlicher Vertrag i.S.v. § 54 VwVfG prima facie nicht fernliegend, weil mit der Jagdgenossenschaft eine Gebietskörperschaft, das heißt eine juristische Person des Öffentlichen Rechts, mit einer Privatperson einen Vertrag abschließt.[256] Bei diesem Vertrag begibt sich die Jagdgenossenschaft mit dem Jagdpächter auf eine Ebene, was mit der Subordinationstheorie[257] dafür sprechen könnte, dass dieser Vertrag nach seiner Dogmatik dem Öffentlichen Recht zugehörig ist.[258] Beim Abschluss eines öffentlich-rechtlichen Vertrages müssen die Willenserklärungen die gleichen Tatbestandsvoraussetzungen erfüllen wie beim Abschluss eines privatrechtlichen Vertrages.[259] Zwingend müsste es sich allerdings bei einem der Vertragspartner um eine Behörde handeln. Unter einer Behörde versteht man jede Stelle, die durch organisationsrechtliche Rechtssätze gebildet, vom Wechsel ihrer Amtsinhaber unabhängig und nach den einschlägigen Zuständigkeitsregelungen dazu berufen ist, unter eigenem Namen für den Staat oder einen anderen Träger öffentlicher Verwaltung Aufgaben der öffentlichen Verwaltung eigenständig wahrzunehmen, vor allem Verwal-

256 *Moog*, Wildschäden im Wald, S. 14. Zur Abgrenzung nach den Vertragsparteien *Lange*, JuS 1982, 500.

257 *Detterbeck*, Öffentliches Recht, Rn. 903.

258 *Bonk/Neumann/Siegel*, in: Stelkens/Bonk/Sachs § 54 Rn. 18; *Detterbeck*, Öffentliches Recht, Rn. 806.

259 *Bonk/Neumann/Siegel*, in: Stelkens/Bonk/Sachs § 54 Rn. 18.

tungsakte zu erlassen.[260] Man könnte in diesem Zusammenhang den Jagdvorstand, also das Vertretungsorgan der Jagdgenossenschaft, als Behörde qualifizieren. Für diese Ansicht spricht unter anderem, dass der Jagdvorstand nach den Grundsätzen der Amtshaftung nach Art. 34 GG i.V.m. § 839 BGB verantwortlich gemacht wird.[261] Allerdings nimmt der Jagdvorstand keine hoheitlichen Aufgaben wahr. Zudem sind keine Ermächtigungsgrundlagen ersichtlich, die ihm eine Verwaltungsaktsbefugnis einräumen. Bei dem Jagdpachtvertrag handelt es sich vielmehr stets um einen zivilrechtlichen Vertrag,[262] da der Vertragsgegenstand unabhängig von der Behördeneigenschaft der Jagdgenossenschaft augenscheinlich zivilrechtlich geprägt ist. In diesem Zusammenhang ist auf die modifizierte Subjektstheorie zurückzugreifen, nach der entscheidend ist, ob die begründeten Rechte und Pflichten auf dem Gebiet des Öffentlichen Rechts liegen.[263] Die Differenzierung zwischen dem Zivilrecht und dem Öffentlichen Recht erfolgt hier über den Vertragsgegenstand, wobei objektiv beurteilt werden muss, welche Gesamtprägung der Vertrag besitzt, während die subjektiven Ansichten der Vertragsparteien außer Acht zu lassen sind.[264] Der Jagdpachtvertrag hat die Verpachtung des Jagdausübungsrechts zum Gegenstand, für die im Gegenzug ein vereinbarter Pachtzins zu zahlen ist. Letztendlich ist der Vertragsinhalt eindeutig dem Zivilrecht zuzuordnen[265], sodass es nicht darauf ankommt, welche Rechtsqualität die abschließenden Parteien besitzen.

Auf einen Jagdpachtvertrag finden die allgemeinen schuldrechtlichen Regelungen Anwendung, da es sich um einen privatrechtlichen Ver-

---

260 *Schenk/Meissner*, in: VwGO Kommentar § 78 Rn. 29. Vgl. außerdem § 1 Abs. 4 VwVfG.

261 *Munte*, in: Schuck BJagdG § 9 Rn. 63; *Schäfer/Belgard*, in: Mitzschke/Schäfer § 9 Rn. 27.

262 BGH NJW-RR 1987, 839, 840; *Koch*, in: Schuck BJagdG § 11 Rn. 1; *Schäfer/Belgard*, in: Mitzschke/Schäfer § 11 Rn. 2.

263 BVerwG NVwZ 2002, 486, 487; *Fehling*, in: VerwR HK § 54 VwVfG Rn. 39; *Detterbeck*, Öffentliches Recht, 904 ff.

264 Gemeinsamer Senat der obersten Gerichtshöfe des Bundes, Beschluss v. 10. April 1986 – GmS-OGB 1/85 – Rn. 11; BVerwG, Urteil v. 11. Februar 1993 – 4 C 18/91 – Rn. 25; BGH, Urteil v. 12. Juli 1971 – III ZR 252/68 – Rn. 24; *Fehling*, in: VerwR HK § 54 VwVfG Rn. 38 f.; *Detterbeck*, Öffentliches Recht, 803 f.; *Lange*, JuS 1982, 500 ff.

265 *Weber*, NJW 1957, 1508.

trag handelt. Insbesondere gilt die Vertragsfreiheit. Solange keine gesetzlichen Regelungen entgegenstehen, können die Vertragsparteien den Inhalt des Vertrages frei bestimmen und auch Regelungen eigenmächtig festlegen.[266]

B. Vertragsparteien des Jagdpachtvertrags

Da bei Jagdpachtverträgen lediglich ein eingeschränkter Personenkreis als Pächter bzw. Verpächter in Betracht kommt, lohnt es sich, die beteiligten Vertragsparteien und die Anforderungen, die an sie gestellt werden, näher zu beleuchten.

I. Jagdpächter

1. Natürliche Personen

Mit Blick auf die Vertragsparteien eines Jagdpachtvertrages liegt eine Besonderheit in der Person des Jagdpächters. Nach § 11 Abs. 5 BJagdG darf nur derjenige einen Jagdpachtvertrag abschließen, der Inhaber eines Jagdscheins ist und seit mindestens drei Jahren einen solchen besessen hat.[267] Dabei geht der Gesetzgeber davon aus, dass der Pächter volljährig ist; mit einem Jugendjagdschein – der bereits im Alter von 16 Jahren erteilt werden kann (§ 16 Abs. 1 BJagdG) – darf kein Jagdrevier gepachtet werden.[268] Auch jemand, der drei Jahre lang Inhaber eines Falknerscheins war, wird nach dem Ablauf der Dreijahresgrenze nicht jagdpachtfähig.[269] Dies ergibt sich daraus, dass der Falkner zwar in den gleichen Fächern geprüft wird wie der Jäger, er allerdings die Schießprüfung nicht zwingend absolvieren muss, um danach die Aufbauprüfung zum Falkner abzulegen.[270] Zudem ergibt sich aus § 11 Abs. 5 BJagdG, dass eine BGB-Gesellschaft nicht pachtfähig im Sinne

266 *Koch,* in: Schuck, BJagdG § 11 Rn. 5.
267 *Schäfer/Belgard,* in: Mitzschke/Schäfer § 11 Rn. 35.
268 *Schäfer/Belgard,* in: Mitzschke/Schäfer § 11 Rn. 36.
269 *Koch,* in: Schuck BJagdG § 11 Rn. 130.
270 https://d-f-o.de/falknerausbildung.html (Stand: 20.12.2020).

des BJagdG sein kann.[271] Durch diese Regelung soll sichergestellt werden, dass ausschließlich eine natürliche Person ein Jagdrevier pachtet, die genügend Erfahrung im Bereich der praktischen Jagdausübung gesammelt hat. Der Revierpächter soll durch den Jagdschein belegen können, dass er die nötigen Kenntnisse für die Bewirtschaftung eines Reviers in der Jägerprüfung erworben hat. Darunter fallen sämtliche Kenntnisse in Bezug auf den praktischen Jagdbetrieb, so wie die Einrichtung und Unterhaltung von Reviereinrichtungen (Hochsitze etc.).[272] Zwar kann allein der Umstand, dass jemand drei Jahre lang Inhaber eines Jagdscheins gewesen ist, seine Erfahrung nicht hinreichend belegen, da hiermit theoretisch nicht sichergestellt ist, dass er in dieser Zeit die Jagd tatsächlich ausgeübt hat. Allerdings geht der Gesetzgeber zu Recht davon aus, dass ein Jagdscheininhaber im Normalfall die Jagd auch tatsächlich ausübt, sodass das mehrjährige Innehaben eines Jagdscheines jedenfalls ein Indiz für die pachtnotwendigen Fähigkeiten und Eigenschaften des Jagdscheininhabers ist.[273]

Zuweilen versuchen Inhaber eines neuen Jagdscheines (sog. „Jungjäger"), das Erfordernis des § 11 Abs. 5 S. 1 BJagdG zu umgehen und setzen sog. „Strohmänner" ein, um in den Genuss eines „eigenen" Jagdreviers zu kommen. Bei den Strohmännern handelt es sich um andere, bereits jagdpachtfähige Jäger, die für den Jungjäger den Jagdpachtvertrag abschließen. Der Jagdpachtvertrag wird folglich vordergründig durch den Strohmann abgeschlossen. Der Bundesgerichtshof differenziert in dieser Konstellation zwischen dem Jagdpachtvertrag zwischen dem Verpächter und dem Strohmann einerseits sowie der „Strohmannvereinbarung" zwischen dem Strohmann und dem Jungjäger andererseits: Die Strohmannvereinbarung werde nicht Bestandteil des Jagdpachtvertrages, sodass dieser wirksam sei. Lediglich die zwischen dem Strohmann und dem nichtpachtfähigen Dritten abgeschlossene Vereinbarung sei nichtig.[274] Diese Entscheidung des Bun-

---

271 OLG Celle, Urteil v. 20.08.2014 – 7 U 38/14; *Koch*, in: Schuck BJagdG § 11 Rn. 128.

272 *Koch*, in: Schuck BJagdG § 11 Rn. 132.

273 In diesem Sinne bereits BGH NJW 1959, 1586 f.; *Koch*, in: Schuck BJagdG § 11 Rn. 129.

274 BGH, Beschluss v. 29.09.1983 – III ZR 8/83; Beschluss v. 04.04.2007 – III ZR 197/06; *Koch*, in: Schuck BJagdG § 11 Rn. 262. Das OLG Koblenz NJOZ 2019,

desgerichtshofs ist insofern erstaunlich, als dem Strohmann sämtliche Verpflichtungen aus dem Pachtvertrag aufgebürdet werden, während den nicht pachtfähigen Jungjäger keinerlei Sanktion trifft. Der Strohmann ist als Pächter verpflichtet, den Pachtzins zu zahlen und wird etwa für Wildschäden in die Haftung genommen, wenn die Wildschadenshaftung vertraglich übertragen wurde. Den eigentlichen Initiator hingegen treffen keinerlei negative Konsequenzen.

2. Jagdgenosse als Pächter

Nach § 10 BJagdG kann die Jagdgenossenschaft die Verpachtung auf den Kreis der Jagdgenossen beschränken. Pächter wird in diesem Fall nicht die Jagdgenossenschaft, sondern der einzelne Jagdgenosse, also auch hier eine natürliche Person. Vordergründig stellt sich die Frage, warum die Jagdgenossenschaft überhaupt ein Interesse daran haben sollte, ihr Jagdrevier nur an einen eigenen Jagdgenossen zu verpachten. Schließlich würde die Erweiterung des Kreises der potenziellen Pächter auf Dritte die Wahrscheinlichkeit erhöhen, einen geeigneten Pächter zu finden. Manche Jagdgenossenschaften gedenken durch die Beschränkung des Pächterkreises sicherzustellen, dass der Pächter in enger Verbindung mit dem Jagdrevier steht, da der Jagdgenosse selbst Grundeigentümer im gemeinschaftlichen Jagdbezirk ist. Hiervon verspricht sich die Jagdgenossenschaft regelmäßig, dass der Jagdgenosse die Jagd gewissenhafter und die Interessen der Jagdgenossenschaft zielgerichteter wahrnimmt, insbesondere im Hinblick auf die Vermeidung von Wildschäden.[275]

Eine solche Beschränkung des Pächterkreises kann in der Satzung der Jagdgenossenschaft niedergelegt oder in der Jagdgenossenschaftsversammlung beschlossen werden. Dabei handelt es sich um eine Selbstbeschränkung der Jagdgenossenschaft. Der Pächter muss insbesondere schon während des Abschlusses des Pachtvertrages Mitglied der Jagd-

281, vertritt die Auffassung, dass ein solcher Strohmannvertrag gemäß § 134 BGB nichtig sei, wenn dem tatsächlichen Jagdpächter nach der Verpachtung eine Fläche von über 1.000 ha für jagdliche Zwecke zur Verfügung steht.

275 Zu diesem Absatz *Munte*, in: Schuck BJagdG § 10 Rn. 7.

genossenschaft sein.[276] Die selbst auferlegte Beschränkung kann durch einen Beschluss der Jagdgenossenschaft aufgehoben werden. Eine solche Aufhebung kann auch konkludent erfolgen, wenn die Jagdgenossenschaft an ein Nichtmitglied verpachtet und keine Einwände der Genossenschaft bestehen.[277] Sollte die Beschränkung aufgrund einer Satzung bestehen, müsste diese geändert oder durchbrochen werden.[278]

Sollte der Jagdvorstand einen Pachtvertrag entgegen eines Beschlusses der Jagdgenossenschaft i.S.d. § 10 BJagdG mit einem Dritten schließen, der nicht Mitglied der Jagdgenossenschaft ist, so ist dieser Vertrag gleichwohl wirksam, da der Vorstand die Jagdgenossenschaft nach außen im Grunde ohne Beschränkungen vertritt. Jedoch macht sich der Jagdvorstand durch ein solches Verhalten im gegenüber der Jagdgenossenschaft intern schadensersatzpflichtig.[279]

II. Verpächter

Beim Abschluss eines Jagdpachtvertrages kommen lediglich zwei potenzielle Verpächter in Betracht: In einem Eigenjagdbezirk der Eigenjagdbesitzer, in einem gemeinschaftlichen Jagdbezirk die Jagdgenossenschaft. Es kann zwar zwischen den rechtlichen Persönlichkeiten der Verpächter differenziert werden, allerdings ergibt sich hieraus für die Verpachtung des Jagdausübungsrechts kein Unterschied. Lediglich die rechtliche Herleitung der Verfügungsbefugnis als Inhaber des Jagdausübungsrechts wird unterschiedlich beurteilt: Diese folgt für den Eigenjagdbesitzer aus dem ihm originär zustehenden Jagdrecht, während der Jagdgenossenschaft nicht das Jagdrecht, sondern das Jagdausübungsrecht gemäß § 8 Abs. 5 BJagdG obliegt.[280]

---

276 Zur Beschränkung des Pächterkreises nach § 10 BJagdG im Sinne des Vorherigen *Munte,* in: Schuck BJagdG § 10 Rn. 5.

277 OLG Köln, Urteil v. 19.09.1984 – 2 U 148/83; *Munte,* in: Schuck BJagdG § 10 Rn. 5.

278 *Munte,* in: Schuck BJagdG § 10 Rn. 5.

279 *Munte,* in: Schuck BJagdG § 10 Rn. 6.

280 Siehe dazu Kapitel 2 B. VI. 1.

C. Wirksamkeitsvoraussetzungen des Jagdpachtvertrages

Für die Wirksamkeit eines Jagdpachtvertrages gelten über die allgemeinen zivilrechtlichen Wirksamkeitsvoraussetzungen für Verträge und Nichtigkeitsgründe hinaus besondere Anforderungen. Gemäß § 11 Abs. 6 ist ein Jagdpachtvertrag nichtig, der bei seinem Abschluss den Vorschriften des § 11 Abs. 1 S. 2 Hs. 1 (keine teilweise Verpachtung des Jagdausübungsrechts), des Abs. 2 (Verpachtung eines Teils des Jagdreviers), des Abs. 3 (Maximalgröße der gepachteten Fläche), des Abs. 4 S. 1 (Schriftformerfordernis) oder des Abs. 5 (Pachtfähigkeit) nicht entspricht. Damit kodifiziert § 11 Abs. 6 BJagdG spezielle schwerwiegende Verstöße, die zur Nichtigkeit führen.[281] Darüber hinaus können neben den speziell in § 11 Abs. 6 BJagdG kodifizierten Nichtigkeitsgründe weitere allgemeine zivilrechtliche bestehen.[282]

Der Jagdpachtvertrag unterliegt insbesondere einem strengen Schriftformerfordernis (§ 11 Abs. 4 BJagdG i.V.m. § 126 BGB). In diesem Zusammenhang ist der Schriftform Genüge getan, wenn sowohl der Pächter als auch der Verpächter auf einer Urkunde ihre Unterschrift leisten.[283] Wird von den Vertragsparteien die erforderliche Schriftform nicht eingehalten, so ist der Jagdpachtvertrag nicht wirksam abgeschlossen – er ist nichtig (§ 11 Abs. 6 S. 1 BJagdG i.V.m. § 125 BGB). Alle Regelungen, die zwischen den Parteien gelten sollen, müssen schriftlich in einer Urkunde fixiert werden. Sollte die vertragliche Ausgestaltung mehrere Seiten beanspruchen, so müssen diese Seiten nicht physisch verbunden werden, sondern es genügt, wenn das Schriftstück fortlaufend paginiert ist.[284] Durch das strikte Schriftformerfordernis soll sowohl eine Beweiserleichterung herbeigeführt als auch eine Warnfunktion erfüllt werden.[285] Da der Gesetzgeber bei einem

281 *Koch*, in: Schuck, BJagdG § 11 Rn. 260 ff.

282 *Weber*, NJW 1957, 1508 f.; *Koch*, in: Schuck, BJagdG § 11 Rn. 261; *Schäfer/Belgard*, in: Mitzschke/Schäfer § 11 Rn. 122.

283 Brandenburgisches OLG, Urteil v. 10. Dezember 2001 – 3 U 24/00 Rn. 37; *Koch*, in: Schuck, BJagdG § 11 Rn. 39.

284 Brandenburgisches OLG, Urteil v. 10. Dezember 2001 – 3 U 24/00 Rn. 37; *Koch*, in: Schuck, BJagdG § 11 Rn. 41; *Leonhardt*, Jagdrecht Bd. 1, § 11 BJagdG Rn. 5.

285 *Koch*, in: Schuck, BJagdG § 11 Rn. 40; *Metzger*, in: Lorz/Metzger/Stöckel, BJagdG § 11 Rn. 11.

Jagdpachtvertrag eine lange Bindung der Vertragsparteien vorsieht,[286] durch die rechtliche Folgen für nahezu ein Jahrzehnt ausgelöst werden, ist die Einhaltung der Schriftform von besonderer Bedeutung. Durch die Schriftform kann etwa Beweis für die Dauer des Pachtverhältnisses erbracht werden. Des Weiteren wird die textliche Fixierung benötigt, um das Beanstandungsrecht der unteren Jagdbehörde nach § 12 Abs. 1 S. 2 BJagdG zu bewahren.[287]

D. Die übliche Vertragsgestaltung

I. Pachtdauer

§ 11 Abs. 4 S. 2 BJagdG legt fest, dass die Pachtdauer mindestens neun Jahre betragen soll. Von der Pachtdauer kann der Landesgesetzgeber aufgrund der vorherrschenden konkurrierenden Gesetzgebung jedenfalls nach oben abweichen. Exemplarisch hat der Gesetzgeber im Bundesland Hessen von dieser Möglichkeit Gebrauch gemacht und die Mindestpachtdauer auf zehn Jahre erhöht (§ 10 HJagdG).

Die langfristige jagdpachtvertragliche Bindung bezweckt vor allem eine nachhaltige Bejagung und Bewirtschaftung des Jagdreviers.[288] Erst durch eine mehrjährige vertragliche Bindung wird der Jagdpächter in die Lage versetzt, das Wild effektiv hegen und bejagen zu können. Nur bei einer langfristigen Bindung wird der Pächter gewillt sein, Arbeit in das Revier zu investieren – etwa indem er jagdliche Einrichtungen (z.B. Hochsitze) installiert. Außerdem wird ihm so die Gelegenheit gegeben, sich auf das Revier und seine Eigenarten einzustellen, sodass die Jagd zielorientiert ausgeübt werden kann. Zugleich verhindert die lange Pachtdauer, dass der Jagdpächter den Wildbestand innerhalb kürzester Zeit dezimiert, sich mithilfe des erlegten Wildes bereichert und sich sodann vom Jagdpachtvertrag löst.

286 Zur Dauer eines Jagdpachtvertrages s. sogleich unter Kapitel 3 D. I.

287 *Koch*, in: Schuck BJagdG § 11 Rn. 39 f.

288 Zum Sinn und Zweck der Mindestpachtdauer im Sinne des Folgenden BGHZ 61, 48 Rn. 11; *Koch*, in: Schuck, BJagdG § 11 Rn. 107; *Leonhardt*, Jagdrecht Bd. 1, § 11 BJagdG Rn. 19; *Schäfer/Belgard*, in: Mitzschke/Schäfer, § 11 Rn. 28.

II. Größe des Reviers

Bei der Größe eines Jagdreviers gibt es verschiedene Gestaltungsmöglichkeiten, wobei es darauf ankommt, ob der Pächter einen Eigenjagdbezirk oder einen gemeinschaftlichen Jagdbezirk pachtet. Wie bereits dargelegt, muss ein Eigenjagdbezirk mindestens 75 Hektar umfassen, land-, forst- oder fischereiwirtschaftlich genutzt werden und im Grundeigentum einer einzelnen Person oder einen Personengemeinschaft stehen (§ 7 Abs. 1 S. 1 BJagdG).[289] Gemäß § 8 Abs. 1 BJagdG muss die Größe eines gemeinschaftlichen Jagdbezirks hingegen mindestens 150 Hektar betragen, die ebenfalls dem Agrarsektor zuzuordnen sind.[290] Anhand der gesetzlichen Mindestgrößen lässt sich erkennen, dass das durchschnittliche Jagdrevier zwischen 75 und 1.000 ha liegt.

Die Gesamtfläche, auf der eine einzelne Person die Jagd ausüben darf, ist jedoch auf 1.000 Hektar beschränkt (§ 11 Abs. 3 S. 1 BJagdG). Reviere, die von dem Pächter im Ausland unterhalten werden, werden nicht zu der Pachtfläche in der Bundesrepublik Deutschland hinzuaddiert. Da die Flächen, auf denen in Deutschland die Jagd ausgeübt werden kann, aufgrund der wachsenden Bevölkerung und Industrie kontinuierlich abnehmen, sind Begrenzungsregelungen notwendig geworden. Die Jagd soll grundsätzlich jedem Jagdscheininhaber in Deutschland offenstehen.[291] Dabei können die Pachtbezirke individuell kombiniert werden, bis die Gesamtfläche von 1.000 Hektar erreicht ist. Folglich kann ein einzelner Pächter sowohl einen Eigenjagdbezirk als auch einen gemeinschaftlichen Jagdbezirk anpachten. Lediglich die Höchstpachtfläche von 1.000 Hektar darf nicht überschritten werden.

III. Pachtpreis

Der Pachtpreis wird allgemein durch Angebot und Nachfrage bestimmt. Im Normalfall bewerben sich mehrere potenzielle Pächter für

289 *Blau/Hehn/Klett*, Weinrecht, Jagdrecht, Forstrecht, Fischereirecht, S. 50.
290 *Blau/Hehn/Klett*, Weinrecht, Jagdrecht, Forstrecht, Fischereirecht, S. 51.
291 *Leonhardt*, Jagdrecht Bd. 1, § 11 BJagdG Rn. 13.

ein Revier. Bei der Jagdgenossenschaftsversammlung kann sodann der Jagdbezirk versteigert werden, wobei der Höchstbietende den Zuschlag erhält. Bereits aus finanziellen Gesichtspunkten wird sich ein Verpächter für das lukrativste Angebot entscheiden.[292] Die Jahrespachtpreise bewegen sich üblicherweise im vierstelligen Bereich.

Der Pachtpreis setzt sich aus verschiedenen Faktoren zusammen. Zum einen kommt es auf die Größe des angebotenen Revieres an. Außerdem sind die im Revier vorkommenden Wildarten für den Pachtpreis relevant. So kann in einem Revier mit Hochwild-Vorkommen ein deutlich höherer Pachtpreis erzielt werden als in einem reinen Niederwildrevier.[293] Des Weiteren kann die Wildschadensintensität gegebenenfalls pachtpreismindernde Berücksichtigung finden.

IV. Wildschadensersatz

Die gesetzliche Haftung für Wildschäden richtet sich nach dem Reviertyp sowie den betreffenden Grundflächen: Je nachdem, ob der Wildschaden in einem gemeinschaftlichen Jagdbezirk (§ 29 Abs. 1 S. 1 BJagdG) oder in einem Eigenjagdbezirk liegt und zu diesem gehört (§ 29 Abs. 3 BJagdG) oder diesem angegliedert ist (§ 29 Abs. 2 BJagdG), ist die Haftung unterschiedlich ausgestaltet.[294] Den Jagdpächter trifft die Ersatzpflicht für Wildschäden gemäß § 29 Abs. 1 S. 3, Abs. 2 S. 2, Abs. 3 BJagdG nur dann, wenn er den Ersatz des Wildschadens ganz oder teilweise übernommen hat. In den gängigen Vertragsgestaltun-

292 Vgl. Empfehlung des Landesjagdverbandes Baden-Württemberg: https://www.kjv-lb.de/fileadmin/Medien/Ludwigsburg/Downloads/Formulare/empfehlungen_zur_jagdpacht.pdf (Stand: 20.12.2020). Zu steigenden Pachtpreisen https://www.kreiszeitung.de/lokales/diepholz/jagd-wird-unbezahlbar-2799276.html (Stand: 20.12.2020).

293 Dabei sei klarstellend angemerkt, dass auch das in nahezu jedem Jagdrevier auf dem Gebiet der Bundesrepublik vorkommende Schwarzwild streng genommen zum Hochwild zählt. Bedingt durch die überschießenden Populationen wirkt sich dies jedoch regelmäßig nicht preissteigernd aus. Mit dem Hochwild ist daher an dieser Stelle eher das seltenere Rot-, Dam- und Muffelwild gemeint. Vgl. dazu BGH, Urt. v. 21.02.2008 III ZR 200/07; diese Entscheidung legt offen, dass ein Revier, welches Rotwild als Standwild enthält, einen höheren Pachtzins erzielt.

294 Zu den Konsequenzen des Reviertyps für die Wildschadenshaftung näher unter Kapitel 4 A. III., IV. 3.

gen wird die Wildschadenshaftung dementsprechend meist vollständig mit den gesetzlichen Anspruchsvoraussetzungen auf den Jagdpächter übertragen.[295] Dazu kursieren zahlreiche, häufig zum Einsatz kommende Musterverträge, sodass die Wildschadenshaftung im Großteil der Fälle im Rahmen von allgemeinen Geschäftsbedingungen auf den Jagdpächter übertragen wird.[296]

V. Kündigungsrecht

Ein Jagdpachtvertrag kann auf unterschiedliche Arten beendet werden. Grundsätzlich sorgt die Ausgestaltung des Vertrages als Dauerschuldverhältnis auf Zeit dafür, dass eine ordentliche Kündigung ausgeschlossen ist.[297] Dies ergibt sich bereits aus einem Rückgriff gemäß § 581 Abs. 2 BGB auf die mietvertragliche Regelung des § 542 Abs. 2 BGB, der zu entnehmen ist, dass ein auf bestimmte Zeit eingegangenes Mietverhältnis nur durch Zeitablauf oder *außerordentliche* Kündigung endet. Deswegen endet der Jagdpachtvertrag meist durch Zeitablauf.[298] Der Gesetzgeber sieht in § 11 Abs. 4 S. 2 BJagdG grundsätzlich eine Befristung des Pachtvertrages vor. Sollte ein Pachtvertrag über die Mindestdauer von neun Jahren hinaus ausnahmsweise auf unbestimmte Zeit abgeschlossen worden sein, kann dieser Vertrag mit einer Frist von einem halben Jahr zum Ende des Pachtjahres gekündigt werden (§ 548 Abs. 1 BGB).[299] Da die Vertragsfreiheit eines der Grundprinzipien des deutschen Zivilrechts darstellt,[300] bleibt den Vertragsparteien der Abschluss eines Aufhebungsvertrages auch wäh-

295 Näher zu dieser Haftungsübertragung unter Kapitel 4 B.

296 https://lkclp.de/uploads/files/jagdpachtvertrag_muster.pdf (Stand: 20.12.2020); https://www.jagderleben.de/sites/default/files/2017-03/jagdpachtvertrag.pdf (Stand: 20.12.2020); https://wildundhund.de/paechter-aufgepasst-7460/ (Stand: 20.12.2020); https://ljv-hessen.de/wp-content/uploads/2016/12/Jagdpachtvertrag-Hessen-2014.pdf (Stand 20.12.2020).

297 *Koch*, in: Schuck BJagdG, § 11 Rn. 225.

298 *Koch*, in: Schuck, BJagdG § 11 Rn. 221 ff.; *Leonhardt*, Jagdrecht Bd. 1, § 11 BJagdG Rn. 2.12.1.

299 *Leonhardt*, Jagdrecht Bd. 1, § 11 BJagdG Rn. 2.12.2; *Koch*, in: Schuck, BJagdG § 11 Rn. 228.

300 *Musielak*, JuS 2017, 949; *Brox/Walker*, Allgemeines Schuldrecht, § 4 Rn. 1.

rend der laufenden Pacht unbenommen, da hier einvernehmlich die Beendigung begehrt wird.[301] Sollte durch eine vertragliche Vereinbarung der Pachtvertrag aufgelöst werden, so bedarf dies auf Seiten des Verpächters der Zustimmung der Jagdgenossenschaft.[302]

Ein expliziter Kündigungsgrund ist lediglich in § 13a S. 2 BJagdG normiert. Hiernach kann einer der am Jagdpachtvertrag Beteiligten mit sofortiger Wirkung kündigen, wenn ihm infolge des Ausscheidens eines Mitpächters das Festhalten am Vertrag unzumutbar ist. Eine Kündigung durch § 13a S. 2 BJagdG kommt somit in Betracht, wenn es nach dem Ausscheiden eines Mitpächters dem späteren alleinigen Pächter finanziell nicht mehr möglich ist, für die Pacht allein aufzukommen. In diesem Fall ist es vor allem dem Verpächter häufig nicht zuzumuten, derart gravierende finanzielle Einbußen hinzunehmen, sodass ihm die Möglichkeit der Kündigung offenstehen soll.[303] Für den Pächter kann sich die Unzumutbarkeit des Festhaltens am Jagdpachtvertrag daraus ergeben, dass ihn nunmehr die Pflichten aus diesem allein treffen.[304] Ebenfalls können Kündigungstatbestände individualvertraglich geschaffen werden; im Übrigen greifen die allgemeinen Regelungen des BGB.[305]

Die gängigen Formularjagdpachtverträge sehen zudem meist Sonderkündigungsrechte vor, die oft exemplarisch aufgenommen werden. Häufig ist die außerordentliche Kündigung für den Fall vorgesehen, dass der Pächter seinen Jagdschein verliert, er wiederholt oder grob gegen gesetzliche oder vertragliche Bestimmungen über die Ausübung der Jagd verstößt, mit der Zahlung des Pachtzinses oder gerichtlich festgestellter Wildschäden mehr als drei Monate im Verzug ist oder der Verpächter insolvent wird.[306]

Mit Blick auf ausufernde Wildschäden wird dem Jagdpächter in der Praxis hingegen kein vertragliches Kündigungsrecht eingeräumt, sodass ihm höchstens der Rückgriff auf den Auffangtatbestand[307] der au-

301 *Leonhardt,* Jagdrecht Bd. 1, § 11 BJagdG Rn. 2.12.3.
302 *Koch,* in: Schuck, BJagdG § 11 Rn. 223.
303 *Koch,* in: Schuck, BJagdG § 13a Rn. 11.
304 *Schäfer/Belgard,* in: Mitzschke/Schäfer, § 13a Rn. 4.
305 *Koch,* in: Schuck, BJagdG § 11 Rn. 224.
306 *Koch,* in: Schuck, BJagdG § 11 Rn. 247.
307 *Blank,* in: Schmidt-Futterer MietR § 543 Rn. 160.

ßerordentlichen Kündigung aus wichtigem Grund nach §§ 543 Abs. 1, 581 Abs. 2 BGB bleibt. Eine solche Kündigung ist jedoch nur aus Gründen möglich, die der Risikosphäre des Kündigungsgegners entspringen, sodass unter Umständen ein Rückgriff auf § 313 BGB notwendig ist.[308] Da das mit den Wildschäden verbundene wirtschaftliche Risiko grundsätzlich beim Jagdpächter liegt,[309] der die Haftung für Wildschäden vertraglich übernommen hat, wird ihm eine Kündigung des Jagdpachtvertrags aus wichtigem Grund nach §§ 543 Abs. 1, 581 Abs. 2 BGB regelmäßig nicht gelingen.

308 *Blank*, in: Schmidt-Futterer MietR § 543 Rn. 161. Zum Rückgriff des Jagdpächters auf die Störung der Geschäftsgrundlage (§ 313 BGB) s. Kapitel 4 C.

309 Mit diesem Fall vergleichbar ist die Kündigung durch einen Mieter oder Pächter wegen schlechter Wirtschaftslage, die ebenfalls scheitert. Vgl. zu diesem Fall *Blank*, in: Schmidt-Futterer MietR § 543 Rn. 161.

Kapitel 4: Der Ersatz von Wildschäden

Der siebte Abschnitt des Bundesjagdgesetzes (§§ 26 ff. BJagdG) regelt den Ersatz von Jagd- und Wildschäden. Letzterer bildet zusammen mit dem Jagdpachtvertrag den Dreh- und Angelpunkt dieser Untersuchung. Worum handelt es sich genau bei einem „Wildschaden" und unter welchen Voraussetzungen ist dieser besondere Schaden ersatzfähig? Wie ist die Haftung im Einzelnen ausgestaltet? Gibt es Mechanismen, die den Ersatzpflichtigen vor einer Überhaftung schützen? Diese Fragestellungen sollen im Folgenden genauer beleuchtet werden.

Sowohl das BJagdG als auch die verschiedenen LJagdG verwenden oftmals den Begriff Wildschaden, ohne dabei dessen Inhalt – extensiv oder restriktiv – genau festzulegen. Dementsprechend muss der Anwender der Norm selbst überprüfen, welcher Wildschadensbegriff als Maßstab anzulegen ist.[310] Allgemein lässt sich festhalten, dass unter Wildschäden i.S.d. des § 26 BJagdG jegliche Schäden zu verstehen sind, die durch Wild hervorgerufen werden.[311] Demgemäß kann man zwischen einem weiten und einem engen Wildschadensbegriff differenzieren.[312]

Der weite Wildschadensbegriff schließt alle Schäden ein, die durch Wild entstanden sind. Von diesem extensiven Wildschadensbegriff werden auch „Wildverluste" erfasst – also Schäden, die durch Wild an anderen Wildarten verursacht wurden.[313] Der weite Wildschadensbegriff findet demnach vor allem Anwendung, wenn die Vorschriften über die Hege tangiert werden. Der enge Wildschadensbegriff hin-

310 *Thies*, Wild- und Jagdschaden, S. 2.

311 *Blau/Hehn/Klett*, Weinrecht, Jagdrecht, Forstrecht, Fischereirecht, S. 67; *Schuck*, in: Schuck BJagdG § 26 Rn. 2; *Tausch/Boettcher*, in: Kopp/Tausch/Boettcher Jagdrecht Hessen § 26 BJG Rn. 1. Zur Differenzierung von Wild- und Jagdschäden s. bereits Kapitel 2 B. V.

312 *Thies*, Wild- und Jagdschaden, S. 1f.

313 *Thies*, Wild- und Jagdschaden, S. 1f.

gegen umfasst alle Schäden i.S.d. §§ 29 ff. BJagdG.[314] Insofern kann faustformelartig festgehalten werden, dass der enge Wildschadensbegriff in seinem Umfang dem Schaden i.S.d. § 249 BGB gleicht, während der weite Wildschadensbegriff vom Öffentlichen Recht abgedeckt wird.[315] Diese Handhabung ist insbesondere vor dem Hintergrund gerechtfertigt, dass das Zivilrecht erst dann Anwendung finden kann, wenn der Jäger sich das Wild angeeignet hat. Also muss das einzelne Stück entweder erlegt oder gefangen worden sein. Da dies etwa bei Hegemaßnahmen, welche ebenfalls präventiv in Bezug auf Wildschäden angewendet werden können, nicht der Fall ist, muss in diesem Bereich der weite Wildschadensbegriff und mithin öffentliches Recht Anwendung finden.[316] Diese Arbeit widmet sich ausschließlich dem engen Wildschadensbegriff nach § 29 BJagdG und damit insbesondere den Vermögensschäden.[317]

A. Wildschadenshaftung de lege lata

De lege lata ist der Wildschadensersatzanspruch in den §§ 29 bis 32 BJagdG zuzüglich der landesrechtlichen Ausführungsvorschriften geregelt.[318] Dabei ist zwischen den verschiedenen Reviertypen zu unterscheiden: In einem gemeinschaftlichen Jagdbezirk kann der Geschädigte grundsätzlich gemäß § 29 Abs. 1 BJagdG von der Jagdgenossenschaft Schadenersatz verlangen, wenn sein Grundstück zu einem gemeinschaftlichen Jagdbezirk gehört oder diesem angegliedert ist und es durch Schalenwild, Kaninchen oder Fasane beschädigt wurde. Wildschäden an Grundstücken, die einem Eigenjagdbezirk angegliedert sind, hat hingegen der Eigentümer oder der Nutznießer des Eigenjagdbezirks zu ersetzen (§ 29 Abs. 2 BJagdG). Nur wenn der Jagdpächter für den Schaden vertraglich einsteht, geht die Haftung für die entstan-

314 *Thies*, Wild- und Jagdschaden, S. 2.
315 *Thies*, Wild- und Jagdschaden, S. 2.
316 *Thies*, Wild- und Jagdschaden, S. 2.
317 Vgl. zum engen Wildschadensbegriff *Gies*, in: Düsing/Martínez AgrarR § 26 BJagdG Rn. 1; *Metzger*, in: Lorz/Metzger/Stöckel, BJagdG § 26 Rn. 2.
318 *Metzger*, in: Lorz/Metzger/Stöckel, BJagdG § 29 Rn. 6, 11; *Schäfer/Belgard*, in: Mitzschke/Schäfer, § 29 Rn. 3; *Stamp*, in: Schuck, BJagdG (2. Aufl.) § 29 Rn. 2.

denen Schäden nach § 29 Abs. 1 S. 3, Abs. 2 S. 2 BJagdG auf diesen über. Bei der Betrachtung der bestehenden Wildschadensersatzregelungen ist insbesondere in den Blick zu nehmen, ob aktuell bereits haftungsbegrenzende Mechanismen zugunsten des Jagdpächters greifen.

I. Anspruchsgrundlage(n)

Zur Geltendmachung eines Wildschadensersatzanspruchs kommen rein dogmatisch gesehen über § 29 BJagdG hinaus verschiedene Anspruchsgrundlagen in Betracht.[319] Sie können gesetzlich ausgestaltet oder auch vertraglicher Natur sein, aus dem Öffentlichen Recht oder dem Zivilrecht stammen.[320] Die Wildschadenshaftung ist in den §§ 29 bis 32 BJagdG geregelt, wobei die Länder über § 29 Abs. 4 und § 32 Abs. 2 S. 2 BJagdG ergänzende Regelungen treffen können.[321] In Bezug auf andere, konkurrierende Anspruchsgrundlagen werden allerdings die §§ 29 ff. BJagdG als *lex specialis* angesehen.[322] Dennoch lohnt sich in rechtsdogmatischer Hinsicht ein Blick auf eben jene konkurrierenden Anspruchsgrundlagen:

1. § 21 BJagdG: Eine Norm mit drittschützendem Charakter?

Bei der Suche nach den für die Wildschadensregulierung einschlägigen Anspruchsgrundlagen entfaltet die Rechtsprechung zu § 21 BJagdG markante Folgen. Während man sich darüber einig ist, dass die §§ 1 und 2 BJagdG keine Schutzgesetze im Sinne des § 823 Abs. 2 BGB darstellen und man damit den Betroffenen einen Anspruch auf Wildschadensersatz neben dem gängigen Anspruch aus § 29 BJagdG verwehrt, entfaltete sich um § 21 BJagdG eine kontroverse Diskussi-

319 *Drees,* Natur und Recht 1979, S. 57.

320 *Drees,* Natur und Recht 1979, S. 57.

321 *Thies,* Wild- und Jagdschaden, S. 15 f.; *Schäfer/Belgard,* in: Mitzschke/Schäfer § 29 Rn. 1.

322 *Thies,* Wild- und Jagdschaden, S. 15; *Metzger,* in: Erbs/Kohlhaas § 29 BJagdG Rn. 6. Man könnte erwägen, ob Wildschäden auch über § 1004 BGB zu ersetzen sind, falls man § 29 BJagdG nicht als *lex specialis* anerkennt. Mit der Anwendbarkeit von § 1004 BGB bei Naturereignissen hat sich *Armbrüster,* NJW 2003, 3087 ff., befasst.

on.[323] In der Entscheidung vom 30. März 1995 stellte das Bundesverwaltungsgericht fest, dass es sich bei § 21 BJagdG um eine Norm mit drittschützendem Charakter handele.[324] Qualifizierte man § 21 BJagdG tatsächlich als drittschützende Norm, so könnte dies die Einordnung des § 21 BJagdG als Schutzgesetz und damit eine zusätzliche Haftung aus § 823 Abs. 2 i.V.m. § 21 BJagdG begründen.

In § 21 BJagdG wird die Ausgestaltung der Abschussplanung geregelt. Der Abschussplan gibt die maximale Zahl der zu erlegenden Stücke einzelner Wildarten vor. Bei der Abschussplanung handelt es sich um einen Bestandteil der Wildhege. Wie schon § 1 Abs. 2 BJagdG eingangs klarstellt, soll durch die Hege „ein den landschaftlichen und landeskulturellen Verhältnissen angepasster, artenreicher Wildbestand" gesichert werden.[325] Die „Hege mit der Waffe" gehört ebenso zur Jagd, wie das Pflanzen von Hecken oder das Retten von Rehkitzen vor der Heumahd. Durch gezielte Entnahme einzelner Wildtiere („Stücke") können die Natur und andere Lebewesen geschützt werden.

Die Aufstellung des Abschussplanes erfolgt je nach Reviertyp auf unterschiedliche Art in Absprache mit dem Jagdausübungsberechtigten.[326] Regelmäßig erfolgt die Planung des Abschusses in verpachteten gemeinschaftlichen Jagdbezirken durch den Revierinhaber in Absprache mit der Jagdgenossenschaft auf der Grundlage des aktuellen Wildbestandes vor Beginn des Jagdjahres. Der Jagdausübungsberechtigte gibt einen Vorschlag für die Abschussplanung ab, da er den Wildbestand relativ gut abschätzen kann und in Anbetracht dessen weiß, welche Zahl an Abschüssen angemessen und nötig ist.[327] Bevor das Jagdjahr (1. April bis 31. März)[328] beginnt, hat der Jagdausübungsberechtige dementsprechend einen Vorschlag für die Abschussplanung vorzulegen.[329] In nicht verpachteten gemeinschaftlichen Jagdbezirken ist die Jagdgenossenschaft die Jagdausübungsberechtigte und muss

323 *Stamp,* in: Schuck BJagdG (2. Aufl.) § 29 Rn. 2.
324 BVerwG NVwZ 1995, 1200; *Dietlein,* AgrarR 1996, 241 ff.
325 *Metzger,* in: Lorz/Metzger/Stöckel, BJagdG § 21 Rn. 1.
326 *Pückler,* AgrarR 1995, 193; *Welp,* in: Schuck, BJagdG § 21 Rn. 7.
327 *Metzger,* in: Lorz/Metzger/Stöckel, BJagdG § 21 Rn. 4.
328 Vgl. § 11 Abs. 4 S. 5 BJagdG.
329 *Metzger,* in: Lorz/Metzger/Stöckel, BJagdG § 21 Rn. 4.

hier demgemäß einen Vorschlag für den Abschussplan unterbreiten.[330] In einem Eigenjagdbezirk sind hierzu die Eigentümer berufen.[331] Im Anschluss an den Vorschlag des Jagdausübungsberechtigten hat die untere Jagdbehörde entweder den Abschussplan zu bestätigen oder von ihm abweichend einen anderen Abschussplan festzusetzen.[332]

Im Jahr 1995 hatte das Bundesverwaltungsgericht zu entscheiden, ob Jagdgenossen auf die Erhöhung des Abschussplanes in Bezug auf bestimmte Wildarten klagen dürfen.[333] Das Bundesverwaltungsgericht führte dabei aus, dass der Eigentümer einer Fläche, die zu einem gemeinschaftlichen Jagdbezirk gehört oder einem Eigenjagdbezirk angegliedert ist, durch die nötige Abschussplanung in seinem Eigentumsgrundrecht aus Art. 14 Abs. 1 GG verletzt sein könne.[334] Als Grundlage für die Klagebefugnis (§ 42 Abs. VwGO) wurde in diesem Zusammenhang § 21 BJagdG herangezogen. Bei den Klägern handelte es sich um zwei Jagdgenossen, die der Ansicht waren, dass in ihrem gemeinschaftlichen Jagdbezirk der Abschlussplan für Rehwild auf 450 Stück festgelegt werden müsse, die untere Jagdbehörde war jedoch der Auffassung, 300 Stück würden genügen. Von dem Ausgangspunkt der Schutznormtheorie kam das Bundesverwaltungsgericht zu dem Ergebnis, dass von § 21 Abs. 1 BJagdG Drittschutz[335] ausgehe. Ob eine Norm Drittschutz entfaltet, richtet sich danach, ob mit der Norm allein rein öffentliche Interessen zumindest auch partiell Individualinteressen verfolgt werden.[336] Dass es sich bei § 21 Abs. 1 BJagdG um eine Norm mit Drittschutz handele, verdeutliche schon der Wortlaut: „Die berechtigten Ansprüche der Land-, Forst- und Fischereiwirtschaft sollen gegen Wildschäden voll gewahrt und geschützt werden, sowie die Belange von Naturschutz und Landschaftspflege berücksichtigt werden.“ Die gewählte Formulierung erinnere rechtsdogmatisch an den Begriff des Anspruchs aus § 194 BGB.[337] Es fehlt zwar die klassische

330 *Metzger,* in: Erbs/Kohlhaas § 21 Rn. 3.
331 *Metzger,* in: Lorz/Metzger/Stöckel, BJagdG § 21 Rn. 4.
332 *Welp,* in: Schuck BJagdG § 21 Rn. 12.
333 BVerwG NVwZ 1995, 1200; *Dietlein,* AgrarR 1996, 241 ff.; *Meyer-Ravenstein,* in: Jagdliches Eigentum, 2018, S. 217, 237.
334 BVerwGE 98, 118 ff.; *Wagner,* AgrarR 1998, 240, 242.
335 BVerwG NJW 1994, 1604, 1605; BVerwG NVwZ 1989, 1157, 1160.
336 BVerwG NJW 1994, 1604, 1605.
337 BVerwG NVwZ 1995, 1200; *Drees,* Natur und Recht 1979, 57, 58.

„Wenn-Dann"-Konstruktion, allerdings lässt sich eine entsprechende gesetzgeberische Intention herleiten: Schon der Wortlaut lasse den Schluss zu, dass dieser Anspruch nicht jeder beliebigen Person zukommen könne, sondern über den Sinn und Zweck der Norm werde auf die Grundstückeigentümer und damit unmittelbar auf die Jagdgenossen abgestellt.[338] Durch den Abschuss soll ein Gleichgewicht zwischen der Natur und den volkwirtschaftlichen und landeskulturellen Belangen geschaffen werden.[339] Der Grundstückseigentümer kann diese Interessen nur effektiv verfolgen, wenn ihm gegenüber der die Abschusspläne festsetzenden unteren Jagdbehörde ein Instrumentarium an die Hand gegeben wird. Dieses Hilfsmittel kann nur ein Anspruch auf Anpassung des Abschussplanes sein. Dementsprechend geht das Bundesverwaltungsgericht in zutreffender Weise davon aus, dass es sich bei § 21 Abs. 1 BJagdG um eine Norm mit Drittschutz handelt.[340]

Abschließend sei jedoch angemerkt, dass der Grundstückseigentümer bzw. der Jagdgenosse nur dann klagebefugt sein soll, wenn die Schädigung des Wildes ein Ausmaß annimmt, das dem Betroffenen in keinerlei Hinsicht mehr zumutbar erscheint.[341] Von besonderer Bedeutung ist bei der dahingehenden Beurteilung die individuelle Beschaffenheit des Grundstücks. Auch anhand der Lage und der Bepflanzung muss entschieden werden, welche Schäden dem Jagdgenossen zugemutet werden können. Dem Grunde nach soll § 21 BJagdG die Landschaftspflege, die Belange der Grundeigentümer und den Naturschutz fördern und schützen.

Da das Bundesverwaltungsgericht § 21 BJagdG als drittschützende Norm qualifiziert hat, stellt sich die Frage, ob diese Norm zugleich ein Schutzgesetz i.S.d. § 823 Abs. 2 BGB darstellt. Könnte nun also ein Grundeigentümer über § 823 Abs. 2 BGB i.V.m. § 21 BJagdG auf das Haftungssystem des Deliktsrechts zurückgreifen?[342] Und wie verhält es sich mit einem möglichen Amtshaftungsanspruch i.S.d. § 839 BGB i.V.m. Art. 34 Abs. 1 GG?[343]

338 BVerwG NVwZ 1995, 1200.

339 *Tausch/Boettcher*, in: Kopp/Tausch/Boettcher, Jagdrecht Hessen § 21 BJG Rn. 3.

340 BVerwG NVwZ 1995, 1200.

341 Im Sinne des Folgenden *Pückler*, AgrarR 1995, 193, 196 f.

342 *Dietlein*, AgrarR 1996, 241.

343 *Dietlein* AgrarR 1996, 241, 245 f.

2. Zivilrechtliche Haftungsfolgen

Von besonderer Bedeutung ist die Frage, ob durch die Qualifizierung des § 21 Abs. 1 BJagdG als drittschützende Norm automatisch angenommen werden kann, dass es sich somit auch um ein Schutzgesetz i.S.d. § 823 Abs. 2 BGB handelt.[344]

Während § 29 Abs. 1 S. 1 BJagdG nur die Haftung für Wildschäden statuiert, die von Schalenwild, Wildkaninchen und Fasan ausgehen,[345] regelt § 21 BJagdG die Abschussplanung für alle Wildarten, die dem Jagdrecht unterliegen.[346] Stellte § 21 Abs. 1 BJagdG ein Schutzgesetz i.S.d. § 823 Abs. 2 BGB dar, so könnte der Anspruchsinhaber über die Verbindung von § 823 Abs. 2 BGB und § 21 Abs. 1 BJagdG also Wildschäden regulieren lassen, die wegen der Einschränkung auf bestimmte Wildarten eigentlich nicht vom Wildschadensbegriff des § 29 BJagdG umfasst sind.[347] Daher würde die Annahme, dass § 21 Abs. 1 BJagdG ein Schutzgesetz darstellt, zu einer Ausweitung der Wildschadenshaftung gegenüber den §§ 29 ff. BJagdG führen.[348] Wie aus § 2 BJagdG ersichtlich ist, gibt es eine Vielzahl an unterschiedlichen Wildarten, die vom Jagdausübungsberechtigten bejagt werden können, aber nur bestimmte Wildarten lösen aufgrund ihres natürlichen Verhaltens Schäden aus, die nach §§ 29 ff. BJagdG ersatzfähig sind – nur diese Wildarten gehören zum sog. „Schadwild". § 21 BJagdG gilt darüber hinaus insbesondere auch für Wildarten, die zwar biologisch gesehen zum Wild gehören, aber aus rein tatsächlichen Gründen nicht bejagt werden, weil der Mensch den ohnehin geringen Bestand nicht weiter dezimieren soll (so z.B. bei Luchs, Wildkatze und Wisent).[349] Des Weiteren könnte der Jagdausübungsberechtigte auch dann in Anspruch genommen werden, wenn der Abschussplan durch die untere Jagdbehörde zu niedrig angesetzt wurde.[350]

344 Diese Frage wirft auch *Dietlein*, AgrarR 1996, 241. auf.

345 *Tausch/Boettcher*, in: Kopp/Tausch/Boettcher, Jagdrecht Hessen, § 29 BJG Rn. 6.

346 *Tausch/Boettcher*, in: Kopp/Tausch/Boettcher, Jagdrecht Hessen, § 21 BJG Rn. 1.

347 *Dietlein*, AgrarR 1996, 241, 242; *Schäfer/Belgard*, in: Mitzschke/Schäfer § 21 Rn. 2.

348 *Dietlein*, AgrarR 1996, 241, 242.

349 *Tausch/Boettcher*, in: Kopp/Tausch/Boettcher Jagdrecht Hessen § 21 BJG Rn. 1.

350 *Dietlein*, AgrarR 1996, 241, 242.

Ob eine Norm den Charakter eines Schutzgesetzes hat, ist bei der Geltendmachung des Anspruchs aus § 823 Abs. 2 BGB die „Gretchen-Frage“.[351] Ein Gesetz ist gemäß § 2 EGBGB jede Rechtsnorm, wobei hierunter nicht nur formelle Gesetze, sondern auch materielle Gesetze wie Rechtsverordnungen und Satzungen fallen.[352] Über den Inhalt eines Schutzgesetzes wird nach wie vor gestritten, weil § 823 Abs. 2 BGB als allgemeines Auffangbecken des Deliktsrechts angesehen wird.[353] Oft sollen über diesen Umweg Schäden ersetzt werden, die der allgemeinen Haftung aus § 823 Abs. 1 BGB nicht zugänglich sind.[354] Dabei muss jeweils im Einzelfall auf das Gesetz abgestellt werden, welches als potenzielles Schutzgesetz zur Anwendung gebracht werden soll.[355] Nach der Ausgestaltung des § 823 Abs. 2 BGB sind alle Verhaltensweisen, die gegen „Schutz eines anderen Gesetzes“ verstoßen, umfasst.[356] Ob eine Norm einen schützenden Charakter hat, beurteilt sich danach, ob die infrage stehende Norm ausschließlich die Interessen der Allgemeinheit schützt, oder ob sich auch ihr auch ein Individualschutz ableiten lässt.[357] Von besonderer Bedeutung ist, dass der Schutz nicht beiläufig entstehen darf, sondern auf eine zielgerichtete Intention des Gesetzgebers schließen lassen muss.[358] Dabei muss nicht das Hauptaugenmerk auf den Individualschutz gelegt worden sein, sondern es genügt, wenn das Gesetz ebenfalls individuelle Rechtsgüter des Betroffenen schützt.[359] Die Schutzqualität solle sich insbesondere auch danach

351 *Wagner,* in: MKBGB § 823 Rn. 498.

352 *Lorenz,* JuS 2020, 12, 13; *Brox/Walker,* Besonderes Schuldrecht, § 46 Rn. 2 ff.; *Larenz/Canaris,* Lehrbuch des Schuldrechts Band II/2, S. 433.

353 *Maier-Reimer,* NJW 2007, 3157. *Lorenz,* JuS 2020, 12, bezeichnet § 823 Abs. 2 BGB als „kleine Generalklausel“. Dieser Begriff wird ebenfalls von *Canaris,* in: FS Larenz, 1983, S. 27, 48 verwendet.

354 *Maier-Reimer,* NJW 2007, 3157.

355 *Medicus/Lorenz,* Schuldrecht II, § 79 Rn. 10 ff.

356 *Ehmann,* Deliktsrecht, S. 47.

357 BGH NJW 1977, 1147; *Canaris,* in: FS Larenz, 1983, S. 27, 46; *Karollus,* Haftung aus Schutzgesetzverletzung, S. 91 ff.; *Wagner,* in: MKBGB § 823 Rn. 498; *Brox/Walker,* Besonderes Schuldrecht, § 46 Rn. 3 ff.

358 BGH NJW 1987, 1818 f.; NJW 1988, 1383 f.; NJW 1992, 241, 242; NJW 2008, 2245, 2249 Rn. 51; NJW-RR 2005, 673; *Wagner,* in: MKBGB § 823 Rn. 498.

359 RGZ 119, 435, 437; 128, 298, 300; 138, 165, 170 ff.; BGHZ 12, 146, 148; BGH NJW 1954, 675; NJW 1959, 880, 881; NJW 1964, 396; NJW 1982, 2780, 2781; NJW 1987, 1818; *Canaris,* in: FS Larenz, 1983, S. 27, 46; *Wagner,* in: MKBGB § 823 Rn. 498; *Deutsch/Ahrens,* Unerlaubte Handlungen, Rn. 116; *Deutsch,* All-

richten, ob dem Betroffenen eine „Rechtsmacht" eingeräumt wird, er also die Möglichkeit erhält, den Schutz durch selbstständiges Tätigwerden herbeizuführen.[360] Die Schutznormtheorie des Öffentlichen Rechts wird häufig – so auch im vorliegenden Zusammenhang[361] – herangezogen, um zu überprüfen, ob von einer Norm subjektive (öffentliche) Rechte des Bürgers abgeleitet werden können.[362] Dabei sind die bekannten Auslegungskriterien[363] heranzuziehen. Dementsprechend muss eine Gesamtschau der Regelungen vorgenommen werden, da es maßgeblich nicht nur auf den Wortlaut der zu untersuchenden Norm ankommt, sondern auch auf die Auswirkung dieser Norm auf die individuellen Angelegenheiten des Betroffenen.[364]

Dem Wortlaut des § 21 BJagdG lässt sich entnehmen, dass zumindest die Individualrechtsgüter der Grundeigentümer geschützt werden, da „die berechtigten Ansprüche der Land-, Forst- und Fischereiwirtschaft auf Schutz gegen Wildschäden voll gewahrt bleiben sowie die Belange von Naturschutz und Landschaftspflege berücksichtigt werden" sollen. Der Wortlaut dieser Norm lässt jedoch nicht eindeutig darauf schließen, dass dies auch die Intention des Gesetzgebers war. Auch ein Blick auf die systematische Stellung des § 21 BJagdG im V. Abschnitt des BJagdG zu „Jagdbeschränkungen, Pflichten bei der Jagdausübung und Beunruhigen von Wild" lässt keinen eindeutigen Schluss auf den Schutz von Individualinteressen zu. Ebenfalls in diesem Abschnitt sind die sachlichen Verbote (§ 19 BJagdG) und die Jagd- und Schonzeiten (§ 22 BJagdG) geregelt, die mit dem Tierschutz Interessen der Allgemeinheit verfolgen.[365] Daraus, dass das Bundesverwaltungsgericht

gemeines Haftungsrecht, Rn. 307; *Brox/Walker*, Besonderes Schuldrecht, § 46 Rn. 3 ff.; *Spickhoff*, Gesetzesverstoß und Haftung, S. 111.

360 *Dietlein*, AgrarR 1996, 241, 242.

361 BGH NJW 1976, 1888, 1889; *Wagner*, in: MKBGB § 823 Rn. 501.

362 *Schmidt-Aßmann*, in: Maunz/Dürig GG Art. 19 Rn. 128; *Wahl*, in: Schoch/Schneider/Bier VwGO § 42 Rn. 95.

363 Dazu ausführlich *Looschelders/Roth*, Juristische Methodik, S. 119 ff.; *Schmidt-Aßmann*, in: Maunz/Dürig GG Art. 19 Rn. 128.

364 *Schlichter*, NVwZ 1983, 641, 642; *Schmidt-Aßmann*, in: Maunz/Dürig GG Art. 19 Rn. 128; *Looschelders/Roth*, Juristische Methodik, S. 58.

365 Die sachlichen Verbote wurzeln in der Waidgerechtigkeit, welche insbesondere auch dem Tierschutz dient. *Schäfer/Belgard*, in: Mitzschke/Schäfer § 19 Rn. 2; *Schuck*, in: Schuck BJagdG § 1 Rn. 27a; *Wetzel*, in: Schuck BJagdG § 19 Rn. 1.

von einem Drittschutz des § 21 BJagdG ausgeht,[366] kann insbesondere hinsichtlich der Teleologie der Norm nicht auf das Vorliegen eines Schutzgesetzes i.S.d. § 823 Abs. 2 BGB geschlossen werden.[367] Durch die Ausgestaltung des § 21 BJagdG unterstellt sich der Jagdgenosse der Jagdbehörde, die auf seinen Vorschlag hin den Abschussplan festsetzt (§ 21 Abs. 2 BJagdG) und durch diese Planung unmittelbar den Grundeigentümer schützt. Billigte man nun aber jedem einzelnen Jagdgenossen (Grundeigentümer) einen eigenen Anspruch aus § 823 Abs. 2 BGB i.V.m. § 21 Abs. 1 BJagdG zu, so würde die gesetzliche Konzeption der Wildschadenshaftung unterlaufen und die Planungshoheit der Jagdbehörden torpediert.[368] Des Weiteren besteht eine generelle Subsidiarität zu anderen Anspruchsgrundlagen, die durch einen Anspruch aus § 823 Abs. 2 BGB i.V.m. § 21 BJagdG unterlaufen würde. Der Tatbestand des § 823 Abs. 2 BGB hat nicht das Ziel, einen allgemeinen, individuell durchsetzbaren Schadensersatzanspruch zu generieren. Vielmehr soll ein Schutzgesetz nur dann gegeben sein, wenn es der Wille des Gesetzgebers war, eine bestimmte Art der privatrechtlichen Schädigung zu vermeiden.[369] Daraus lässt sich ableiten, dass der Bundesgerichtshof den deliktischen Schutz über die allgemeine Schadensersatznorm des § 823 BGB dann ablehnt, wenn der Betroffene über eine andere Norm „ausreichenden" und so gesehen einen spezielleren Schutz erhält.[370] Dieser Schutz ist in den dargelegten Fallgestaltungen dadurch gegeben, dass die §§ 29 bis 32 BJagdG dahingehend abschließende Regelungen für Schäden enthalten, die durch Wild verursacht wurden. Eine Qualifizierung des § 21 BJagdG als Schutzgesetz i.S.d. § 823 Abs. 2 BGB scheitert mithin.

3. Exkurs: Öffentlich-rechtliche Anspruchsgrundlagen

Da das Bundesverwaltungsgericht in seiner Entscheidung vom 30. März 1995 von einem drittschützenden Charakter des § 21 BJagdG ausgeht, stellt sich trotz der gescheiterten Qualifizierung als Schutzge-

366 BVerwG NVwZ 1995, 1200.
367 So auch *Dietlein*, AgrarR 1996, 241, 243.
368 *Dietlein*, AgrarR 1996, 241, 243.
369 BGH NJW 1982, 2780; *Dietlein*, AgrarR 1996, 241, 243.
370 BGH NJW 1982, 2780; *Dietlein*, AgrarR 1996, 241, 243.

setz i.S.d. § 823 Abs. 2 BGB die Frage, welche öffentlich-rechtlichen Anspruchsgrundlagen möglicherweise zur Regulierung von Wildschäden herangezogen werden können. Dabei geht es freilich – anders als im Rahmen des § 29 BJagdG – um die Haftung des Staates.

a) Anspruch aus enteignungsgleichem Eingriff

In Betracht kommt zunächst ein Anspruch aus enteignungsgleichem Eingriff. Ein Anspruch aus Enteignungsentschädigung setzt voraus, dass von einem Hoheitsträger rechtswidrig in eine von Art. 14 Abs. 1 GG geschützte Rechtsposition eingegriffen wird und durch diese Maßnahme eine Beeinträchtigung ausgelöst wird, die dem Eigentümer nicht zugemutet werden kann.[371] In diesem Zusammenhang stellt sich die Frage, ob eine unzulängliche Planung des Abschusses einen unmittelbaren Grundrechtseingriff zur Folge hat.[372] Ergibt sich aus einer zu geringen behördlichen Abschussplanung ein erhöhter Wildschaden auf geplanten Flächen, so könnte ein Schadensersatzanspruch aufgrund eines enteignungsgleichen Eingriffs ausgelöst werden.[373] Allerdings ist diese Beurteilung in Literatur und Rechtsprechung umstritten.[374]

Es wird teilweise die Auffassung vertreten, bei einer unzureichenden Abschussplanung handele es sich lediglich um ein Unterlassen der Behörde, das keine Ersatzansprüche auslöse.[375] Die Rechtsprechung geht grundsätzlich davon aus, dass ein Haftungstatbestand aufgrund eines enteignungsgleichen Eingriffs nur erfüllt sein kann, wenn der Eingriff auf einem positiven Tun basiert – nur in Ausnahmefällen könne durch ein sog. qualifiziertes Unterlassen eine Haftung begründet werden.[376] Teilweise wird sogar die Auffassung vertreten, ein Unterlassen könne in keinem Fall eine Haftung aus enteignungsgleichem Eingriff auslösen,

371 BGH NJW 1992, 3229; *Papier/Shirvani,* in: Maunz/Dürig GG Art. 14 GG Rn. 37.

372 *Dietlein,* AgrarR 1996, 241, 244.

373 *Dietlein,* AgrarR 1996, 241, 244.

374 BGH NJW 1984, 2216; BGH, Urteil v. 09. Dezember 1968 – III ZR 125/66; *Dietlein,* AgrarR 1996, 241, 244.

375 *Dietlein,* AgrarR 1996, 241, 244; *Papier,* in: Maunz/Dürig GG, 85. Aufl., Art. 14 GG Rn. 43.

376 BGHZ 90, 17, 32; *Papier,* in: Maunz/Dürig GG, 85. Aufl., Art. 14 GG Rn. 43.

selbst wenn dem Hoheitsträger eine Rechtspflicht obliegen würde.[377] Demzufolge könnte man nach der Rechtsprechung höchstens dann von einer Haftung für abschussplanbedingte Wildschäden ausgehen, wenn eine Behörde bewusst Wildschäden fördert.[378] Jedoch stößt diese praktizierte Rechtsprechung auf erhebliche Kritik. Es sei unangemessen, wenn eine Rechtspflicht zum Handeln bestehe und in diesem Fall das Unterlassen nicht mit dem positiven Tun gleichgesetzt werde, da sonst der betroffene Eigentümer nicht ausreichend geschützt sei.[379]

Allerdings wich der Bundesgerichtshof mit einer Entscheidung aus dem Jahr 1984 von der oben genannten Rechtsprechung ab und urteilte vielmehr, „in der fehlerhaften Festsetzung von Abschussplänen (§ 21 Abs. 2 BJagdG) [könne] die Verletzung einer dem Waldeigentümer gegenüber bestehenden Amtspflicht zum Schutz des Waldes vor Wildschäden und ein *enteignungsgleicher Eingriff in das Eigentum am Wald* liegen."[380] Dem Eigentümer werde durch eine zu niedrige Abschussplanung die Möglichkeit genommen, sich ausreichend vor dem Überbestand von Schalenwild zu schützen und zwinge ihn, die mit der überhöhten Wilddichte einhergehende Schadensentwicklung hinzunehmen.[381]

Diese Ansprüche unterliegen allerdings ebenfalls dem Subsidiaritätsgrundsatz.[382] Der Primärrechtsschutz soll auch hier über §§ 29 bis 31 BJagdG gewährleistet werden. Der Bundesgerichtshof vertritt die Ansicht, dass Ansprüche aus einem enteignungsgleichen Eingriff ausgeschlossen sind, wenn es dem betroffenen Eigentümer zum Vorwurf gemacht werden kann, sich nicht bereits im Vorfeld gegen den Eingriff mit einem passenden Rechtsbehelf gewehrt zu haben.[383] Es resultiert dementsprechend aus dem Rechtsgedanken des § 254 BGB eine Pflicht, nach dem Erlass eines Verwaltungsaktes, diesen im Hinblick

---

377 *Papier,* in: Maunz/Dürig, 85. Aufl., GG Art. 14 GG Rn. 43.

378 *Dietlein,* AgrarR 1996, 241, 244.

379 *Ossenbühl/Cornils,* Staatshaftungsrecht, S. 288 f.; *Papier,* in: Maunz/Dürig GG, 85. Aufl., Art. 14 GG Rn. 43.

380 BGH NJW 1984, 2216.

381 BGH NJW 1984, 2216, 2218.

382 *Dietlein,* AgrarR 1996, 241, 244.

383 *Dietlein,* AgrarR 1996, 241, 244.

auf die Beeinträchtigung der eigenen Rechte zu überprüfen.[384] Bei der Festsetzung des Abschussplanes handelt es sich zweifelsohne um einen Verwaltungsakt i.S.d. § 35 VwVfG.[385] Daraus folgt, dass dem Eigentümer die Pflicht auferlegt wird, diese Festsetzung dahingehend zu überprüfen, ob der darin geregelte Abschuss zu einer Beeinträchtigung seiner Interessen führt. Sollte eine Beeinträchtigung gegeben sein, so müssen von dem Betroffenen zunächst die statthaften verwaltungsrechtlichen Rechtsbehelfe bemüht werden (Widerspruchsverfahren und Klageverfahren).[386] Demzufolge steht es einem Jagdgenossen nicht zu, erst die zu geringe Abschussplanung hinzunehmen und dann zu liquidieren.[387] Folglich hat ein Anspruch aus enteignungsgleichen Eingriff hinter dem Primärrechtsschutz der §§ 29 bis 31 BJagdG zurückzutreten.

b) Amtshaftungsanspruch (Art. 34 GG i.V.m. § 839 BGB)

Abschließend stellt sich die Frage, ob durch die Qualifikation des § 21 BJagdG als drittschützende Norm ein Amtshaftungsanspruch ausgelöst wird.[388] Diese Frage spielt insbesondere für den Eigentümer eines nicht verpachteten Eigenjagdbezirks eine Rolle, da er nicht auf die Schadensersatzregelungen des BJagdG zurückgreifen kann, sondern – auch weil es dort keine Jagdgenossenschaft gibt – regelmäßig für die dort verursachten Schäden selbst aufkommen muss (vgl. § 29 Abs. 3 BJagdG).[389] Sofern der Eigentümer dort selbst die Jagd ausübt, besteht grundsätzlich auch nicht das Bedürfnis und auch nicht die Möglichkeit, eine Wildschadensregelung zu treffen.[390] Selbstverständlich steht es dem Eigenjagdbesitzer frei, sein Revier zu verpachten und mit dem

384 BGH NJW 1984, 1169, 1172.

385 *Schäfer/Belgard,* in: Mitzschke/Schäfer § 21 Rn. 5.

386 BGH NJW 1984, 1169, 1172; BGH NJW 1961, 20, 22.

387 *Dietlein,* AgrarR 1996, 241, 244.

388 BVerwG NVwZ 1995, 1200; *Dietlein,* AgrarR 1996, 241, 245. Zu den Voraussetzungen des Amtshaftungsanspruchs *Ossenbühl/Cornils,* Staatshaftungsrecht, S. 14 ff.

389 *Dietlein,* AgrarR 1996, 241, 245; *Drees,* Natur und Recht 1979, 57, 59.

390 *Drees,* Natur und Recht 1979, 57, 58.

Pächter eine eigene Haftungsvereinbarung zu treffen, die dann zur Anwendbarkeit der Wildschadenshaftung aus § 29 Abs. 3 BJagdG führt.[391]

Für einen Anspruch aus § 839 Abs. 1 BGB i.V.m. Art. 34 GG müsste eine drittbezogene Amtspflicht verletzt worden sein, das heißt der handelnde Beamte müsste in Ausübung eines öffentlichen Amtes die schädigende Handlung vornehmen.[392] Die Frage, ob eine Person in der Ausübung eines öffentlichen Amtes tätig wird, beurteilt sich danach, ob die ausgeführte schädigende Handlung in einem engen äußeren und inneren Zusammenhang mit der auszuführenden hoheitlichen Tätigkeit steht.[393] Nach Art. 34 GG haftet nicht die handelnde Person, sondern der Staat oder die Körperschaft, in deren Aufgabenbereich diese tätig wird.[394] Unter dem Begriff der „Amtspflicht" verbergen sich alle Pflichten, die dem Amtswalter bei der Ausübung des ihm anvertrauten öffentlichen Amtes treffen.[395] Ob eine Amtspflicht Drittschutz gewährleistet, richtet sich auch an dieser Stelle danach, ob neben der verfolgten öffentlich-rechtlichen Zielsetzung auch der Bürger als Individuum – der „Dritte" – geschützt werden soll.[396] Der Handelnde muss seine Amtspflicht schuldhaft oder fahrlässig verletzt haben. Allerdings steht der Beamte nur für Fahrlässigkeit ein, wenn er nicht anderweitig in Anspruch genommen werden kann. Der zu geringe Abschussplan müsste nun im Sinne der „conditio-sine-qua-non-Formel" kausal für die Schäden sein, die dem Eigentümer entstehen.[397] Außerdem muss der Geschädigte zunächst versucht haben, die Gefahr mit allen zur Verfügung stehenden Rechtsmitteln abgewehrt zu haben.[398]

Insbesondere die betroffenen, selbst die Jagd ausübenden Eigenjagdbesitzer erhoffen sich nun einen Rückgriff auf den Amtshaftungsanspruch (§ 839 Abs. 1 BGB i.V.m. Art. 34 GG), um so Wildschäden regulieren zu können. Das Bundesverwaltungsgericht hat die behörd-

---

391 *Drees*, Natur und Recht 1979, 57, 58.
392 *Schlick*, NJW 2017, 2509, 2511.
393 BGH NJW 2017, 1745, 1746; *Schlick*, NJW 2017, 2509, 2511.
394 BGH NJW 2017, 1745, 1746.
395 *Hartmann/Tieben*, JA 2014, 401, 403.
396 *Hartmann/Tieben*, JA 2014, 401, 404; *Schlick*, NJW 2017, 2509, 2513.
397 *Hartmann/Tieben*, JA 2014, 401, 405.
398 *Drees*, Natur und Recht 1979, 57, 59.

liche Abschussplanung als drittbezogene Amtspflicht qualifiziert.[399] Daraus folgt, dass sich die Schutzpflichten der Behörde nicht nur auf die Festsetzung oder Bestätigung des Abschussplanes sowie die Sachverhaltsermittlung[400] erstreckt, sondern auch nach § 21 Abs. 2 S. 7 BJagdG zur Verfügung stehende Zwangsmittel eingesetzt werden sollen.[401] Die Erfüllung des Abschussplanes kann so beispielsweise durch ein Abschussmeldeverfahren überwacht und erzwungen werden, oder es wird jeweils angeordnet, dass erlegtes Wild vorzuführen ist (vgl. § 21 Abs. 2 S. 7 BJagdG). Außerdem kann die untere Jagdbehörde über § 27 BJagdG den Jagdausübungsberechtigten per Verwaltungsakt aufgeben, Wild auch während der Schonzeit zu erlegen, wenn es das Allgemeinwohl gebietet und es für die Interessen der Land-, Forst- und Fischereiwirtschaft und die Belange des Naturschutzes als unerlässlich angesehen wird.[402] Dementsprechend kann der Eigentümer eines Eigenjagdbezirks die untere Jagdbehörde zum Ersatz seines Wildschadens grundsätzlich, aber nur dann heranziehen, wenn er diesen Eigenjagdbezirk nicht verpachtet hat, da er ansonsten beim Pächter Regress nehmen kann.

II. Die Rechtsnatur der Wildschadenshaftung

Um die Stimmigkeit der aktuellen Wildschadensregelungen mit Blick auf den Jagdpächter beurteilen zu können, muss das Augenmerk zunächst auf die Rechtsnatur des besonderen Schadensersatzanspruchs aus § 29 BJagdG gelegt werden. Im deutschen Zivilrecht wird die Haftung grundsätzlich in drei Bereiche eingeteilt: Die Verschuldens-, die Gefährdungs- und die Aufopferungshaftung.[403] Auch den Wildschadensersatzanspruch gilt es, einem dieser Bereiche zuzuordnen. Daneben existiert auch ein öffentlich-rechtlicher Ansatz.[404] Bei der Beurtei-

399 BVerwG NVwZ 1995, 1200; *Dietlein,* AgrarR 1996, 241, 245. Zum drittschützenden Charakter des § 21 BJagdG bereits ausführlich unter D. I. 1. a).

400 *Drees,* Natur und Recht 1979, 57, 58.

401 *Dietlein,* AgrarR 1996, 241, 245.

402 *Drees,* Natur und Recht 1979, 57, 58.

403 *Rachlitz/Ringshandl,* JuS 2011, 970, 971. Mit umfassendem Blick auf die Grundstrukturen des deutschen Haftungsrechts *Canaris,* VersR 2005, 577 f.

404 Zur öffentlich-rechtlichen Verlustkollektivierung unter Kapitel 4 A. II. 4.

lung der Rechtsnatur der Wildschadenshaftung nach § 29 BJagdG ist also stets auch im Blick zu behalten, ob es sich um einen zivil- oder einen öffentlich-rechtlichen Anspruch handelt. Auf dieser Basis kann sodann die Rechtsnatur der Wildschadenshaftung des Jagdpächters beurteilt werden.[405]

Eine Person kann nur für ein Verhalten oder einen Umstand haften, das oder der in seinen Verantwortungsbereich fällt.[406] Eine Haftung ist dementsprechend nur möglich, wenn die Person für das realisierte Risiko wegen eines Verschuldens verantwortlich ist oder sie zumindest aus anderen Gründen die Verantwortung tragen muss – zum Beispiel weil der Betreffende dafür haften will (tatsächliche Gewährübernahme).[407] Dabei bewegt sich die Frage nach der Verantwortlichkeit im „vortatlichen" Bereich: Die Möglichkeit, dass der Betreffende anders handeln könnte und müsste, befindet sich zeitlich gesehen vor dem schädigenden Ereignis.[408] Der Verantwortungsgrundsatz soll dabei dem allgemeinen Gerechtigkeitsgedanken Rechnung tragen. Das soziale Zusammenleben kann nur funktionieren, wenn im zwischenmenschlichen Miteinander für die Regulierung eines Schadens der Verursacher herangezogen wird.[409] Ein Anspruchsteller benötigt gleichwohl einen *„besonderen Grund"* für die Haftung eines anderen, da die Haftung für einen bestimmten Umstand die Freiheit des Haftenden in einem nicht unerheblichen Umfang tangiert. Aufgrund dessen muss jede Haftung gesetzlich legitimiert sein.[410]

Das Deliktsrecht wird vor diesem Hintergrund oft als die Grundform eines jeden Schadensersatzanspruches angesehen. Bereits die Wahl der Überschrift zu den §§ 823 ff. BGB („unerlaubte Handlungen") verdeutlicht, dass eine Haftung erfolgen soll, wenn das Verhalten des Schädi-

405 Kritisch zur Rechtsnatur der Wildschadenshaftung des Jagdpächters Kapitel 5 D.

406 *Larenz,* JuS 1965, 373; *Lorenz,* JuS 2007, 611, 612; *Wieling,* AcP 1976, 334, 349 f.; *Deutsch,* Allgemeines Haftungsrecht, Rn. 3 ff.

407 *Deutsch,* Allgemeines Haftungsrecht, Rn. 3. Vgl. auch *Koziol,* in: FS Deutsch Medizin und Haftung, 2009, S. 781; *Looschelders,* in: BeckOGK § 254 BGB Rn. 4 ff., die die Thematik im Zusammenhang mit dem Mitverschulden behandeln. Im Kern geht es auch hier um die Abgrenzung von Verantwortungsbereichen.

408 *Deutsch,* Allgemeines Haftungsrecht, Rn. 3.

409 *Deutsch,* Allgemeines Haftungsrecht, Rn. 4.

410 *Wieling,* AcP 1976, 334, 349 f.; *Larenz/Canaris,* Lehrbuch des Schuldrechts Band II/2, S. 351.

gers gegen geltendes Recht und den damit einhergehenden Sorgfaltsmaßstab verstößt. Daran lässt sich erkennen, dass es bei der deliktischen Haftung also dem Grunde nach auf eine Verantwortlichkeit ankommt. Den anderen beiden Haftungsformen ist dieses Erfordernis fremd. Allgemein lässt sich deshalb auch sagen, dass es sich bei der Haftung aus den §§ 823 ff. BGB um eine „Unrechtshaftung“ handelt.[411]

Ohne das Hinzutreten der Verantwortlichkeit eines Dritten hat der Betroffene den erlittenen Schaden selbst zu tragen.[412] Allzu oft – und so auch mit Blick auf die Haftung für Wildschäden[413] – entfaltet sich der Irrglaube, es müsse für jeden entstehenden Schaden einen Ersatzpflichtigen geben. Sobald ein Schaden eintritt, stellt der Geschädigte regelmäßig zuerst die Frage, wer ihm den Schaden ersetzt. Dabei rückt der Grundsatz, dass man Schäden an eigenen Rechtsgütern grundsätzlich zu erdulden hat, zumeist völlig in den Hintergrund. Es scheint sich zunehmend dem Bewusstsein der Allgemeinheit zu entziehen, dass es einen guten Grund dafür geben muss, wenn eine andere Person für Schäden an den eigenen Rechtsgütern haftbar gemacht werden soll. Fehlt es an einem solchen „besonderen Grund“, ist das auf Schadensersatz gerichtete Verlangen „willkürlich und jeglichen Rechtsschutzes von vornherein unwürdig“[414], denn die Auferlegung der Haftung bedeutet ihrerseits einen Eingriff in die Freiheits- und Vermögensrechte des Ersatzpflichtigen.[415]

1. Verschuldenshaftung

In diesem Prinzip der Verantwortung hat die Verschuldenshaftung ihren Ursprung. Dem zivilrechtlichen Rechtssystem des BGB liegt die Verschuldenshaftung (das culpa-Prinzip aus dem römischen Recht) als

411 Zur Bedeutung der Deliktshaftung im System des BGB *Canaris,* VersR 2005, 577 f.; *Deutsch,* Haftungsrecht, S. 99 ff.

412 *Gernhuber,* AcP 1952/1953, 69, 83; *Wieling,* AcP 1976, 334, 349 f.

413 Auch *Schartner,* in: 22. Österreichische Jägertagung, 2016, S. 17 ff. wirft (wenn auch mit Blick auf das österreichische Recht) die Frage auf, ob es noch sach- und zeitgemäß ist, für Wildschäden einen Ersatzverpflichteten in die Haftung zu nehmen.

414 *Larenz/Canaris,* Lehrbuch des Schuldrechts Band II/2, S. 351.

415 Kritisch zur Abwälzung des „allgemeinen Lebensrisikos“ auch *Larenz/Canaris,* Lehrbuch des Schuldrechts Band II/2, S. 351 ff.

Haftungssystem zugrunde.[416] Der Begriff der Verantwortung spiegelt sich in den meisten Schadensersatzansprüchen in dem Tatbestandmerkmal des Verschuldens wider.[417] Paradebeispiele hierfür sind die §§ 280 und 823 BGB. Bei der Haftung nach dem Verschulden wird an das Verhalten des Schädigers ein bestimmtes Sorgfaltsniveau geknüpft. Sollte der Schädiger den Anforderungen dieses Sorgfaltsniveaus nicht genügen, kann er hierfür haftbar gemacht werden.[418] Dabei wird vom Verschulden regelmäßig sowohl der Vorsatz als auch die Fahrlässigkeit erfasst.[419] Bei einem deliktischen Anspruch muss jemand für sein Verhalten einstehen, wenn dadurch eine andere Person geschädigt wird und ihm diese Handlung vorgeworfen werden kann. Sollte allerdings die schädigende Handlung unvermeidbar gewesen sein, so kann dem Schädiger der Verschuldensvorwurf nicht gemacht werden.[420]

In Bezug auf die Wildschadenshaftung in gemeinschaftlichen Jagdbezirken (§ 29 Abs. 1) BJagdG und auf Flächen, die einem Eigenjagdbezirk angegliedert sind (§ 29 Abs. 2 BJagdG), sind sich Literatur und Rechtsprechung einig, dass es sich um eine verschuldensunabhängige Haftung handelt.[421] Bereits der Wortlaut enthält insoweit keinen aus-

416 BGH NJW 1971, 607, 608; *Canaris,* VersR 2005, 577, 578; *Deutsch,* JuS 1981, 317, 317; *Rachlitz/Ringshandl,* JuS 2011, 970, 971; *Larenz/Canaris,* Lehrbuch des Schuldrechts Band II/2, S. 600. Vgl. dazu auch *Benöhr,* Tijdschrift voor Rechtsgeschiedenis 1978, 1; *Esser,* Grundlagen und Entwicklung der Gefährdungshaftung, S. 45; *Rümelin,* Schadensersatz ohne Verschulden, S. 4 ff. Zur Geschichte der Verschuldenshaftung *Kreuzer,* in: FS Lorenz, 1991, S. 123, 124.

417 *Medicus,* JURA 1996, 561; *Larenz/Canaris,* Lehrbuch des Schuldrechts Band II/2, S. 351.

418 *Larenz,* JuS 1965, 373; *Korch,* Haftung und Verhalten, S. 13; *Koziol,* Schadenersatzrecht, S. 119 ff.; *Rümelin,* Verschulden in Straf- und Zivilrecht, S. 2; *Schäfer/Ott,* Ökonomische Analyse, S. 182; *Wilhelmi,* Risikoschutz durch Privatrecht, S. 104. Zu den Zielen, die mit der Haftung erreicht werden sollen *Kötz,* in: FS Steindorff, 1990, S. 643 ff.

419 *Lorenz,* JuS 2007, 611, 612; *Deutsch,* Allgemeines Haftungsrecht, Rn. 5; *Larenz/Canaris,* Lehrbuch des Schuldrechts Band II/2, S. 351.

420 *Larenz/Canaris,* Lehrbuch des Schuldrechts Band II/2, S. 351.

421 BGH NJW 2010, 1608; *Kremer,* AUR 2012, 337, 338; *Scherping/Vollbach,* Reichsjagdgesetz, S. 114; *Thies,* Wild- und Jagdschaden, S. 40; *Fickendey-Engels,* in: MAH AgrarR § 21 Rn. 60; *Gies,* in: Düsing/Martínez AgrarR § 29 BJagdG Rn. 8; *Leonhardt,* Jagdrecht, Bd. 1, § 29 BJagdG Rn. 1.2; *Metzger,* in: Lorz/Metzger/Stöckel BJagdG § 29 Rn. 3; *Schäfer/Belgard,* in: Mitzschke/Schäfer § 29 Rn. 6; *Wilhelmi,* in: Erman BGB § 835 BGB Rn. 2; *Stamp,* in: Schuck BJagdG (2. Aufl.) § 29

drücklichen Hinweis auf ein etwaiges Verschuldenserfordernis. Eine Ausnahme bildet in diesem Zusammenhang allein die Haftung für Wildschäden auf Grundstücken, die zu einem Eigenjagdbezirk gehören (§ 29 Abs. 3 BJagdG). Hier richtet sich der Wildschadensersatz grundsätzlich nach dem Rechtsverhältnis zwischen dem Geschädigten und dem Jagdausübungsberechtigten (S. 1); sofern nichts anderes bestimmt ist, ist der Jagdausübungsberechtigte aber nur dann ersatzpflichtig, wenn er durch unzulänglichen Abschuss den Schaden *verschuldet* hat (S. 2). Das Gesetz differenziert hinsichtlich des Verschuldenserfordernisses also zwischen den Grundflächen, die im Eigentum des Eigenjagdbesitzers stehen[422] und Flächen, die einem Eigenjagdbezirk angegliedert sind sowie gemeinschaftlichen Jagdbezirken.

2. Gefährdungshaftung

Setzt ein Haftungstatbestand kein Verschulden voraus, so handelt es sich um eine Gefährdungshaftung.[423] Der Gesetzgeber statuiert eine Gefährdungshaftung im Verhältnis zur Verschuldenshaftung nur in Ausnahmefällen. Die Gefährdungshaftung setzt temporär gesehen noch früher an als die Verschuldenshaftung.[424] Der entscheidende Unterschied bei diesen beiden Haftungsregimen ist, dass der Betroffene bei einer Gefährdungshaftung für alle Schäden aufzukommen hat, die mit der ihm zurechenbaren Gefahrenquelle in Verbindung stehen.[425] Diese Art der Haftung wird in der Gegenwart immer häufiger konstruiert und angewandt[426] – und zwar in den Fällen einer „besonderen abstrakten Gefahr", deren Hinnahme jedoch einen Nutzen hat.[427] Meist als „Reaktionen auf die Gefahren moderner Technik" wurden einzelne

---

Rn. 5; *Tausch/Boettcher,* in: Kopp/Tausch/Boettcher Jagdrecht Hessen § 29 BJG Rn. 9; *Wagner,* in: MKBGB § 835 Rn. 5.

422 *Schuck,* in: Schuck BJagdG § 29 Rn. 31.

423 *Lorenz,* JuS 2007, 611, 612.

424 BGH NJW 1971, 607, 608; *Blaschczok,* Gefährdungshaftung und Risikozuweisung, S. 1; *Deutsch,* Allgemeines Haftungsrecht, Rn. 9.

425 *Korch,* Haftung und Verhalten, S. 21; *Wagner,* Deliktsrecht, Kapitel 8 Rn. 1, 25 ff. Zu den verschiedenen Begriffen der Gefahr ausführlich *Deutsch,* in: FS Larenz, 1973, S. 885 ff.; *Kreuzer,* in: FS Lorenz, 1991, S. 123, 130 ff.

426 *Rümelin,* Schadensersatz ohne Verschulden, S. 8.

427 *Rachlitz/Ringshandl,* JuS 2011, 970, 971; *Canaris,* VersR 2005, 577, 578; *Deutsch,* Haftungsrecht, S. 363; *Medicus,* JURA 1996, 561, 563 f.

Gefährdungshaftungstatbestände geschaffen. Bereits vor der Kodifizierung des BGB gab es einzelne Vorreiter der Gefährdungshaftung, so z.B. im preußischen Eisenbahngesetz von 1838.[428] Die Eisenbahn wurde damals als eine der ersten äußerst nützlichen, aber gleichwohl gefährlichen Innovationen angesehen. Anhand dieser Entwicklung lässt sich ersehen, dass die Gefährdungshaftung mittlerweile seit über hundert Jahren angewandt und anerkannt wird.[429] Es lässt sich durchaus sagen, dass nahezu jede nennenswerte menschliche Innovation neue Haftungen für spezifische Gefahren ausgelöst hat – geradezu als würde es sich bei der Gefährdungshaftung um die Universalantwort auf den menschlichen und technischen Fortschritt handeln.[430]

So wurde für folgende Gefahrenquellen jeweils eine eigene Gefährdungshaftung kodifiziert: Kraftfahrzeuge, Flugzeuge, domestizierte Tiere, Elektrizität- und Gasanlagen, Atomkraftwerke, Bergschäden, Wasserschäden, Umwelteinwirkungen, gentechnische Einwirkungen, Schädigungen durch Arzneimittel oder Produktfehler.[431] Mit dieser Entwicklung geht die Gefahr der Rechtszersplitterung einher. Es wurden nicht wenige Gesetze gefertigt, um eigens speziellen Gefahrenquellen entgegen zu wirken (beispielweise das Haftpflichtgesetz[432], das Atomgesetz[433], das Produkthaftungsgesetz[434], das Arzneimittelgesetz[435] und noch viele weitere).[436] Diese Praxis der Legislative führt zu einer dogmatischen Unübersichtlichkeit, da immer erst dann eine neue Gefährdungshaftung erschaffen wird, wenn es keine Möglichkeit gibt, mit anderen abstrakt generellen Normen der Problematik Herr zu werden.[437] Durch die Gefährdungshaftung wurde eine Ausnahme von

428 *Larenz/Canaris,* Lehrbuch des Schuldrechts Band II/2, S. 600; *Rümelin,* Schadensersatz ohne Verschulden, S. 8 f.

429 *Deutsch,* Haftungsrecht, S. 364; *Mataja,* Recht des Schadensersatzes, S. 57 ff.

430 *Deutsch,* Allgemeines Haftungsrecht, Rn. 9.

431 *Larenz/Canaris,* Lehrbuch des Schuldrechts Band II/2, S. 601; *Rümelin,* Schadensersatz ohne Verschulden, S. 8 f.

432 Haftpflichtgesetz vom 04.01.1978 BGBl I. 145.

433 Gesetz über die friedliche Verwendung der Kernenergie und den Schutz gegen ihre Gefahren (Atomgesetz) vom 23.12.1959 BGBl I. 814.

434 Produkthaftungsgesetz vom 15.12.1989 BGBl I. 2198.

435 Arzneimittelgesetz vom 24.08.1976 BGBl I. 2445.

436 *Cosack,* VersR 1992, 1439; *Medicus,* JURA 1996, 561, 562; *Larenz/Canaris,* Lehrbuch des Schuldrechts Band II/2, S. 601.

437 *Larenz/Canaris,* Lehrbuch des Schuldrechts Band II/2, S. 601.

dem Grundsatz geschaffen, dass grundsätzlich jeder für sich selbst verantwortlich ist und er den damit einhergehenden Schaden selbst tragen muss (*casum sentit dominus*).[438] Folglich stellen die zahlreichen Einzelgesetze eine Abweichung von der Zufallshaftung des Eigentümers und der Verschuldenshaftung dar.

Bemerkenswert ist außerdem, dass nicht nur immer häufiger auf die Etablierung einer Gefährdungshaftung zurückgegriffen wird, sondern auch dass die Anforderungen an die Schaffung eines neuen Schadensersatzanspruchs damit stetig sinken. Dabei ist die zugrunde liegende Intention durchaus nachvollziehbar: Derjenige, der eine Gefahrenquelle besitzt oder unterhält, soll auch für Schäden einstehen, die aus dieser neuen Gefahrenquelle resultieren. Dabei soll er unabhängig von einem möglichen Verschulden zum Ausgleich herangezogen werden können.[439] Hierdurch wird sichergestellt, eine neue Gefahrenquelle betreiben zu können, die möglicherweise einen Mehrwert für die Gesellschaft bringt (Bsp.: Ein Atomkraftwerk wird zur Stromgewinnung verwendet) und dass zugleich der Inhaber der Gefahrenquelle kraft seiner Verantwortlichkeit für eben diese das Haftungsrisiko hierfür übernimmt.[440] Die Entwickelung einer Gefährdungshaftung für einen bestimmten Bereich kann so zur Lösung verschiedener Interessenkonflikte beitragen.[441] Im Rahmen der Gefährdungshaftung ist der Gefahrenquelle stets eine spezifische Gefahr immanent. Beispielsweise besteht beim Betreiben eines Atomkraftwerks jederzeit die Gefahr eines Unfalls, der zum Austritt radioaktiver Strahlung führen kann. Diese Gedanken lassen sich ebenso auf andere klassische Gefährdungshaftungen übertragen, wie die Tierhalterhaftung (§ 833 BGB) oder auch die Haftung für eine Eisenbahn nach § 1 Haftpflichtgesetz.[442] Dabei kann die betreffende Gefahrenquelle niemals vollständig von einer Person kontrolliert werden. Hierin liegt der Unterschied zu einer Verschuldenshaftung, bei der dem Verantwortlichen ein konkreter Vor-

---

438 *Esser*, Grundlagen und Entwicklung der Gefährdungshaftung, S. 1.

439 *Cosack*, VersR 1992, 1439 f.; *Deutsch*, JuS 1981, 317, 319; *Rümelin*, Schadensersatz ohne Verschulden, S. 30.

440 *Caemmerer*, in: FS Hundert Jahre deutsches Rechtsleben, 1960, 49, 63; *Cosack*, VersR 1992, 1439 f.; *Larenz*, JuS 1965, 373, 374; *Spickhoff*, JuS 2016, 865, 866.

441 *Rümelin*, Schadensersatz ohne Verschulden, S. 30.

442 *Rümelin*, Schadensersatz ohne Verschulden, S. 31.

wurf gemacht werden kann.[443] Mithilfe der Gefährdungshaftung kann die Gefahr eines Zufalls oder eines Unglücks mithin in gewissem Maße auf den Betreiber der Gefahrenquelle abgewälzt werden.[444]

Ein besonderes Augenmerk muss dabei auf das vom Gesetzgeber etablierte Enumerationsprinzip der Gefährdungshaftung gelegt werden.[445] Das Enumerationsprinzip soll dafür Sorge tragen, dass die speziellen Ausnahmetatbestände der Gefährdungshaftung nicht analogiefähig sind und diese strikt restriktiv angewendet werden.[446] Auslöser für die Einführung des Enumerationsprinzips war, dass die Ausnahme nicht durch ihre wiederholte Schaffung zur Regel werden soll.[447] Durch dieses Prinzip wird klargestellt, dass es keine Generalklausel im Bereich der Gefährdungshaftung gibt und auch nicht geben soll.[448] Die bisher geschaffenen Normen, die eine Gefährdungshaftung kodifizieren, müssen einen Ausnahmecharakter haben und diese Haftung ist nur sehr eng auszugestalten.[449] Aus diesen Gründen wird grundsätzlich eine Analogie im Bereich der Gefährdungshaftung abgelehnt.[450]

Obwohl Einigkeit dahingehend besteht, dass es sich bei der Wildschadenshaftung nach § 29 Abs. 1, 2 BJagdG de lege lata nicht um eine Verschuldenshaftung handelt, ist es in der Literatur umstritten, ob es sich um eine klassische Gefährdungshaftung handelt oder vielmehr um einen Ausgleichsanspruch, der dem bürgerlich-rechtlichen Aufopferungsgedanken entspringt.[451] Die Befürworter der Gefährdungshaftung erachten das Wild als eine Gefahr für den Grundeigentümer, die

---

443 Sinngemäß *Esser,* Grundlagen und Entwicklung der Gefährdungshaftung, S. 1; *Rümelin,* Schadensersatz ohne Verschulden, S. 30 ff.

444 *Esser,* Grundlagen und Entwicklung der Gefährdungshaftung, S. 1.

445 BGH NJW 1971, 607, 609; *Deutsch,* VersR 1971, 1, 3; *Dötsch,* NZM 2004, 177, 180; *Larenz/Canaris,* Lehrbuch des Schuldrechts Band II/2, S. 601.

446 BGHZ 55, 229, 234; *Däubler,* JuS 2002, 625, 627; *Lorenz,* JuS 2007, 611, 612; *Larenz/Canaris,* Lehrbuch des Schuldrechts Band II/2, S. 601.

447 *Deutsch,* VersR 1971, 1, 3.

448 *Poller,* in: Janeczek § 1 Deliktsrecht Rn. 4.

449 *Larenz/Canaris,* Lehrbuch des Schuldrechts Band II/2, S. 601.

450 *Poller,* in: Janeczek § 1 Deliktsrecht Rn. 5.

451 *Thies,* Wild- und Jagdschaden, S. 40; jedoch ohne sich dieser Ansicht vollständig anzuschließen. Dieser Auffassung treten unter anderem *Stamp,* in: Schuck BJagdG (2. Aufl.) § 29 Rn. 5 und *Schäfer/Belgard,* in: Mitzschke/Schäfer § 29 Rn. 6 entschieden entgegen.

nicht kontrollierbar sei.[452] Der durch das Wild ausgelösten Gefahr sei der Eigentümer schutzlos gegenübergestellt.[453] In der Haftung für Wildschäden nach § 29 Abs. 1, 2 BJagdG wird damit teils ein Spezialfall der Verantwortlichkeit für von Tieren ausgehende Gefahren gesehen. Bei Wildtieren handelt es sich weder um Haus- oder Nutztiere (§ 833 S. 2 BGB) noch um Luxustiere (§ 833 S. 1 BGB), sondern um wilde herrenlose Tiere. Diese Tiere sind in keiner Weise domestiziert oder kontrollierbar, sodass es sich um einen Sonderfall der Tierschadenshaftung handele, bei dem ein wildes Tier die Schädigung durch sein natürliches Verhalten auslöst.[454] Die Befürworter der Gefährdungshaftung für Wildschäden bemühen zudem Aufspaltung von Jagd- und Jagdausübungsrecht, durch die dem Grundeigentümer die Möglichkeit genommen sei, die Jagd auf seinem eigenen Grund und Boden auszuüben. Dadurch müsse der Eigentümer bejagbarer Flächen die Schäden, die durch Wild auf seinen Flächen verursacht werden, tatenlos hinnehmen. Der Ersatzberechtigte hat im Normalfall keine Einwirkungsmöglichkeit auf das Wild, da er zwar Inhaber des Jagdrechts ist, aber meist nicht Inhaber eines Jagdscheins, sodass er die Jagd nicht ausüben darf.[455] Deshalb wird die Haftung meist im Rahmen des privatrechtlichen Jagdpachtvertrages auf den Jagdausübungsberechtigen übertragen, der dann als Ersatzpflichtiger herangezogen werden kann, da dieser zumindest durch eine gezielte Bejagung Einfluss nehmen kann. Demjenigen, der die Jagd auf diesen Flächen pachtvertraglich

452 *Larenz/Canaris*, Lehrbuch des Schuldrechts Band II/2, S. 618. Allerdings geht *Esser*, Grundlagen und Entwicklung der Gefährdungshaftung, S. 78, bei Naturereignissen davon aus, dass diese nicht einer privatrechtlichen Schadensordnung unterfallen. *Thies*, Wild- und Jagdschaden, S. 40, wiederum legt sich gar nicht fest, sondern nennt die Gefährdungshaftung und die Ausgleichshaftung i.S.d. bürgerlich-rechtlichen Aufopferungsanspruchs in einem Atemzug. *Meyer-Ravenstein*, AUR 2010, 195, 196, geht davon aus, dass der Ersatzanspruch für Wildschäden ähnlich der Gefährdungshaftung ausgestaltet ist. *Esser/Weyers*, Schuldrecht Band 2, S. 282, führt aus, dass man die Wildschadenshaftung durchaus der Gefährdungshaftung zuordnen kann. Allerdings sieht er ebenso die Ähnlichkeit zu § 14 BImSchG und dementsprechend zum bürgerlich-rechtlichen Aufopferungsanspruch; *Sprau*, in: Palandt BGB Einf v § 823 Rn. 11.

453 *Thies*, Wild- und Jagdschaden, S. 40 f.

454 *Metzger*, in: Lorz/Metzger/Stöckel BJagdG § 29 Rn. 1; *Wagner*, in: MKBGB § 835 Rn. 6. Letzterer erachtet in der Wildschadenshaftung jedoch eine Aufopferungshaftung.

455 BGH NJW 2010, 1608; *Gies*, in: Düsing/Martínez AgrarR § 29 BJagdG Rn. 1.

übernommen hat, sei es möglich durch eine gezielte Bejagung und Fütterung Wildschäden einzudämmen.[456] Aufgrund dessen solle der Jagdausübungsberechtigte haften, da er allein das Wild kontrollieren könne. Gewissermaßen wird der Jagdausübungsberechtigte damit – wie der Betreiber für ein Atomkraftwerk – zum Gefahrenquellenverantwortlichen für das Wild.

Für die Einordnung der Wildschadenshaftung als Gefährdungshaftung nach § 29 Abs. 1, 2 BJagdG spricht zwar, dass sie ursprünglich in § 835 BGB geregelt war. Der Gedanke der Gefährdungshaftung vermag jedoch nicht zu erklären, warum die Wildschadenshaftung des Jagdpächters (mit Ausnahme von § 29 Abs. 3 BJagdG) aktuell gänzlich einer gesetzlichen Grundlage entbehrt. Geht es bei der Gefährdungshaftung um die Gefahrenquellenverantwortlichkeit und schreibt man dem Jagdpächter als regelmäßigem Jagdausübungsberechtigtem die größte Einwirkungsmöglichkeit auf das Wild zu, so müsste er an erster Stelle haften.

3. Aufopferungshaftung/Ausgleichshaftung

Meist wird der Wildschadensersatzanspruch de lege lata in der Literatur als Ausgleichsanspruch qualifiziert, der auf dem Prinzip der zivilrechtlichen Aufopferung basiert.[457] In diesem Zusammenhang stellt sich unweigerlich die Frage, warum der zivilrechtliche statt des öffentlich-rechtlichen Aufopferungs-[458] bzw. Ausgleichsanspruchs Anwendung finden soll. Generell wird ein Aufopferungsanspruch zur Anwendung gebracht, wenn dem Betroffenen eine Duldungspflicht auferlegt

456 *Gies*, in: Düsing/Martínez AgrarR § 29 BJagdG Rn. 1; *Schäfer/Belgard*, in: Mitzschke/Schäfer § 29 Rn. 7.

457 *Gies*, in: Düsing/Martínez AgrarR § 29 BJagdG Rn. 8; *Metzger*, in: Lorz/Metzger/Stöckel BJagdG § 29 Rn. 1; *Schäfer/Belgard*, in: Mitzschke/Schäfer § 29 Rn. 6; *Stamp*, in: Schuck BJagdG (2. Aufl.) § 29 Rn. 5. Im Sinne einer Aufopferungshaftung ohne Verwendung jener Terminologie wohl auch *Selter*, AUR 2009, 175, 177. Ausführlich zum allgemeinen bürgerlich-rechtlichen Aufopferungsanspruch insgesamt *Hemsen*, Bürgerlich-rechtlicher Aufopferungsanspruch; *Konzen*, Aufopferung im Zivilrecht.

458 Zum öffentlich-rechtlichen Aufopferungsanspruch *Giese*, JZ 1953, 466, 469.

wird.[459] Diese Duldungspflicht wird im Bereich der Wildschäden aus § 1 Abs. 2 BJagdG abgeleitet. In § 1 Abs. 1 S. 2 BJagdG wird dem Jäger die Pflicht zur Hege auferlegt. § 1 Abs. 2 BJagdG führt sodann die Zielsetzung der Hege aus, die in dem Erhalt eines an die landschaftlichen und landeskulturellen Verhältnisse angepassten artenreichen gesunden Wildbestandes sowie der Pflege und Sicherung seiner Lebensgrundlage bestehen soll. Hieraus folgt, dass der Grundeigentümer nicht die Beseitigung jeglichen Wildes verlangen kann, sondern einen „angepassten artenreichen und gesunden Wildbestand" dulden muss. Sofern man annimmt, dass die Duldungspflicht öffentlich-rechtlich ausgestaltet ist, lässt sich durchaus vertreten, dass es sich bei dem entsprechenden Aufopferungsanspruch um einen öffentlich-rechtlichen Anspruch handelt.[460] Dementsprechend muss an dieser Stelle eine Abgrenzung zwischen den beiden in Betracht kommenden Aufopferungsansprüchen vorgenommen werden,[461] die durchaus strittig ist.[462] Beide Ansprüche haben sich nebeneinander entwickelt.[463] Im Kern der Abgrenzung wird darauf abgestellt, ob zwischen dem Schädiger und dem Betroffenen ein Ober- bzw. Unterordnungsverhältnis (Subordination) besteht oder ob sich beide auf der gleichen Ebene (Koordination) begegnen. Beim Schädiger soll es sich um den öffentlich-rechtlichen Aufopferungsanspruch handeln und beim Betroffenen um den zivilrechtlichen.[464]

Die öffentlich-rechtliche Aufopferung findet ihren Ursprung in den §§ 74, 75 PrALR. Bereits dem Wortlaut dieser Normen lässt sich entnehmen, dass dem öffentlich-rechtlichen Aufopferungsanspruch ein nachvollziehbarer Ausgleichsgedanke zugrunde liegt: Der Staat soll

---

459 BGHZ 16, 366, 369 f.; *Schack*, JuS 1963, 263, 265; *Schulze-Osterloh*, Eigentumsopferentschädigung, S. 71 ff. Ausführlich zur Abgrenzung zwischen dem öffentlich-rechtlichen und privatrechtlichen Aufopferungsanspruch *Hubmann*, JZ 1958, 489 ff.

460 So beispielsweise *Moog*, Wildschäden im Wald, S. 14.

461 *Deutsch*, in: FS Steffen, 1995, S. 101, 104; *Rachlitz/Ringshandl*, JuS 2011, 970, 971; *Spyridakis*, in: FG Sontis, 1977, S. 241, 250; *Deutsch*, Haftungsrecht, S. 390; *Horst*, Querverbindungen, S. 53.

462 *Deutsch*, Haftungsrecht, S. 389 f.; *Konzen*, Aufopferung im Zivilrecht, S. 25.

463 *Konzen*, Aufopferung im Zivilrecht, S. 26.

464 *Spyridakis*, in: FG Sontis, 1977, S. 241, 250; *Deutsch*, Haftungsrecht, S. 390; *Horst*, Querverbindungen, S. 53.

den Schaden, den er verursacht hat, demjenigen ersetzen, dem er entstanden ist. Die ratio legis liegt folglich darin, dass der Bürger für einen Eingriff in seine Rechte entschädigt wird, wenn der Eingriff zugunsten des Interesses der Allgemeinheit erfolgt.[465] Dieser Leitgedanke findet seinen Ursprung in naturrechtlichen Erwägungen[466] und geht auf *Grotius*' „De iure belli ac pacis libri tres" zurück.[467] Die Aufopferung soll aber in diesem Zusammenhang nur bei rechtmäßig durchgeführten Maßnahmen möglich sein.[468] Bemerkenswert ist, dass diese Aufopferungshaftung bereits vor der vorsätzlichen Amtshaftung konzipiert wurde.[469]

Der bürgerlich-rechtliche Aufopferungsanspruch basiert auf der Anwendung des § 906 Abs. 2 S. 2 BGB. Charakteristisch für die Aufopferungshaftung ist auch hier, dass dem Geschädigten ein eigener Abwehranspruch meist aus gesellschaftlichen Gründen genommen ist.[470] Jedoch wird dieser Anspruch nur in absoluten Ausnahmefällen generiert. Eine Haftung aus dem Gedanken der Aufopferung kommt noch seltener in Betracht als eine Gefährdungshaftung.[471] Auch dieses Haftungsregime wird – wie die Gefährdungshaftung – verschuldensunabhängig konstruiert. Diese Art der Haftung wurde geschaffen, um demjenigen, der Beeinträchtigungen eines Dritten an seinem Eigentum hinnehmen muss, eine Chance zu geben, Schäden zu regulieren, die durch diese Einwirkung entstanden sind.[472]

Das Eigentum als umfassendes Herrschaftsrecht (§ 903 BGB)[473] ist durch zwei grundlegende Prinzipien gekennzeichnet: das Nutzungs-

---

465 *Konzen*, Aufopferung im Zivilrecht, S. 25.

466 *Hemsen*, Bürgerlich-rechtlicher Aufopferungsanspruch, S. 6; *Katzenstein*, Entschädigungspflicht, S. 15; *Konzen*, Aufopferung im Zivilrecht, S. 25; *Stödter*, Öffentlich-rechtliche Entschädigung, S. 53.

467 *Konzen*, Aufopferung im Zivilrecht, S. 25.

468 *Konzen*, Aufopferung im Zivilrecht, S. 25.

469 *Deutsch*, Haftungsrecht, S. 390; *Konzen*, Aufopferung im Zivilrecht, S. 25.

470 *Deutsch*, in: FS Steffen, 1995, S. 101, 102; *ders.*, Haftungsrecht, S. 389.

471 *Rachlitz/Ringshandl*, JuS 2011, 970 f.

472 *Konzen*, Aufopferung im Zivilrecht, S. 30; *Larenz/Canaris*, Lehrbuch des Schuldrechts Band II/2, S. 664 f. Ähnlich *Spyridakis*, in: FG Sontis, 1977, S. 241, 243 f.

473 *Prütting*, Sachenrecht, Rn. 306; *Vieweg/Werner*, Sachenrecht, § 3 Rn. 3; *Wellenhofer*, Sachenrecht, § 1 Rn. 6.

und das Ausschlussprinzip.[474] Der Eigentümer einer Sache hat die Freiheit, sein Eigentum nach Belieben zu nutzen:[475] Selbst die Zerstörung einer Sache ist von dieser Nutzungsberechtigung umfasst, solange durch die Beschädigung oder Zerstörung keine Belange Dritter in Mitleidenschaft gezogen werden. Außerdem kann der Eigentümer Dritte von der Nutzung seines Eigentums ausschließen. Dabei wirkt das Eigentum absolut.[476] Das Eigentum erfährt jedoch Einschränkungen durch verschiedene zivil- und öffentlich-rechtliche Vorschriften: So schränken beispielsweise die zivilrechtlichen Vorschriften der §§ 904 ff. BGB (*Notstand, Begrenzung des Eigentums und Zuführung unwägbarer Stoffe*) das Eigentum in zumutbarer Weise ein.[477] Zu den öffentlich-rechtlichen Vorschriften, die das Eigentum einschränken, gehören unter anderem die Normen des Umweltrechts, des öffentlichen Baurechts, des Waffenrechts und auch die des Jagdrechts.[478] Auf Grundstücken, die nicht aus ethischen Gründen befriedet sind oder nicht in einem befriedeten Bezirk liegen, muss etwa die Jagd grundsätzlich geduldet werden.[479]

Die Haftung im Rahmen der Aufopferung wegen der Versagung eines Abwehranspruches ist eine Schöpfung des Reichsgerichts.[480] Erstmals erwähnte das Reichsgericht eine Anspruchsgrundlage für die Aufopferungshaftung im Jahr 1904.[481] Im abzuurteilenden Fall hatten sich die Scheune und weitere bauliche Anlagen des Klägers entzündet, nachdem eine Eisenbahn an dem betreffenden Grundstück vorbeigefahren war. Im Vorbeifahren lösten sich aus dem Schornstein der Lock einzelne Funken und setzten die streitbefangenen Gebäude in Brand. Das

474 *Vieweg/Werner*, Sachenrecht, § 3 Rn. 3, 6; *Wellenhofer*, Sachenrecht, § 1 Rn. 4.

475 BVerfGE 79, 292, 303; 102, 1, 15; 104, 1, 8; RGZ 58, 131, 134; *Vieweg/Werner*, Sachenrecht, § 3 Rn. 1.

476 „Absolutheit der Sachenrechte", vgl. *Vieweg/Werner*, Sachenrecht, § 3 Rn. 3; *Wellenhofer*, Sachenrecht, § 1 Rn. 4.

477 *Konzen*, Aufopferung im Zivilrecht, S. 32; *Vieweg/Werner*, Sachenrecht, § 3 Rn. 3.

478 *Vieweg/Werner*, Sachenrecht, § 3 Rn. 3.

479 Zum Jagdduldungszwang EGMR (Große Kammer), Urteil v. 26.06.2012 – 9300/07 = NJW 2012, 3629; *Maierhöfer*, NVwZ 2012, 1521. Durch die Entscheidung des EGMR musste das BJagdG teilweise geringfügig reformiert werden, vgl. BT-Drs. 17/12046.

480 RGZ 159, 68, 72; *Konzen*, Aufopferung im Zivilrecht, S. 33.

481 RGZ 159, 68; *Spyridakis*, in: FG Sontis, 1977, S. 241, 243.

Reichsgericht hatte sodann zu entscheiden, ob das die Eisenbahn betreibende Unternehmen für diesen Funkenflug verantwortlich gemacht werden kann. Die Crux des Falles war die Frage, ob es für die Haftung des Betreiberunternehmens eines Verschuldensnachweises bedurfte.[482] Dabei kam das Reichsgericht zu dem Ergebnis, dass einem Eigentümer ein Ausgleichsanspruch zu gewähren ist, wenn er rechtlich daran gehindert ist, sein Eigentum selbst zu schützen und demzufolge einen Eingriff dulden muss. Dieser Missstand könne nach der Ansicht des Reichsgerichts nur so gelöst werden, dass dem Betroffenen ein verschuldensunabhängiger Ausgleichsanspruch gewährt werde.[483] Eine sehr ähnliche Argumentation findet sich in einer Entscheidung des Reichsgerichts zu der Frage, ob Imker die Vergiftung von Bienen durch Arsen hinnehmen müssen. Das Reichsgericht war in diesem Fall der Ansicht, dass der Imker die Intoxikation des Schwarms durch Gas zu dulden habe, obwohl das zulässige Maß überschritten war; allerdings wurde ihm ein Ersatz über den verschuldensunabhängigen bürgerlichrechtlichen Aufopferungsanspruch gewährt.[484]

Letztendlich wird die Wildschadenshaftung nach § 29 BJagdG als Aufopferungshaftung qualifiziert,[485] weil den Grundeigentümern in einem gemeinschaftlichen Jagdbezirk das Jagdausübungsrecht durch die künstliche Aufspaltung zwischen Jagdrecht und Jagdausübungsrecht genommen werde und sie dadurch alle Schäden erdulden müssen, die das Schadwild auf ihren Flächen verursacht. Den Jagdgenossen werde durch den Entzug des Jagdrechts die intensivste Einwirkungsmöglichkeit auf das Wild – der Abschuss – genommen. Insbesondere sei die Wildschadenshaftung nach dem Sinn und Zweck der Regelungen so konstruiert, dass verhindert werden soll, dass jeder auf seinem Grundstück beginnt, eigenmächtig Wild „zu bekämpfen".[486] Vielmehr folgt aus dem Aufopferungsgedanken, dass der Grundeigen-

482 Vgl. die Überschrift der Entscheidung RGZ 58, 131 ff.: „*Erfordert die Klage gegen eine rheinpreußische Kleinbahn auf Ersatz des durch ihren Betrieb verursachten Schadens den Nachweis eines besonderen Verschuldens?*".

483 RGZ 58, 131, 134.

484 RGZ 159, 68 ff.

485 BGH NJW 2010, 1608; *Konzen*, Aufopferung im Zivilrecht, S. 19; *Wagner*, in: MKBGB § 835 Rn. 15.

486 *Wagner*, in: MKBGB § 835 Rn. 15.

tümer zunächst die Einwirkung des Wildes auf seinen Flächen erdulden soll, um im Nachhinein dafür entschädigt zu werden.[487] Da sie in der Konsequenz die Fremdbejagung und mit § 1 Abs. 2 BJagdG einen „angepassten, artenreichen und gesunden Wildbestand" dulden müssten, sei es sachgerecht, ihnen einen Ausgleichsanspruch auf der Grundlage der Aufopferungshaftung zuzusprechen.

Nur der Gedanke der Aufopferungshaftung bietet eine Erklärung dafür, dass die gesetzliche Wildschadenshaftung zurzeit so ausgestaltet ist, dass in erster Linie derjenige ersatzverpflichtet ist, dem das Jagdausübungsrecht ipso iure zufällt. So haftet in einem gemeinschaftlichen Jagdbezirk zuvörderst die Jagdgenossenschaft (§ 29 Abs. 1 BJagd) und in einem Eigenjagdbezirk hinsichtlich angegliederter Grundstücke der Eigenjagdbesitzer (§ 29 Abs. 2 BJagdG). Lediglich hinsichtlich der im Eigentum des Eigenjagdbesitzers stehenden Grundstücke verbleiben sowohl Jagdrecht als auch Jagdausübungsrecht gesetzlich beim Eigenjagdbesitzer. Er gibt als einziger sein Jagdausübungsrecht im Zuge der Verpachtung „freiwillig aus der Hand", sodass es vor dem Hintergrund der Aufopferungshaftung konsequent ist, die Wildschadenshaftung gemäß § 29 Abs. 3 BJagdG an den jagdpachtvertraglichen Regelungen festzumachen – denn der Eigenjagdbesitzer muss als einziger keine Fremdbejagung dulden.

4. Öffentlich-rechtliche Verlustkollektivierung nach Konrad

Einen weiteren Vorschlag unterbreitet *Konrad*, der davon ausgeht, dass es sich bei der Haftung für Wildschäden nach § 29 BJadgG um eine öffentlich-rechtliche Verlustkollektivierung innerhalb der Jagdgenossenschaft handelt.[488] Nach der grundsätzlichen Konzeption des § 29 Abs. 1 BJagdG soll die Jagdgenossenschaft für Wildschäden haften, die durch das „Schadwild" verursacht werden. Dabei ist „der aus der Genossenschaftskasse geleistete Ersatz [...] von den einzelnen Jagdgenossen nach dem Verhältnis des Flächeninhalts ihrer beteiligten Grundstücke zu tragen" (§ 29 Abs. 1 S. 2 BJagdG). Nur wenn dem Jagdpächter die Haftung vertraglich übertragen wurde, kann er für den

487 *Wagner*, in: MKBGB § 835 Rn. 15.
488 *Konrad*, Wildschadensersatz, S. 85 ff.

entstandenen Schaden haftbar gemacht werden (vgl. § 29 Abs. 1 S. 3 BJagdG).[489]

Von *Konrad* wird nun der Ansatz vertreten, dass es sich um einen „Solidarausgleich im Innenverhältnis" handele.[490] Der Pachterlös allein, errechnet aus der Größe des Grundstücks, könne nicht ausreichen, um die Schädigung durch das Wild auszugleichen.[491] Einen ähnlichen Ansatz vertrat bereits *Dietlein*, der allerdings nicht ausführlicher auf diese These eingeht, sondern lediglich beiläufig feststellt, dass es sich um eine Verlustkollektivierung im Innenverhältnis handele. Er bleibt jedoch unter anderem Ausführungen dazu schuldig, ob dieser Ausgleich zivilrechtlicher oder öffentlich-rechtlicher Natur ist.[492] Diese Auffassung gibt jedoch lediglich der anteiligen Haftung der Jagdgenossen einen Namen, vermag hingegen aber nicht die Rechtsnatur der Wildschadenshaftung zu erklären. Dies gilt insbesondere mit Blick auf die Haftung in Eigenjagdbezirken, in denen keine Jagdgenossenschaft existiert.

5. Zivilrechtlicher oder öffentlich-rechtlicher Anspruch?

Für eine Einordnung als öffentlich-rechtlicher Anspruch spricht, dass der gesetzlich vorgesehene Haftungsgegner in einem gemeinschaftlichen Jagdbezirk die Jagdgenossenschaft ist (vgl. § 29 Abs. 1 BJagdG). Da es sich bei dem Haftungssubjekt um eine Gebietskörperschaft des Öffentlichen Rechts handelt, ist der Gedanke nicht verfehlt, dass der Wildschadensersatzanspruch ein öffentlich-rechtlicher Anspruch ist.[493] Bei konsequenter Anwendung dieser Argumentation müsste man jedoch bei Wildschäden in einem Eigenjagdbezirk zu einem anderen Ergebnis kommen: In einem Eigenjagdbezirk existiert keine Jagdgenossenschaft. Vielmehr hat der Eigenjagdbesitzer die Schäden selbst zu tragen (§ 29 Abs. 2 S. 1 BJagdG), solange er die Haftung nicht vertraglich auf den Jagdpächter abgewälzt hat (§ 29 Abs. 2 S. 2

---

489 Zur vertraglichen Übertragung der Wildschadenshaftung auf den Jagdpächter unter Kapitel 4 B.

490 *Konrad*, Wildschadensersatz, S. 85.

491 *Konrad*, Wildschadensersatz, S. 85.

492 *Dietlein*, AgrarR 1996, 241, 242.

493 *Moog*, Wildschäden im Wald, S. 14.

BJagdG). Dementsprechend müsste man hier aufgrund des Jagdpächters als privatrechtlichem Haftungssubjekt zu dem Ergebnis kommen, dass der Anspruch privatrechtlicher Natur ist. Stellt man bezüglich der Rechtsnatur lediglich auf den Haftenden ab, gelangt man also zu dem paradoxen Ergebnis, dass der Wildschadensersatzanspruch gegen die Jagdgenossenschaft öffentlich-rechtlicher ist und gegenüber dem Eigenjagdbesitzer zivilrechtlicher Natur.

Über das Haftungssubjekt hinaus sollte daher Berücksichtigung finden, welche Aufgabe dem Öffentlichen Recht zukommt: Das Öffentliche Recht sichert die Organisation sowie den Bestand des Staates und seiner Einrichtungen.[494] Der Staat wird durch die ihn betreffenden Regelungen dazu angehalten, die ihm übertragenen Aufgaben gewissenhaft wahrzunehmen und dabei die demokratische Legitimation zu wahren. Des Weiteren wird dem Staat und seinen Organen dabei vor Augen geführt, dass staatliche Maßnahmen einer Rechtfertigung bedürfen.[495] Die Handlungsfreiräume des Staates sind dazu gedacht, dem Gemeinwohl zuträgliche Interessen gegenüber Dritten – meist dem Bürger – durchzusetzen.[496] Um diese Befugnisse durchzusetzen, erhält der Staat eine grundsätzliche Planungs- und Organisationsfreiheit, deren Grenzen in den subjektiven Rechten Dritter bestehen. Maßgeblicher Adressat der von Legislative erlassenen Gesetze ist der Bürger.[497] Das Verwaltungshandeln wird regelmäßig durch die Exekutive ausgeübt. Aufgrund dieser Tatsache ist die geläufigste Form des Verwaltungshandelns der Erlass eines Verwaltungsaktes.[498] Der Kerngedanke des Zivilrechts ist hingegen, dass alle Rechtssubjekte ihre Angelegenheiten untereinander selbstbestimmt und frei regeln dürfen,

494 *Becker*, NVwZ 2019, 1385, 1386.

495 *Becker*, NVwZ 2019, 1385, 1386.

496 *Becker*, NVwZ 2019, 1385, 1386. Insgesamt zur Problematik kollidierender Interessen in Bezug auf das Verwaltungsrecht *Schmidt-Preuß*, Kollidierende Privatinteressen im Verwaltungsrecht.

497 *Becker*, NVwZ 2019, 1385, 1386; *Luch*, in: Morlok/Schliesky/Wiefelspütz Parlamentsrecht § 10 Rn. 6 f.; *Pieper*, in: Morlok/Schliesky/Wiefelspütz Parlamentsrecht § 40 Rn. 1; *Schmidt-Aßmann*, in: HbStR II, 2004, § 26 Rn. 22.

498 *Becker*, NVwZ 2019, 1385, 1386.

da so mit einer höheren Akzeptanz der getroffenen Regelungen zu rechnen ist.[499]

Im Rahmen der Wildschadenshaftung spielt der Erlass von Verwaltungsakten keine unmittelbare Rolle, sondern mit § 29 Abs. 1 BJagdG wird vielmehr ein gesetzlicher Ausgleichsanspruch innerhalb einer Gesamtfläche geschaffen, der seine Grundlage in der Mitgliedschaft in einer Gebietskörperschaft hat. Aus der gesetzlichen Regelung folgt per se noch keine Zuordnung des Anspruchs zum Öffentlichen Recht. Es kommt vielmehr darauf an, wie die Haftung der Jagdgenossen im Innenverhältnis verteilt ist. Da diese im gleichen Verhältnis haften sollen, wie ihre Grundstücksflächen im Verhältnis zueinanderstehen (§ 29 Abs. 1 S. 2 BJagdG), ist die Haftung zivilrechtlich ausgestaltet.

Ein Blick auf die historische Entwicklung der Wildschadenshaftung verschafft weitere Klarheit: Der historische Gesetzgeber kodifizierte den Wildschadensersatzanspruch vor der Etablierung des Reichsjagdgesetzes in § 835 BGB.[500] Die Wildschadenshaftung war daher ursprünglich als deliktische Haftung ausgestaltet. An der Deliktsnatur des Anspruchs hat auch der zweimalige „Umzug" der Norm – zunächst in das RJagdG und sodann in das BJagdG – nichts geändert. Bei § 29 BJagdG handelt es sich immer noch um einen gesetzlichen Schadensersatzanspruch im Sinne des Zivilrechts. Des Weiteren spricht für die zivilrechtliche Ausgestaltung, dass sich Art und Umfang des Anspruchs nach den §§ 249 ff. BGB richten.[501] Ein weiteres Indiz für die Zuordnung zum Zivilrecht ist der ausschließliche Gerichtsstand der Amtsgerichte (§ 23 Nr. 2 d GVG) für Streitigkeiten wegen Wildschäden.

Da im Regelfall der Anspruch von der Jagdgenossenschaft oder dem Eigenjagdbesitzer auf den Pächter übertragen wird, begründet dies im zweiten Schritt eine vertragliche Haftung. Dabei bleiben die Anspruchsvoraussetzungen des § 29 Abs. 1 BJagdG allerdings unberührt.

---

499 *Becker* NVwZ 2019, 1385, 1387; *Limbach*, JuS 1985, 10, 12; *Rüping*, Der mündige Bürger, S. 67, 70; *Schmidt-Salzer*, Allgemeine Geschäftsbedingungen, S. 4 f.

500 Zur historischen Entwicklung des Wildschadensersatzanspruchs s. bereits Kapitel 2 A.

501 Zum Mitverschulden im Rahmen des Wildschadensersatzanspruchs Kapitel 4 A. V. 2. c).

Es muss immer noch ein Grundstück durch Schalenwild, Wildkaninchen oder Fasane beschädigt werden.[502] Infolge der vertraglichen Überwälzung ändert sich lediglich das Haftungssubjekt, das für die Zuordnung des Wildschadensersatzanspruchs zu den verschiedenen Rechtsgebieten aber – wie soeben gezeigt – ohnehin nicht die entscheidende Rolle spielt. Die vertragliche Überwälzung berührt mithin die Einordnung des Wildschadensersatzanspruchs als zivilrechtliche Haftung im Ergebnis jedenfalls nicht.

III. Der Kreis der Ersatzberechtigten und -verpflichteten

Ersatzberechtigt ist stets der Geschädigte.[503] Ein Wildschaden kann allerdings nicht nur dem Eigentümer einer land-, forst- oder fischereiwirtschaftlich genutzten Fläche entstehen. Vielmehr werden diese Flächen jedenfalls zur landwirtschaftlichen Nutzung häufig verpachtet. Entsteht in diesem Fall ein landwirtschaftlicher Schaden (z.B. an Feldfrüchten), so ist der Pächter der landwirtschaftlichen Fläche der Ersatzberechtigte.[504] Der Geschädigte ist mithin derjenige, der das Fruchtziehungs- und Gebrauchsrecht an dem geschädigten Grundstück nach § 581 Abs. 1 S. 1 BGB genießt.[505] In dieser speziellen Konstellation kann eine Drittschadensliquidation in Betracht gezogen werden.

Demgegenüber ergibt sich der Anspruchsgegner bzgl. des Wildschadensersatzanspruchs nach der gesetzlichen Konzeption aus dem Reviertyp:[506]

In einem gemeinschaftlichen Jagdbezirk besteht der Anspruch – unabhängig davon, ob die Flächen zu dem gemeinschaftlichen Jagdbezirk gehören oder diesem nach § 5 Abs. 1 BJagdG angegliedert sind – prinzipiell gegen die Jagdgenossenschaft (§ 29 Abs. 1 S. 1 BJagdG). Der Eigentümer einer in einem gemeinschaftlichen Jagdbezirk liegenden,

502 Siehe zu den Anspruchsvoraussetzungen Kapitel 4 A. IV.

503 *Schuck*, in: Schuck BJagdG § 29 Rn. 22.

504 Zu dieser Konstellation *Konrad*, Wildschadensersatz, S. 21.

505 AG Bingen, Urteil v. 14.08.2015 – 21 C 56/15; *Schuck*, in: Schuck BJagdG § 29 Rn. 22.

506 Zur Person des Ersatzpflichtigen *Schuck*, in: Schuck BJagdG § 29 Rn. 23 ff.

geschädigten Grundfläche kann hiernach von der Jagdgenossenschaft Wildschadensersatz verlangen. Da er jedoch selbst Mitglied der Jagdgenossenschaft ist, hat er den Wildschaden wegen der flächenmäßig anteiligen Haftung nach § 29 Abs. 1 S. 2 BJagdG zum Teil selbst zu tragen. Die Jagdgenossenschaft kann das Jagdausübungsrecht jedoch auch verpachten und dabei die Wildschadensersatzpflicht auf den Jagdpächter übertragen. Bei einem solchen Jagdpachtvertrag handelt es sich dann um einen echten Vertrag zugunsten Dritter (§ 328 Abs. 2 BGB).[507] Bei einem Vertrag zugunsten Dritter soll eine weitere Partei bestimmungsgemäß mit einer Leistung aus einem Vertrag in Berührung kommen.[508] Schließt die Jagdgenossenschaft als gesetzliche Inhaberin des Jagdausübungsrechts den Jagdpachtvertrag in gemeinschaftlichen Jagdbezirken ab und lässt darin die Haftung für Wildschäden auf den Jagdpächter übertragen, erhält der potenziell Geschädigte einen eigenen Anspruch auf Ersatz der Schäden gemäß § 328 Abs. 2 BGB gegen den Jagdpächter.

In einem Eigenjagdbezirk ist abermals zu unterscheiden:[509] Bei Flächen, die zu einem Eigenjagdbezirk gehören und dementsprechend im Eigentum des Eigenjagdbesitzers stehen, richtet sich die Ersatzpflicht nach dem Rechtsverhältnis zwischen dem Grundeigentümer und dem Jagdausübungsberechtigten (§ 29 Abs. 3 S. 1 BJagdG) – also regelmäßig dem Jagdpachtvertrag. Hier haftet der Jagdausübungsberechtigte ausnahmsweise verschuldensabhängig, soweit nichts anderes vereinbart ist (§ 29 Abs. 3 S. 2 BJagdG). Dieses Rechtsverhältnis kann gegenüber einem zusätzlichen Landpächter Bedeutung gewinnen, indem der Verpächter gegenüber dem Landpächter für das Verschulden des Jagdpächters nach § 278 BGB haftet oder bei umfassender Übernahme der Wildschadenshaftung als Vertrag zugunsten Dritter i.S.d. § 328 BGB (d.h. hier des Landpächters).[510] Enthält der Jagdpachtvertrag in einem Eigenjagdbezirk also keine Regelungen zur Wildschadenshaftung, haftet der Eigenjagdbesitzer dem dritten Landpächter gegenüber

507 OLG Karlsruhe, Urteil v. 03.04.1992 – 14 U 188/91 Rn. 21 = AgrarR 1993, 162; *Metzger*, in: Lorz/Metzger/Stöckel BJagdG § 29 Rn. 8; *Schuck*, in: Schuck BJagdG § 29 Rn. 24.

508 *Kannowski/Zeller*, JuS 2006, 983 f.; *Zenner*, NJW 2009, 1030.

509 *Schuck*, in: Schuck BJagdG § 29 Rn. 30 ff.

510 *Schuck*, in: Schuck BJagdG § 29 Rn. 33.

verschuldensabhängig für Wildschäden. Hat der Jagdpächter hingegen die Wildschadenshaftung im Jagdpachtvertrag mit dem Eigenjagdbesitzer umfassend übernommen, soll dem dritten Landpächter gegen ihn ein eigener Wildschadensersatzanspruch zustehen, obwohl er selbst nicht Vertragspartei ist. Besteht kein Jagdpachtvertrag, hat der Grundeigentümer zu einem Eigenjagdbezirk gehörender Flächen den Wildschaden nach dem Grundsatz „casum sentit dominus“ selbst zu tragen.[511] Wildschäden auf Grundflächen, die einem Eigenjagdbezirk nach § 5 Abs. 1 BJagdG angegliedert sind, hat hingegen grundsätzlich der Eigentümer bzw. Nutznießer des Eigenjagdbezirks zu ersetzen (§ 29 Abs. 2 S. 1 BJagdG). So kann beispielsweise der Eigenjagdbesitzer die Wildschäden dem landwirtschaftlichen Pächter seiner Flächen zu ersetzen haben. Ein mit der Jagdgenossenschaft vergleichbares Haftungssubjekt existiert in Eigenjagdbezirken hingegen nicht.

IV. Anspruchsvoraussetzungen

Die Anspruchsvoraussetzungen des Wildschadensersatzanspruches ergeben sich zuvörderst aus § 29 Abs. 1 S. 1 BJagdG. Zur Erinnerung: Hiernach hat die Jagdgenossenschaft dem Geschädigten den Wildschaden zu ersetzen, wenn ein Grundstück, das zu einem gemeinschaftlichen Jagdbezirk gehört oder einem gemeinschaftlichen Jagdbezirk angegliedert ist, durch Schalenwild, Wildkaninchen und Fasanen beschädigt wird. Die Jagdgenossen haben den Schaden anteilig nach dem Verhältnis des Flächeninhalts ihrer beteiligten Grundstücke auszugleichen (§ 29 Abs. 1 S. 2 BJagdG). Sollte ein Jagdpächter den Ersatz des Wildschadens teilweise oder ganz übernommen haben, so haftet dieser für den durch Wild realisierten Schaden (§ 29 Abs. 1 S. 3 BJagdG). Aus § 29 Abs. 1 S. 4 BJagdG ist ferner zu entnehmen, dass die Ersatzpflicht der Jagdgenossen bestehen bleibt, wenn von dem Jagd-

511 *Konrad*, Wildschadensersatz, S. 7. Zum Grundsatz „casum sentit dominus“ näher unter Kapitel 5 D.

pächter kein Schadensersatz erlangt werden kann. Diese Haftung ist nach einhelliger Auffassung verschuldensunabhängig ausgestaltet.[512]

Für Wildschäden an Grundstücken, die einem Eigenjagdbezirk angegliedert sind, haftet der Eigentümer oder der Nutznießer nach denselben Grundsätzen (§ 29 Abs. 2 S. 1 BJagdG). Nur Im Falle der Verpachtung haftet der Jagdpächter, wenn er sich im Pachtvertrag zum Ersatz des Wildschadens verpflichtet hat (§ 29 Abs. 2 S. 2 BJagdG). In diesem Falle ist die Haftung des Eigentümers bzw. Nutznießers darauf begrenzt, dass der Geschädigte Ersatz von dem Pächter nicht erlangen kann (§ 29 Abs. 2 S. 3 BJagdG).

1. Grundstücke

Das Grundstück, welches beschädigt wird, muss einem gemeinschaftlichen Jagdbezirk (§ 29 Abs. 1 S. 1 BJagdG) oder einem Eigenjagdbezirk (§ 29 Abs. 2 BJagdG) angehören bzw. angegliedert sein.[513]

a) Land-, forst- oder fischereiwirtschaftliche Nutzbarkeit

Die Grundstücke müssen dabei land-, forst- oder fischereiwirtschaftlich nutzbar sein. Dies ergibt sich nicht unmittelbar aus der gesetzlichen Regelung des Wildschadensersatzanspruchs aus § 29 BJagdG. Dieses Erfordernis lässt sich jedoch daraus erschließen, dass gemäß § 29 Abs. 1, 2 BJagdG das betreffende Grundstück einem gemeinschaftlichen Jagdbezirk oder einem Eigenjagdbezirk angegliedert sein muss und gemäß § 7 BJagdG nur „zusammenhängende Grundflächen mit einer land-, forst- oder fischereiwirtschaftlich nutzbaren Fläche“ zu einem Eigenjagdbezirk gehören. Einen ähnlichen Hinweis bleibt § 8 BJagdG für die gemeinschaftlichen Jagdbezirke zwar schuldig, knüpft aber an den Begriff des Eigenjagdbezirkes an, sodass hierfür nichts anderes gelten kann.

---

512 *Kremer*, AUR 2012, 337, 338; *Metzger*, in: Lorz/Metzger/Stöckel BJagdG § 29 Rn. 3; *Schäfer/Belgard*, in: Mitzschke/Schäfer § 29 Rn. 6; *Stamp*, in: Schuck BJagdG (2. Aufl.) § 29 Rn. 5.

513 Zu den verschiedenen Reviertypen s. bereits Kapitel 2 B. VI.

b) Befriedete Flächen

aa) Gesetzliche Befriedung (§ 6 BJagdG)

Umstritten war bisher, ob Wildschäden an Grundstücken in gesetzlich nach § 6 BJagdG befriedeten Bezirken zu ersetzen sind.[514] Dies würde bedeuten, dass unter Umständen auch Privatpersonen für durch Schadwild verursachte Schäden in ihren Vorgärten Ersatz von der Jagdgenossenschaft oder dem Jagdausübungsberechtigten verlangen könnten. Teilweise hat die Streitfrage eine Antwort der Landesgesetzgeber in Form gesetzlicher Ausschlüsse zur Folge gehabt.[515] Für eine Ersatzpflicht mag sprechen, dass der Eigentümer des befriedeten Grundstücks immer noch den Gefahren ausgesetzt ist, die vom Wildbestand des angrenzenden Reviers ausgehen.[516] Entschieden gegen eine Ersatzpflicht der Jagdgenossenschaft oder des Jagdausübungsberechtigten spricht jedoch,[517] dass der Eigentümer des befriedeten Grundstücks weder an den Kosten noch am Ertrag der Jagdgenossenschaft beteiligt ist – er ist gerade kein Mitglied der Jagdgenossenschaft. Zudem kann ihm wieder ein Teil seines Jagdausübungsrechts zufallen, wenn ihm etwa die Jagd auf Wildkaninchen, Füchse, Iltisse, Marderhunde, Waschbären und Steinmarder erlaubt ist.[518] Demgegenüber fehlt dem Jagdausübungsberechtigten auf den befriedeten Flächen die direkte Einwirkungsmöglichkeit auf das Wild. Diese Auffassung ist auch konsequent angesichts der Rechtsnatur des Wildschadensersatzanspruchs, da der Eigentümer eines befriedeten Grundstücks sein Jagdausübungsrecht gerade nicht aufopfern und die Fremdbejagung dulden muss.

---

514 Zum Streitstand ausführlich *Schuck*, in: Schuck BJagdG § 29 Rn. 8 f.

515 So z.B. in Art. 45 BayJG, § 33 HJagdG, § 39 Abs. 5 RhPfLJG.

516 Für eine Wildschadensersatzpflicht in befriedeten Bezirken unter anderem *Schäfer/Belgard*, in: Mitzschke/Schäfer § 29 Rn. 24.

517 Ablehnend gegenüber einer Wildschadensersatzpflicht in befriedeten Bezirken mit den folgenden Argumenten BGH, Urteil v. 04.03.2010 – III ZR 233/09; *Schuck*, in: Schuck BJagdG § 29 Rn. 9. *Wetzel*, AUR 2010, 70, 70 ff. und *Thies*, AUR 2010, 266 f. führen zumindest aus, dass eine Bejagungsmöglichkeit für den Jagdausübungsberechtigten bestehen muss, die in befriedeten Bezirken gerade fehlt, sodass auch sie dieser Ansicht zugeneigt sein dürften. Kritisch zu der Entscheidung des BGH *Meyer-Ravenstein*, AUR 2010, 195 ff.

518 So beispielsweise in Mecklenburg-Vorpommern, vgl. § 5 Abs. 3 MVLJagdG.

bb) Befriedung auf Antrag (§ 6a BJagdG)

§ 6a BJagdG gibt Grundstückseigentümern, die die Jagd ablehnen, die Möglichkeit, ihre Flächen aus ethischen Gründen befrieden zu lassen. Diese Norm wurde als Reaktion auf das o.g. Urteil des EGMR geschaffen.[519] Die Schaffung dieser unbejagbaren Bezirke hat allerdings auch eine Auswirkung auf die Haftung für Wildschäden. Der Grundeigentümer aus ethischen Gründen befriedeter Flächen verliert seinen Anspruch auf Wildschadensersatz (§ 6a Abs. 7 BJagdG). Nach § 6a Abs. 6 BJagdG soll der Eigentümer diese Grundfläche trotzdem weiterhin für die Wildschäden der anderen Jagdgenossen mithaften.[520] Diese Regelung mag auf den ersten Blick verwundern. Warum sollte jemand, auf dessen Flächen in einem gemeinschaftlichen Jagdbezirk die Bejagung unterbunden worden ist, gemeinsam mit den anderen Grundstückseigentümern für Wildschäden haften? Dieser Umstand irritiert umso mehr, als er selbst nach § 6a Abs. 7 BJagdG keinerlei Wildschäden ersetzt bekommt.[521] Es scheint unbillig, dass der Eigentümer einer befriedeten Fläche gemeinsam mit den anderen Jagdgenossen für Wildschäden aufkommen, selbst aber keinerlei Schäden ersetzt bekommen soll.

Bei einer differenzierteren Betrachtung ist diese Regelung allerdings durchaus praxisgerecht. Der Gesetzgeber führte in der Gesetzesbegründung dazu aus: „*Die Befriedung hat zur Folge, dass die betreffende Fläche grundsätzlich nicht mehr bejagt werden darf. Da die Nichtbejagung einzelner Flächen des gemeinschaftlichen Jagdbezirks in mehrfacher Hinsicht erhebliche Auswirkungen auf die übrigen Flächen haben kann (insbesondere bezüglich der Regulierung des Wildbestandes, Vermeidung von Wildschäden, Vermeidung von Wildseuchen etc.), sind bei der Entscheidung über den Antrag neben den Interessen des Antragsstellers auch verschiedene Allgemeinwohlbelange sowie die Interessen betroffener Dritter (insbesondere Land- und Forstwirtschaft) von der Behörde gegeneinander abzuwägen.*“[522] Insbesondere wurde in der Be-

519 EGMR (Große Kammer), Urteil v. 26.06.2012 – 9300/07 = NJW 2012, 3629. Siehe hierzu bereits näher unter Kapitel 2 B. VI. 2.

520 *Schuck*, in: Schuck BJagdG § 29 Rn. 24.

521 *Hespeler*, Wildschäden, S. 18.

522 BT-Drs. 17/12046 S. 1; *Munte*, in: Schuck BJagdG § 6a Rn. 104 ff.

gründung zu Abs. 6 ausgeführt: *„Die Bündelung von Grundstücken in gemeinschaftlichen Jagdbezirken ermöglicht eine flächenübergreifende (entgeltliche) Nutzung der Jagd und damit zugleich die Vermeidung von Wildschäden. Mit der Befriedung eines Grundstücks wird der o.g. Mechanismus durchbrochen. Auf den befriedeten Flächen kann und darf Jagd nicht mehr regulierend und schadensmindernd eingreifen. Dadurch steigt bei bestimmten Wildarten (insbesondere Schalenwild) das Risiko von Wildschäden auch auf Flächen der Grundstücksnachbarn, die eine Regulierung durch Jagd grundsätzlich befürworten. Diese können jedoch Wild aus dem befriedeten Bezirk, das bei ihnen Schäden verursacht, nicht nachhaltig bejagen, wenn sich das Wild der Bejagung durch Rückzug in den befriedeten Bezirk entziehen kann. Vor diesem Hintergrund ist es gerechtfertigt, den Eigentümer des befriedeten Bezirks anteilig an der Haftung für Wildschäden zu beteiligen.“*[523]

Die Folgen der Befriedung auf die Jagd schätzt der Gesetzgeber vollkommen zutreffend ein. Wild sucht in Zeiten eines erhöhten „Jagddrucks“[524] oft nach Einständen[525], um von der Jagd verschont zu bleiben. Es hat durchaus Einfluss auf das Wild, ob in einem Revier regelmäßig die Jagd ausgeübt wird oder andere permanente Störfaktoren bestehen. Dementsprechend beliebt sind befriedete Flächen ohne Jagddruck bei den Wildpopulationen. Da somit durch Befriedung aus ethischen Gründen die umfassende Bejagung eines Jagdreviers nicht mehr möglich ist, erhöht sich das Risiko für Wildschäden – insbesondere in Revierteilen, die an eine befriedete Fläche angrenzen, da das Wild vor

523 BT-Drs. 17/12046 S. 10; *Munte*, in: Schuck BJagdG § 6a Rn. 104 ff.

524 Der Terminus „Jagddruck“ beschreibt die Intensität, mit der die Jagd auf bestimmte Wildarten ausgeübt wird. Wird in einem bestimmten Zeitraum beispielsweise viel Wild erlegt, hat dies eine Auswirkung auf das natürliche Verhalten des Wildes. Es sucht dann zum Schutz gehäuft Ruhezonen auf. Dabei muss es nicht unbedingt zu Abschüssen kommen; es genügt bereits die Beunruhigung durch die menschliche Anwesenheit. So wird etwa durch Intervalljagden sichergestellt, dass Wild für eine zeitliche Periode beunruhigt wird und im Anschluss wieder zum Ruhen gebracht wird; https://www.fragen-zur-jagd.at/aus-dem-jagdleben/fragen-zur-jagd/was-bedeutet-es-wenn-man-von-jagddruck-redet/ (Stand: 20.12.2020).

525 Geschütze Teile des Jagdreviers, in welchen der Jäger oft keine Bejagungsmöglichkeit hat. Vgl. *Frevert*, Jagdliches Brauchtum und Jägersprache, S. 190: „Hochwild hat seinen Einstand im Revier, d.h. es steht darin; Lieblingseinstand, Wintereinstand; Sommereinstand“.

allem zur Nahrungsaufnahme über die Flächen wechselt.[526] Auf dieser Grundlage ist es absolut interessengerecht, wenn der Eigentümer einer befriedeten Fläche mit in die genossenschaftliche Solidarhaftung genommen wird, da seine innere Haltung zur Jagd dazu führt, dass die Schadensgefahr für die anderen Jagdgenossen potenziert wird.[527]

Die Wildschadensersatzpflicht des Eigentümers einer befriedeten Grundfläche nach § 6a Abs. 6 BJagdG ist jedoch teilweise verfassungsrechtlichen Bedenken ausgesetzt. Als Hauptargument wird vorgebracht, dass der Eigentümer einer befriedeten Fläche schon durch die Befriedung erhebliche Nachteile in Kauf nehmen müsse. Durch das Verlassen der Jagdgenossenschaft müsse der Eigentümer allein für die ihm entstandenen Wildschäden haften und erhalte auch nicht mehr einen Anteil des Pachterlöses. Daher sei es nicht interessengerecht, wenn er zusätzlich zur finanziellen Regulierung der Schäden auf den angrenzenden Grundstücken herangezogen werde. Zugleich wird regelmäßig der Bogen zu den nach § 6 BJagdG gesetzlich befriedeten Flächen geschlagen, deren Eigentümer sich nicht anteilig an den Wildschäden beteiligen muss. Das müsse auch für die Befriedung auf Antrag nach § 6a BJagdG gelten, da eine anderweitige, differenzierende Handhabung willkürlich sei. Hierdurch werde eine ungerechtfertigte Ungleichbehandlung der Grundstückseigentümer statuiert.[528]

Vergegenwärtigt man sich jedoch die verschiedenen Umstände der Befriedungen nach § 6 und § 6a BJagdG, so wird der zentrale, die unterschiedliche Behandlung rechtfertigende Unterschied schnell offenbar: Das Ruhen der Jagd in befriedeten Bezirken nach § 6 BJagdG knüpft ausschließlich und unmittelbar an die äußeren Gegebenheiten des betroffenen Grundstücks an. Handelt es sich exemplarisch um einen Friedhof, einen Spielplatz oder einen Garten, so darf dort die Jagd aufgrund der objektiven Gegebenheiten nicht ausgeübt werden.[529] Hierdurch soll die Jagdausübung insoweit unterbunden werden, als sie mit der Eigenart der betreffenden Örtlichkeit unvereinbar ist.[530] Demge-

526 *Munte,* in: Schuck BJagdG § 6a Rn. 105 ff.

527 *Munte,* in: Schuck BJagdG § 6a Rn. 105.

528 *Munte,* in: Schuck BJagdG § 6a Rn. 106.

529 Vgl. zu den äußeren Umständen einer Befriedung nach § 6 BJagdG Kapitel 2 B. VI. 2; *Munte,* in: Schuck BJagdG § 6a Rn. 106.

530 *Frank,* in: Schuck BJagdG § 6 Rn. 4.

genüber ist die Jagd auf nach § 6a BJagdG befriedeten Flächen objektiv uneingeschränkt möglich, wird jedoch aus persönlichen Gründen abgelehnt. Letztendlich enden die Vorteile der Jagdgenossenschaft als Zwangsgemeinschaft auf den Wunsch des Eigentümers der befriedeten Grundfläche.[531] In diesem Zusammenhang sei angemerkt, dass es sich bei § 6a Abs. 6 BJagdG keinesfalls um eine Sanktion gegenüber dem befriedeten Grundstückseigentümer handelt. Vielmehr soll durch die Haftung der früheren Zugehörigkeit zu der Solidargemeinschaft der Jagdgenossenschaft Rechnung getragen werden. Die anderen Grundstückseigentümer müssen nun vermehrt mögliche Wildschäden hinnehmen, die durch die Entscheidung einer einzelnen Person verursacht werden.[532]

Einerseits möchte also der Eigentümer einer befriedeten Fläche die Jagd verhindern und nicht unterstützen. Auf der anderen Seite begehrt er dennoch den auf jagdrechtlichen Grundsätzen basierenden Ersatz von Wildschäden auf seinen Flächen, obwohl kein Jäger dem Schaden entgegen wirken kann und soll – getreu der Redewendung „Wasch mich, aber mach mich nicht nass.“ Diese Vorgehensweise erinnert an die handelsrechtliche „Rosinentheorie“.[533]

2. Entstehung des Schadens durch Schalenwild, Kaninchen oder Fasanen

Der Anspruch auf Wildschadensersatz wird nur in den Fällen gewährt, in denen der entstandene Schaden durch sog. „Schadwild“ verursacht wurde.[534] Unter dem „Schadwild“ i.S.d. § 29 BJagdG versteht man alle Arten von Schalenwild (vgl. § 2 Abs. 3 BJagdG), Wildkaninchen und Fasane. Aufgrund dessen sind Schäden, die weder von Schalenwild noch von Kaninchen oder Fasanen verursacht wurden, schlicht nicht ersatzfähig.[535]

531 *Munte*, in: Schuck BJagdG § 6a Rn. 106.
532 *Munte*, in: Schuck BJagdG § 6a Rn. 107.
533 Ausführlich zur „Rosinentheorie“ *Schmidt*, in: HGB § 14 Rn. 57 ff.
534 *Leonhardt*, Jagdrecht Bd. 1, § 29 BJagdG Rn. 3.
535 *Leonhardt*, Jagdrecht Bd. 1, § 29 BJagdG Rn. 3; *Schäfer/Belgard*, in: Mitzschke/Schäfer § 29 Rn. 4; *Tausch*, Jagdrecht Hessen, Rn. 254. Umkehrschlüsse aus *Thies*, Wild- und Jagdschaden, S. 14; *Metzger*, in: Lorz/Metzger/Stöckel BJagdG § 29 Rn. 2; *Stamp*, in: Schuck BJagdG (2. Aufl.) § 29 Rn. 14.

Es verwundert auf den ersten Blick, dass nur durch diese bestimmten Wildarten verursachte Schäden ersetzt werden, da der Katalog an Wildarten in § 2 Abs. 1 BJagdG weitaus größer ist. Es handelt sich dabei um ein Zugeständnis, welches zwischen den Jagdausübungsberechtigten und den Eigentümern ausgehandelt wurde.[536] Die Reduzierung auf diese Wildarten ist historisch bedingt:[537] Bevor der Wildschadensersatz in das Bürgerliche Gesetzbuch aufgenommen wurde, erfasste der Wildschadensersatzanspruch alle Wildarten. Allerdings begannen Bayern, Preußen und Hessen, von dieser Regelung abzuweichen. So sah das bayerische Wildschadensgesetz aus dem Jahr 1850 ausschließlich den Ersatz von Schäden vor, die durch Haarwild verursacht wurden. Es wurde dabei explizit geregelt, dass der Ersatz von Schäden, die durch Federwild verursacht wurden, ausgeschlossen ist.[538] § 1 des preußischen Wildschadensgesetzes vom 11. Juli 1891 sah vor, dass „der durch Schwarz-, Rot-, Elch- und Damwild, sowie Rehwild und Fasanen auf und an Grundstücken angerichtete Schaden […] dem Nutzungsberechtigen nach Maßgabe der folgenden Bestimmungen zu ersetzen [ist]".[539] Im Großherzogtum Hessen wurden lediglich Wildschäden ersetzt, die durch Schalenwild und Fasane verursacht wurden.[540] Dieser nahezu identische Schadwildbegriff galt somit im Großteil des ehemaligen Deutschen Reichs. Demzufolge verwundert es nicht, dass das Reichsjagdgesetz, welches am 3. Juli 1934 in Kraft trat, den gleichen Schadwildbegriff beinhaltete.[541] Da viele Inhalte des Reichsjagdgesetz in das heute geltende Bundesjagdgesetz übernommen wurden,[542] gilt der über ein Jahrhundert alte Schadwildbegriff bis heute fort (vgl. § 29 Abs. 1 BJagdG).

Diese Beschränkung der Wildarten lässt erkennen, dass dem Ersatzpflichtigen nicht zugemutet werden kann und soll, für Schäden aller

536 *Konrad*, Wildschadensersatz, S. 12.

537 Zur historischen Entwicklung des „Schadwildkriteriums" *Konrad*, Wildschadensersatz, S. 42 f.

538 Bayrisches Gesetzblatt 1850, S. 186, 189; *Konrad*, Wildschadensersatz, S. 43.

539 *Bauer*, Jagdgesetze Preußens, S. 214; *Holtgreven*, Das Wildschadensgesetz von 1891, S. 11; *Konrad*, Wildschadensersatz, S. 43.

540 *Müller*, Wildschadensvorschriften, S. 40; zit. nach *Konrad*, Wildschadensersatz, S. 43.

541 *Scherping/Vollbach*, Reichsjagdgesetz, S. 119; *Konrad*, Wildschadensersatz, S. 43.

542 *Wetzel*, AUR 2010, 70.

Wildarten aufzukommen. Der Katalog des Bundesjagdgesetzes umfasst derzeit 48 verschiedene Wildarten (§ 2 BJagdG). Ließe man den Ersatzpflichtigen für alle Schäden sämtlicher Wildarten haften, würde dies zu einem unkalkulierbaren Haftungsrisiko führen. Dies gilt umso mehr, als der Pächter ohnehin fast immer das Haftungsrisiko für Wildschäden aufgebürdet bekommt.[543]

3. (Kein) Verschuldenserfordernis

Weder dem Wortlaut des § 29 Abs. 1 S. 1 noch des § 29 Abs. 2 S. 1 BJagdG ist ein Verschuldenserfordernis zu entnehmen. Ein Verschuldensmaßstab ist auch über den Wortlaut hinaus nicht anzulegen.[544] Die Verpflichtung zum Ersatz von Wildschäden tritt in gemeinschaftlichen Jagdbezirken und für Flächen, die einem Eigenjagdbezirk nach § 5 Abs. 1 BJagdG angegliedert sind, automatisch ein, wenn die genannten Wildarten Schäden an land-, forst- oder fischereiwirtschaftlich genutzten Flächen verursachen.[545]

Eine Ausnahme bildet in diesem Zusammenhang die Haftung für Wildschäden auf Flächen, die zu einem Eigenjagdbezirk gehören und dementsprechend im Eigentum des Eigenjagdbesitzers stehen. Gemäß § 29 Abs. 3 S. 2 BJagdG ist der Jagdausübungsberechtigte hier – sofern nichts anderes vereinbart ist – nur wildschadensersatzpflichtig, wenn er durch unzulänglichen Abschuss den Schaden verschuldet hat. Es gilt hier also mit Blick auf den Abschussplan ein Verschuldenserfordernis, wobei dem Jagdausübungsberechtigten ein Verschulden dann nicht zur Last fallen kann, wenn er den Abschussplan erfüllt hat.[546] Zum Teil

543 *Gies,* in: MAH MietR § 76 Landpacht, Jagdpacht und Fischereipacht Rn. 250 führt aus, dass die Wildschadensersatzpflicht im Regelfall vom Jagdpächter übernommen wird.

544 Zum Verschuldenserfordernis s. auch Kapitel 4 A. IV. 3.

545 *Kremer,* AUR 2012, 337, 338; *Wetzel,* AUR 2010, 70, 71; *Thies,* Wild- und Jagdschaden, S. 40; *Fickendey-Engels,* in: MAH AgrarR § 29 Rn. 59 f.; *Gies,* in: Düsing/Martínez AgrarR § 29 BJagdG Rn. 8; *Leonhardt,* Jagdrecht Bd. 1, § 29 BJagdG Rn. 1.2; *Metzger,* in: Lorz/Metzger/Stöckel BJagdG § 29 Rn. 3; *Schäfer/Belgard,* in: Mitzschke/Schäfer § 29 Rn. 6; *Stamp,* in: Schuck BJagdG (2. Aufl.) § 29 Rn. 5; *Tausch,* Jagdrecht Hessen, Rn. 246.

546 Zur Haftung nach § 29 Abs. 3 S. 2 BJagdG näher *Schuck,* in: Schuck BJagdG § 29 Rn. 31.

wird auch angenommen, dass ein ungewöhnlich höher Wildschaden ein Indiz für einen zu geringen Abschuss darstellen könne.[547]

V. Rechtsfolge: Schadensersatz

Auf den ersten Blick erscheint die Frage nach Art und Umfang des Schadensersatzes nahezu trivial. Der Ersatz eines Schadens, der durch fremdverschuldeten Umstand verursacht wird, ist auch in anderen Rechtsordnungen üblich, so z.B. im Common Law.[548] Dass allerdings verschiedene Arten der „Wiedergutmachung" möglich sind, wird jedenfalls in unserer Rechtsordnung oft nur am Rande erwähnt und stellenweise völlig außer Acht gelassen, da Schadenersatz in der Praxis meist in der allgemein bevorzugten Form des Geldersatzes geleistet wird. Streng genommen existieren jedoch drei Möglichkeiten: Restitution, Reparation[549] und Kompensation.[550] Ein Schadensersatzanspruch beinhaltet dabei stets eine Ausgleichsfunktion.[551] Wie sich zeigen wird, gewinnen gerade diese verschiedenen Schadensersatzformen sowie die Frage nach dem Haftungsumfang im Hinblick auf den Ausgleich von Wildschäden eine besondere Bedeutung.

1. Arten des Wildschadensersatzes

Bei näherer Betrachtung des § 29 BJagdG fällt auf, dass dieser keinen expliziten Anknüpfungspunkt für die Art des zu gewährenden Schadensersatzes bietet. Der zivilrechtliche Charakter dieser Norm ermöglicht jedoch die unmittelbare Anwendung der §§ 249 ff. BGB.[552]

---

547 LG Mönchen-Gladbach RdL 1981, 64, zit. nach *Schuck*, in: Schuck BJagdG § 29 Rn. 31.

548 *Stoll*, Vermögensschaden, S. 7.

549 *Deutsch*, Haftungsrecht, S. 418.

550 Zum Begriff der Kompensation ausführlich *Weyers*, Unfallschäden, S. 577.

551 Dazu auch aus rechtsvergleichender Sicht *Moréteau*, in: Koziol Schadenersatzrecht, 2014, S. 3, 28; *Oliphant*, in: Koziol Schadenersatzrecht, 2014, S. 393, 421; *Green/Cardi*, in: Koziol Schadenersatzrecht, 2014, S. 479, 511. Dem Grunde nach ist man sich einig, dass ein Schadensersatzanspruch zum Ausgleich einer negativen Beeinträchtigung gewährt wird.

552 *Leonhardt*, Jagdrecht Bd. 1, § 29 BJagdG Rn. 5.1; *Schäfer/Belgard*, in: Mitzschke/Schäfer § 29 Rn. 29; *Stamp*, in: Schuck BJagdG (2. Aufl.) § 29 Rn. 36; *ders.*, in:

Problematischer ist die Bestimmung von Art und Umfang des Wildschadensersatzanspruchs, wenn man diesen als öffentlich-rechtliche Haftungsnorm ansieht.[553] Prinzipiell stehen das Zivilrecht und das Öffentliche Recht nicht berührungslos nebeneinander, sondern können sich bei Bedarf ergänzen.[554] Soweit in dem Wildschadensersatzanspruch ein öffentlich-rechtlicher Anspruch erblickt wird, wird jedoch bezweifelt, dass eine direkte Anwendung von den §§ 249 ff. BGB zu dogmatisch einwandfreien Ergebnissen führe.[555] Nach der Ansicht des BGH könne generell im Öffentlichen Recht nur dann ein Rückgriff auf zivilrechtliche Regelungen erfolgen, wenn es keine vergleichbare öffentlich-rechtliche Regelung gebe, die eine aufgeworfene Problematik beheben könnte.[556] Nur in diesen Ausnahmefällen könne folglich das Öffentliche Recht durch zivilrechtliche Normen ergänzt werden.[557] Dabei sei insbesondere fraglich, ob die §§ 249 ff. BGB als allgemeine Rechtsgrundsätze aufgefasst werden könnten, da besonders die Frage des Vorrangs der Naturalrestitution lange streitbelastet gewesen ist.[558]

Unter dem § 249 Abs. 1 BGB zugrunde liegenden Begriff der Restitution versteht man die Wiederherstellung des Zustandes, der bestehen würde, wenn das schädigende Ereignis niemals eingetreten wäre.[559] Der § 249 BGB ist durch zwei vorherrschende Prinzipien gekennzeichnet. Zum einen wird auf das Prinzip der Totalreparation abgestellt und zum anderen auf das Herstellungsprinzip.[560] Der Schwerpunkt liegt

---

Schuck BJagdG (2. Aufl.) § 31 Rn. 1; *Thies*, Wild- und Jagdschaden, S. 41. Zur zivilrechtlichen Einordnung der Wildschadenshaftung nach § 29 BJagdG s. Kapitel 4 A. II. 5.

553 Zu den prägenden Vertretern dieser Auffassung zählen *Konrad*, Wildschadensersatz, S. 148; *Moog*, Wildschäden im Wald, S. 14. Auch hierzu bereits näher unter Kapitel 4 A. II. 4.

554 BGHZ 58, 386, 393 f.; *Becker*, NVwZ 2019, 1385, 1392.

555 *Konrad*, Wildschadensersatz, S. 148.

556 BGHZ 58, 386, 393 f.

557 BGHZ 58, 386, 393 f.; *Maurer/Waldhoff*, Verwaltungsrecht AT, § 3 Rn. 18.

558 *Haug*, VersR 2000, 1329.

559 *Reiff*, NZV 1996, 425; *Deutsch*, Haftungsrecht, S. 418. Ausführlich zur Abgrenzung von Naturalrestitution und Kompensation *Haug*, VersR 2000, 1329 ff.; *Thies*, Wild- und Jagdschaden, S. 41; *Looschelders*, Schuldrecht AT, § 44 Rn. 3, § 47 Rn. 1 ff.; *Medicus/Lorenz*, Schuldrecht I, Rn. 624; *Petersen*, Allgemeines Schuldrecht, Rn. 496; *Stamp*, in: Schuck BJagdG (2. Aufl.) § 29 Rn. 36.

560 *Medicus/Lorenz*, Schuldrecht I, Rn. 624 ff.; *Petersen*, Allgemeines Schuldrecht, Rn. 496.

dabei nicht auf der Wiederherstellung des vorherigen Zustandes (status quo ante)[561], sondern auf dem Schutz des Integritätsinteresses des Geschädigten, da eben dieses durch die Schädigung verletzt wurde.[562] Der Gesetzgeber hat durch die Systematik des § 249 BGB ausdrücklich klargestellt, dass die Wiederherstellung des ursprünglichen Zustandes einen klaren Vorrang gegenüber dem Wertersatz (§ 251 Abs. 1 BGB) haben soll. Mithin soll Geldersatz nur in Betracht kommen, wenn die Wiederherstellung des ursprünglichen Zustandes ausscheidet. Den Willen des Gesetzgebers kann man dabei eindeutig den Normen §§ 249 bis 251 BGB entnehmen.[563] Mit Blick auf Wiederherstellung und Geldersatz sind die folgenden Schadensersatzkategorien zu unterscheiden:

a) Grundsatz der Naturalrestitution

Die ebenfalls in § 249 BGB zugrunde gelegte Naturalrestitution wird auch als „Herstellerprinzip“ bezeichnet und schützt das Erhaltungsinteresse des Geschädigten.[564] Hierbei wird das gesamte Vermögen einer Person mit einem Geldwert gleichgesetzt. Für die Feststellung der Schadenshöhe wird sodann der Wert des Vermögens vor und nach dem schädigenden Ereignis verglichen. Die sich ergebende Differenz stellt den Schaden dar. Somit wird das sog. „Wert- oder Summeninteresse“[565] zur Grundlage gemacht. Schäden, die etwa auf der Beeinträchtigung der Körperintegrität beruhen, können bei dieser Methode nicht berücksichtigt werden.[566] Demgemäß genügt es nicht, wenn der Schadensverursacher den entstandenen Wertverlust wieder ausgleicht,

---

561 So aber im Rahmen des öffentlich-rechtlichen Folgenbeseitigungsanspruchs, vgl. *Ossenbühl/Cornils*, Staatshaftungsrecht, S. 368.

562 RGZ 131, 158, 178; *Medicus/Lorenz*, Schuldrecht I, Rn. 626; *Petersen*, Allgemeines Schuldrecht, Rn. 496.

563 BGH NJW 1997, 520, 521; *Petersen*, Allgemeines Schuldrecht, Rn. 496; *Schiemann*, Schadensrecht, S. 205 ff.; *Stoll*, Vermögensschaden, S. 7. *Oetker*, in: MKBGB § 249 BGB Rn. 320 führt aus, dass es sich bei der Schadensregulierung durch die Naturalrestitution um den „Regelfall“ handeln soll.

564 *Brand*, Schadensersatzrecht, § 2 Rn. 30; *Looschelders*, Schuldrecht AT, § 44 Rn. 3; § 47 Rn. 1 ff.; *Medicus/Lorenz*, Schuldrecht I, Rn. 625; Rechtsvergleichend *Koziol*, Schadenersatzrecht, S. 295.

565 *Medicus/Lorenz*, Schuldrecht I, Rn. 625.

566 *Medicus/Lorenz*, Schuldrecht I, Rn. 625.

sondern er muss vielmehr den zuvor ursprünglich bestehenden Zustand wiederherstellen und haftet deshalb auch für alle bei der Wiederherstellung anfallenden Nebenkosten.[567] Sollten für die Wiederherstellung des ursprünglichen Zustandes Kosten entstehen, so kann der Geschädigte auch diese von dem Schädiger ersetzt verlangen (§ 249 Abs. 2 BGB). Der Vorrang der Naturalrestitution im BGB wird aus naturrechtlichen Überlegungen hergeleitet.[568] Der Schädiger störe durch das schädigende Ereignis diesen natürlichen Zustand und mache sich bereits hierdurch ersatzpflichtig.[569]

Das Herstellerprinzip kommt allerdings an seine Grenzen, wenn der realisierte Schaden keinen bezifferbaren Vermögenswert besitzt – so etwa Schäden an der körperlichen Integrität und der Gesundheit. Diesen Verletzungen kann man keinen bestimmten Vermögenswert beimessen, sodass sie nach dem Herstellungsprinzip eigentlich nicht ersatzfähig sind. Deshalb soll jedoch auch das Erhaltungs- und Integritätsinteresse im Rahmen der Naturalrestitution Berücksichtigung finden.[570]

Im Übrigen muss der Schädiger den schadensfreien Zustand nicht selbst wiederherstellen. Vielmehr ist auch die Instandsetzung durch einen Dritten möglich. Das Wahlrecht obliegt dabei dem Geschädigten. Da der Geschädigte bereits die Verletzung seiner Rechtsgüter erleiden musste, soll der Geschädigte zumindest die Wahl haben, ob er seine Rechtsgüter noch einmal dem Schädiger anvertraut oder die Wiederherstellung durch einen parteilosen Dritten vornehmen lässt.[571] An diese Konstellation knüpft das Problem an, ob der Gläubiger den erhaltenen Geldersatz im Rahmen von § 249 Abs. 2 BGB tatsächlich für die Wiederherstellung aufwenden muss, womit ein erheblicher Eingriff in die Dispositionsfreiheit des Geschädigten einhergehen würde.[572]

567 *Medicus/Lorenz,* Schuldrecht I, Rn. 626.

568 *Stoll,* Vermögensschaden, S. 7. Ausführlich dazu *Gisawi,* Grundsatz der Totalreparation.

569 *Gisawi,* Grundsatz der Totalreparation, S. 28 ff.

570 In diesem Sinne *Larenz,* Lehrbuch des Schuldrechts Band I, S. 474 ff.

571 Zur Instandsetzung durch Dritte *Looschelders,* Schuldrecht AT, § 47 Rn. 6 ff.; *Medicus/Lorenz,* Schuldrecht I, Rn. 628; *Petersen,* Allgemeines Schuldrecht, Rn. 501.

572 *Looschelders,* Schuldrecht AT, § 47 Rn. 6 ff.

Haben etwa Wildschweine auf einer Grünfläche gebrochen[573], so ist der Ersatzpflichtige nach dem Grundsatz der Naturalrestitution dazu verpflichtet, die Wiese wieder neu einzusäen.[574] Freilich birgt die Naturalrestitution im Bereich des Wildschadensersatzes Probleme, da die Wiederherstellung bereits gewachsener Pflanzen im Gegensatz zur neuen Einsaat zumeist nicht möglich ist. Ist jedoch ein Schaden zu Beginn der Wachstumsphase der Nutzpflanzen entstanden, so wird ein Wiederanbau regelmäßig ohne Weiteres möglich sein, sodass der Ersatzverpflichtete auf Saatbeschaffung und Neubestellung in Anspruch genommen werden kann.[575] Bei alledem ist jedoch das Gebot der Wirtschaftlichkeit der Naturalrestitution zu beachten.[576]

b) Reparation

Als weitere Form des Schadensersatzes wird oftmals die Reparation genannt. Insbesondere *Deutsch* versteht darunter die „Ersatzleistung in Natur“ (Naturalreparation).[577] *Deutsch* differenziert dahingehend, dass eine Restitution die Wiederherstellung exakt jenes vor dem schädigenden Ereignis bestehenden Zustandes und dementsprechend nur in den Fällen möglich sei, in denen eine Sache entzogen wurde, eine Aussage getroffen und dann zurück genommen oder ein Erdaushub wieder zugeschüttet werde.[578] Diese dogmatische Entwicklung sei bereits von der ersten Kommission bei dem Entwurf des Bürgerlichen Gesetzbuches für das Deutsche Reich beabsichtigt worden: „Das die Verpflichtung zur Naturalrestitution in erster Linie in sich schließende Prinzip der Wiederherstellungspflicht hat die Natur der Sache für sich

573 Wildschweine wühlen mit ihrem „Wurf“ (ihrer Nasenspitze) den Erdboden auf, um nach Nahrung zu suchen. Dabei zeigen sie eine Vorliebe für Grünflächen, da diese weniger stark bewachsen sind und sie damit leichter an Insektenlarven o.ä. gelangen; vgl. *Seibt*, Grundwissen Jägerprüfung, S. 112, 114 ff.

574 Dies andeutend auch *Schuck*, in: Schuck BJagdG § 29 Rn. 39.

575 *Gies*, in: Düsing/Martínez AgrarR § 31 BJagdG Rn. 4; *Schuck*, in: Schuck BJagdG § 31 Rn. 13. So außerdem *ders.*, in: Schuck BJagdG § 29 Rn. 37; *Schäfer/Belgard*, in: Mitzschke/Schäfer § 29 Rn. 29, jedoch in Bezug auf Geldersatz, ohne sich zuvor der Naturalrestitution zuzuwenden.

576 BGH NJW-RR 1986, 875; NJW 1994, 999; *Konrad*, Wildschadensersatz, S. 144 f.

577 *Deutsch*, Haftungsrecht, S. 460.

578 *Deutsch*, Haftungsrecht, S. 459.

und entspricht der Rechtslogik".[579] Diese Form des Ersatzes soll dafür sorgen, dass auch das Integritätsinteresse des Geschädigten gewahrt wird.[580]

An dieser Stelle springt ins Auge, dass bzgl. der Naturalrestitution dieselben Erwägungen ins Feld geführt wurden. Für die – vor allem von *Deutsch* geprägte – Differenzierung zwischen Naturalrestitution und Naturalreparation gibt es keine sachlichen Gründe. Es ist praktisch irrelevant, welche Art der Wiedergutmachung gewählt wird, da das Endergebnis stets dasselbe ist. Auch aus dem Wortlaut des § 249 BGB lässt sich keine Differenzierung herleiten. Es muss lediglich der Zustand wiederhergestellt werden, der bestehen würde, wenn der zum Ersatz verpflichtende Umstand niemals eingetreten wäre, ohne dass zwischen Restitution oder Reparation unterschieden würde. So macht es auch in den von *Deutsch* gewählten Beispielsfällen keinen Unterschied, ob man die Beseitigung eines Sachentzugs, die Rücknahme einer Aussage oder das Zuschütten eines Erdaushubs nun als Restitution oder Reparation bezeichnet. Um die Differenzierung von Reparation und Restitution zu belegen, verweist *Deutsch* auf einen Beitrag von *Medicus*.[581] Allerdings weist schon der Titel des entsprechenden Beitrags darauf hin, dass *Medicus* lediglich Naturalrestitution und Geldersatz unterscheidet.[582] Insbesondere weist er darauf hin, dass etwa bei der Beschädigung des Integritätsinteresses an einer vertretbaren Sache die Naturalrestitution sowohl durch die Reparatur als auch durch eine vollständige Neulieferung gewährleistet werden könne. Mithin besteht hinsichtlich der Zielrichtung des Schadensersatzes kein wesentlicher Unterschied zwischen der Restitution und der Reparation.[583] Abschließend kann festgehalten werden, dass eine begriffliche Unterscheidung durchaus möglich, praktisch allerdings wenig zielführend ist.

Mit Blick auf die Beschädigung landwirtschaftlicher Flächen durch Wild wäre eine Naturalrestitution nach diesem engen Begriffsverständnis nicht möglich. Der Ersatzpflichtige kann in keinem Fall exakt

579 *Jatzow*, Motive Bürgerliches Gesetzbuch II, S. 20; *Deutsch*, Haftungsrecht, S. 460.
580 *Deutsch*, Haftungsrecht, S. 460; *Medicus*, JuS 1969, 449, 452.
581 *Deutsch*, Haftungsrecht, S. 460.
582 *Medicus*, JuS 1969, 449 ff.
583 *Medicus* JuS 1969, 449, 452.

dieselben Grashalme auf einer gebrochenen Fläche wieder aussähen, dieselben Maispflanzen wieder aufrichten oder dasselbe Saatgut erneut ausbringen. Es wird sich stets um andere Pflanzen(-teile) der gleichen Art handeln. Vor diesem Hintergrund mag der praktische Nutzen der Differenzierung zwischen Naturalrestitution und Reparation bezweifelt werden.

c) Kompensation

Zuweilen ist es jedoch gänzlich unmöglich, den ursprünglichen Zustand überhaupt wiederherzustellen. Sollte die Naturalrestitution aus tatsächlichen Gründen ausgeschlossen sein, kommt die Kompensation in Betracht.[584] Insbesondere kann die Naturalrestitution in den Fällen ausgeschlossen sein, in denen sie zu unverhältnismäßig hohen Kosten für den Schädiger führen würde.[585] Außerdem kann bei Unfallschäden oftmals der vor dem schädigenden Ereignis bestehende Zustand nicht wiederhergestellt werden. So haftet einem Kraftfahrzeug nach einem Unfallereignis die Unfalleigenschaft unmittelbar an (merkantiler Minderwert).[586] Ebenso kann derjenige, der durch einen Unfall ein Bein verliert, nicht im Wege der Naturalrestitution Schadensersatz verlangen, da die Wiederherstellung des ursprünglichen Zustandes medizinisch unmöglich ist. In solchen Fällen vermag das Prinzip der Naturalrestitution keine sachgerechten Ergebnisse zu erzielen, da der ursprünglich bestehende Zustand nicht wiederhergestellt werden kann. Aufgrund dessen sieht § 251 Abs. 1 BGB in diesen Fällen die Entschädigung in Geld vor.[587]

---

584 *Stoll,* Vermögensschaden, S. 6 ff., unterscheidet hinsichtlich „Begriff und Grenzen des Vermögensschadens" lediglich zwischen Naturalrestitution und Kompensation. Den Begriff der Reparation lehnt *Stoll* vollständig ab und fasst diesen auch unter die Kompensation *Deutsch,* Haftungsrecht, S. 418; *Looschelders,* Schuldrecht AT, § 47 Rn. 3 ff.; *Medicus/Lorenz,* Schuldrecht I, Rn. 628 ff.

585 Zu der Unverhältnismäßigkeit im Rahmen der Naturalrestitution ausführlich *Reiff,* NZV 1996, 425 ff.

586 *Vuia,* NJW 2012, 3057, führt zum merkantilen Minderwert umfassend aus, dass sich der der bezeichnete Schaden zwar hauptsächlich an Kraftfahrzeugen realisiert. Allerdings könnten auch andere Gegenstände von diesem Minderwert betroffen werden. Entscheidend sei, ob ein entsprechender Markt existiere. Näheres dazu *ders.* NJW 2012, 3057, 3058 ff.

587 *Looschelders,* Schuldrecht AT, Rn. 959; *Medicus/Lorenz,* Schuldrecht I, Rn. 629.

Die Grenzen zwischen Restitution und Kompensation sind dabei fließend.[588] Nur weil Geldersatz geleistet wird, handelt es sich nicht automatisch um eine Kompensation. Gemäß § 249 Abs. 2 BGB kann der Geschädigte auch im Falle der Beschädigung einer Sache den zur Herstellung erforderlichen Geldbetrag verlangen, d.h. es ist durchaus möglich, dass im Rahmen der Naturalrestitution eine bestimmte Summe Geldersatz gezahlt wird, um die Naturalrestitution zu bewerkstelligen. Dabei ist es allerdings auch möglich, diese Geldleistung angesichts des äußeren Erscheinungsbildes der Ersatzleistung als Kompensation nach § 251 Abs. 1 BGB anzusehen. Umgekehrt ist es ebenso möglich, dass der Schädiger eine Sachleistung als Kompensation anbietet.

In der aktuellen Praxis der Wildschadenshaftung begehren die geschädigten Grundeigentümer in der Regel eine Kompensationszahlung.[589] Insbesondere aufgrund der bei Wildschäden unterbrochenen Vegetationsphase ist eine Wiederbestellung der landwirtschaftlich genutzten Flächen häufig nicht oder zumindest nur mit unverhältnismäßigem Aufwand möglich.[590] Der Schaden bemisst sich in diesem Fall nach dem Wert der Feldfrüchte abzüglich der Produktions-, Lager- und Absatzkosten. Maßgeblich ist dabei wiederum nach dem Marktpreis bzw. nach den Kosten eines geeigneten Ersatzfuttermittels.

2. Umfang des Wildschadensersatzes

a) Grundsatz der Totalrestitution

Im Sinne der Totalreparation (auch Totalrestitution) soll der Schädiger jegliche Schäden zu ersetzen haben, für die er verantwortlich ist. Sollte dem Geschädigten ein Gewinn entgangen sein, so wird auch dieser von der Totalrestitution umfasst.[591] Im Rahmen des Schadensersatzrechts ist daher mit Blick auf die Totalrestitution umgangssprachlich

588 Zum Folgenden *Stoll*, Vermögensschaden, S. 8.

589 Auch *Schäfer/Belgard*, in: Mitzschke/Schäfer § 29 Rn. 29 erachten hierin den Regelfall.

590 Zum Geldersatz bei Wildschäden insgesamt *Schäfer/Belgard*, in: Mitzschke/Schäfer § 29 Rn. 29; *Schuck*, in: Schuck BJagdG § 29 Rn. 38 ff.

591 *Huber*, in: MKBGB CISG Art. 74 Rn. 17; *Mankowski*, in: MKHGB CISG Art. 74 Rn. 10; *Brand*, Schadensersatzrecht, § 2 Rn. 32; *Medicus/Lorenz*, Schuldrecht I, Rn. 625.

auch die Rede vom „Alles oder nichts-Prinzip."[592] Die Entwicklung dieses Prinzips geht maßgeblich auf *Friedrich Mommsen* zurück. Der Schaden soll sowohl das positive Vermögensinteresse des Geschädigten als auch den entgangenen Gewinn beinhalten. Aufgrund dessen definierte *Mommsen* das Interesse wie folgt: „*Unter dem Interesse in seiner technischen Bedeutung verstehen wir nämlich die Differenz zwischen dem Betrage des Vermögens einer Person, wie derselbe in einem gegebenen Zeitpunkt ist, und dem Betrage, welchen dieses Vermögen ohne die Dazwischenkunft eines bestimmten beschädigenden Ereignisses in dem zur Frage stehenden Zeitpunkt haben würde*".[593] Das Prinzip der Totalreparation führte jedoch zu massiven Problemen, da dieser Grundsatz ungeahnte Haftungsfolgen für den Verursacher mit sich brachte. Bei einem größeren Unfallgeschehen ist es denkbar, dass sich Schäden in Millionenhöhe realisieren können und der Schädiger dadurch anschließend in seiner Lebensführung erheblich eingeschränkt ist. Exemplarisch könnte solch ein Schaden entstehen, wenn jemand fahrlässig ein Gebäude in Brand setzt.[594] Als Konsequenz wurden Versicherungen gegründet, die zum einen dafür sorgen, dass der Geschädigte einen solventen Schuldner erhält und zum anderen, dass der Schädiger von seiner Haftung frei wird.[595]

Mit Blick auf den Wildschadensersatz hat der Ersatzverpflichtete folglich grundsätzlich den unmittelbar an dem Grundstück und dessen Bewuchs entstandenen Schaden sowie etwaige Folgeschäden zu ersetzen.[596] Der Wildschadensersatzanspruch erstreckt sich damit auch auf Mindererträge. Dem Landwirt ist zudem regelmäßig die Umsatzsteuer

---

592 *Gisawi,* Grundsatz der Totalreparation, S. 1; *Medicus/Lorenz,* Schuldrecht I, Rn. 625; *Teichmann,* in: Jauernig Vor §§ 249–253 Rn. 2.

593 *Gisawi,* Grundsatz der Totalreparation, S. 3; *Mommsen,* Lehre von dem Interesse, S. 3.

594 Ein anderes Beispiel bilden *Medicus/Lorenz,* Schuldrecht I, Rn. 624: Ein Massenunfall auf einer Autobahn kann schnell erhebliche Personen- und Sachschäden zur Folge haben. Demnach kann eine kurze Unachtsamkeit einen für den Schädiger existenzvernichtenden Personen- und/oder Sachschaden nach sich ziehen.

595 *Medicus/Lorenz,* Schuldrecht I, Rn. 624; *Petersen,* Allgemeines Schuldrecht, Rn. 496.

596 Zum Umfang der Wildschadenshaftung *Schäfer/Belgard,* in: Mitzschke/Schäfer § 29 Rn. 29; *Schuck,* in: Schuck BJagdG § 29 Rn. 37 ff.

zu ersetzen, da er diese selbst an seine Lieferanten zu entrichten hat, ohne selbst zum Vorsteuerabzug berechtigt zu sein.[597]

b) Ernteteile (§ 31 Abs. 1 S. 1 BJagdG)

Von der Ersatzpflicht nach § 29 BJagdG sind grundsätzlich nur die mit den beschädigten Flächen noch verbundenen Erzeugnisse umfasst. Durch § 31 Abs. 1 BJagdG wird die Haftung auf bereits getrennte, allerdings noch nicht eingeerntete Erzeugnisse erweitert.[598] Diese Haftungserweiterung wurde bereits in der Preußischen Jagdordnung (PrJagdO) vom 15. Juli 1907 (§ 54 PrJagdO) praktiziert und fand darüber auch Einzug in das Reichsjagdgesetz vom 3. Juli 1934.[599] Unter abgetrennten Erzeugnissen werden Feldfrüchte verstanden, die aus der Erde entfernt oder von der Hauptpflanze getrennt wurden (exemplarisch Kartoffeln und Mais) und auf dem Feld liegen geblieben sind, sodass auch der Wildschaden an diesen Früchten, sollten sie durch Wild beschädigt werden, vom Ersatzverpflichteten zu ersetzen ist.[600] Sollte der Ersatzberechtigte die gezogenen Früchte nach den Regeln einer ordentlichen Feldwirtschaft[601] verspätet einernten, so kann in dieser besonderen Konstellation ein Mitverschulden angenommen werden.[602]

c) Mitverschulden (§ 254 BGB)

Das Mitverschulden gemäß § 254 BGB gewinnt mit Blick auf den Wildschadensersatz vor allem in einer Hinsicht Bedeutung: Die Landwirtschaft in Deutschland unterlag in den letzten Jahrzehnten einem

597 AG Euskirchen AgrarR 1980, 171 f.; *Leonhardt/Bauer/Schätzler u. a.*, Wild- und Jagdschadensersatz, Teil 1, 11.7.3.3; *Schäfer/Belgard*, in: Mitzschke/Schäfer § 29 Rn. 29; *Schuck*, in: Schuck BJagdG § 29 Rn. 43.

598 *Gies*, in: Düsing/Martínez AgrarR § 31 BJagdG Rn. 1; *Metzger*, in: Lorz/Metzger/Stöckel BJagdG § 31 Rn. 2; *Schäfer/Belgard*, in: Mitzschke/Schäfer § 31 Rn. 1; *Stamp*, in: Schuck BJagdG (2. Aufl.) § 31 Rn. 2.

599 *Engelhard/Danckelmann*, S. 35; *Scherping/Vollbach*, Reichsjagdgesetz, S. 123 f.

600 *Gies*, in: Düsing/Martínez AgrarR § 31 BJagdG Rn. 1; *Schäfer/Belgard*, in: Mitzschke/Schäfer § 31 Rn. 1; *Stamp*, in: Schuck BJagdG (2. Aufl.) § 31 Rn. 2.

601 Zur Berücksichtigung der ordnungsgemäßen Wirtschaft ausführlicher unter Kapitel 5 G. II.

602 *Stamp*, in: Schuck BJagdG (2. Aufl.) § 31 Rn. 2.

gravierenden Strukturwandel. Die Möglichkeit, Energie durch Biogasanlagen zu gewinnen, animierte viele Landwirte zur gewinnbringenden Anpflanzung von Energiemais. Bereits im Jahr 2012 wurde auf über 2,5 Millionen Hektar landwirtschaftlicher Fläche Futter- und Energiemais angepflanzt. Nach statistischen Erhebungen der Fachagentur für Nachwachsende Rohstoffe (FNR) belief sich die Fläche, auf der Energiemais für die 7900 Biogasanlagen in Deutschland angepflanzt wurde, auf nahezu 750.000 Hektar.[603]

Durch diese Entwicklung häuft sich eine mit Blick auf Wildschäden ungünstige Konstellation: Wildschweinrotten[604] können in den Maisfeldern nahezu ungestört erhebliche Wildschäden verursachen. Durch die hochgewachsenen Maispflanzen ist das Schwarzwild vor den Jägern geschützt und findet zugleich ausreichend Nahrung. Es kommt regelmäßig vor, dass sich ganze Rotten über mehrere Wochen in einem Feld aufhalten und dabei erhebliche Schäden verursachen, weil die Jagd auf diesen Flächen nahezu unmöglich ist.[605] Die Möglichkeit der Jagdausübung auf Wildschweine ist in einem Maisfeld jedenfalls deutlich eingeschränkt,[606] da eine Maispflanze im Schnitt 1,5 bis 2,5 Meter hoch werden kann,[607] während das Schwarzwild mit seiner Vorliebe für Mais[608] lediglich eine Widerristhöhe von durchschnittlich 0,8 bis 1 Metern erreicht[609] und daher in den Maisfeldern ausreichend Deckung findet. Besonders gern nehmen Wildschweinrotten Maisfelder in ihrer Milchreife an und verweilen darin meist bis zur Ernte. Oft können

603 Zu diesem Abschnitt *Rosenberger*, in Stuttgarter-Nachrichten v. 05.08.2012 („Deutschland vermaist"). *Kremer*, AUR 2012, 337; *Schuck*, in: Schuck BJagdG § 33 Rn. 13. Auch *Konrad*, Wildschadensersatz, S. 21, wies bereits im Jahr 2012 darauf hin, dass sich die Wildschadensproblematik durch die Intensivierung der Landwirtschaft, insbesondere durch den immer stärkeren Maisanbau, verschärft.

604 Familienverband der Wildschweine; vgl. *Hofmann/Schmidt Klaus*, Heintges Haarwild, S. 81.

605 *Kremer*, AUR 2012, 337; *Wetzel*, AUR 2010, 70.

606 *Kremer*, AUR 2012, 337; *Konrad*, Wildschadensersatz, S. 21; *Liebl*, WFS-Mittelungen Nr. 3/2003, 1 f.; *Wetzel*, AUR 2010, 70.

607 https://www.maiskomitee.de/web/upload/pdf/service/Lehrermagazin_UB_Mais_fuer_Primarstufe_web_gross.pdf (Stand: 20.12.2020).

608 Nach *Liebl*, WFS-Mittelungen Nr. 3/2003, 1, treten Wildschäden durch Schwarzwild am häufigsten im Mais, gefolgt von Weizen und auf Grünflächen auf. S. außerdem *Konrad*, Wildschadensersatz, S. 21.

609 *Hofmann/Schmidt Klaus*, Heintges Haarwild, S. 80.

selbst elektrische Zäune um das betroffene Feld herum keine Abhilfe schaffen,[610] weil sich insbesondere das Schwarzwild von diesen teilweise nicht abschrecken lässt. Da Mais als sehr gewinnbringende Pflanze oft auf riesigen zusammenhängenden Feldern angebaut wird, werden oft ganze Teile eines gepachteten Reviers unzugänglich.[611]

Die Jagdausübungsberechtigten versuchen der Lage mit sog. Mais- und Erntejagden Herr zu werden. Bei einer Maisjagd gehen Treiber und Hunde durch den Maisschlag und versuchen, die Wildschweine so zu beunruhigen, dass sie aus dem Maisschlag austreten, wo sie dann von den mit dem Rücken zum Maisschlag stehenden Schützen erlegt werden können. Bei einer Erntejagd begeben sich die Jäger in Absprache mit dem Landwirt an dem Tag der Ernte zum Maisfeld. Die Wildschweine verharren oft so lange in einem Feld, bis die Erntemaschine das Getreide einholt. Durch die Ernte wird dem Schwarzwild sodann nach und nach die schützende Deckung endgültig genommen.[612]

Aufgrund dessen wurde aus den Reihen der Jägerschaft der Ruf nach sog. Bejagungsschneisen, also nicht bepflanzten Flächen, in Maisfeldern laut. Zugleich besteht die Möglichkeit der Anlegung von Sichtschneisen, das heißt unbepflanzten Feldstücken zwischen stark schadensanfälligen Pflanzkulturen (wie z.B. Mais, Raps und Zuckerrüben) und etwa einem Waldstück. Ohne solche Sichtstreifen kann das Wild unbemerkt direkt von angrenzenden Waldstücken in die Felder einwechseln, wodurch eine Bejagung ebenfalls erheblich erschwert wird.[613]

Die Anlegung und Bejagungsschneisen und Sichtstreifen stellt regelmäßig einen Streitpunkt zwischen den Landwirten und den Jagdausübungsberechtigten dar: Nachvollziehbarerweise möchte der Landwirt seinen Ertrag maximieren, während der Jäger die Minimierung der Wildschäden im Blick hat, für die ihm in der Praxis meist die Ersatz-

610 *Kremer,* AUR 2012, 337.

611 *Wetzel,* AUR 2010, 70.

612 Zu Mais- und Erntejagden *Schuck,* in: Schuck BJagdG § 33 Rn. 13. Bei einer „Treibjagd" handelt es sich um eine Jagdart, bei der Treiber mit ihren Hunden das Wild laut aufscheuchen. Bei einer „Drückjagd" hingegen werden keine Hunde eingesetzt und die Treiber gehen leise ohne Rufe durch das bestimmte Wald- oder Feldstück; vgl. *Seibt,* Grundwissen Jägerprüfung, S. 225, 229.

613 *Kremer,* AUR 2012, 337, 338.

pflicht obliegt. Die Landwirte zeigen sich dementsprechend häufig uneinsichtig, warum diese Schneisen zur Bejagung unumgänglich sein sollen.[614] Aus dieser Interessenkollision entwickelte sich der Streit, wer für Schussschneisen und Sichtstreifen finanziell in die Verantwortung genommen werden soll. Damit einher geht wiederum die Frage, ob der Landwirt dazu verpflichtet werden kann, die Bejagung auf seinem Grund und Boden gegebenenfalls zu ermöglichen. Die Anlegung solcher Freiflächen ist gesetzlich bisher jedenfalls nicht vorgesehen.[615] Jedoch wird diskutiert, in diesen Fällen im Rahmen des Wildschadensersatzanspruchs die allgemeinen Grundsätze des Mitverschuldens (§§ 254 ff. BGB) anzuwenden.[616] Jedenfalls wenn die Verpflichtung zur Anlegung der genannten Freiflächen bestehen sollte, könnte bei Zuwiderhandlung der Anspruch auf Wildschadensersatz aufgrund eines Mitverschuldens (§ 254 BGB) ganz oder teilweise ausgeschlossen sein.

Ein Großteil der Landwirte lehnt die Anlegung solcher Flächen mit der Begründung ab, dass ihnen durch das Freilassen der Flächen ein Ernteausfall entstünde. Freilich steigt die Bereitschaft zur Anlegung von Sicht- und Bejagungsschneisen, wenn sich der Jagdausübungsbe-

---

614 *Kremer* AUR 2012, 337, 338; *Wetzel,* AUR 2010, 70, 71 f.

615 *Kremer,* AUR 2012, 337, 338.

616 Das *AG Diez* führt in seiner Entscheidung vom 17.09.1985 – 3 C 397/85 zumindest aus, dass es eine allgemeine Mitwirkungspflicht im Rahmen des § 29 BJagdG gibt. Jedoch geht es bereits davon aus, dass die Aussaat von Mais dem Jagdpächter oder dem Jagdaufseher anzuzeigen sei. Dieser Auffassung schließt sich das *LG Koblenz* in seiner Entscheidung vom 29.07.1998 – 3 S 47/98 an. In der Folge der Anzeige könne der Jagdpächter sodann eigene Schutzmaßnahmen ergreifen. In Ermangelung der Anzeige müsse sich der Landwirt ein Mitverschulden i.S.d. § 254 BGB anrechnen lassen. Auch das Reichsgericht ging bereits im Jahr 1902 davon aus, dass ein Mitverschulden des Grundeigentümers in Betracht kommt, wenn er die Instandhaltung eines beschädigten Zauns unterlässt. In diesem Fall waren Hasen in eine Baumschule eingedrungen, weil der Grundstückseigentümer seinen beschädigten, das Grundstück umschließenden, Zaun nicht repariert hatte. RGZ 52, 349, 351; *Englaender,* AgrarR 1976, 40, 41 f.; *Lauven,* AgrarR 1990, 149, 150; *Konrad,* Wildschadensersatz, S. 155; *Rother,* Haftungsbeschränkungen, S. 30 ff.; *Bernau,* in: Staudinger BGB § 835 Rn. 18; *Gies,* in: Düsing/Martínez AgrarR § 29 BJagdG Rn. 10; *Leonhardt,* Jagdrecht Bd. 1, § 29 BJagdG Rn. 5.4.4; *Metzger,* in: Lorz/Metzger/Stöckel BJagdG § 29 Rn. 4, § 31 Rn. 4; *Stamp,* in: Schuck BJagdG (2. Aufl.) § 29 Rn. 43. Zum Mitverschulden allgemein *Honsell,* Quotenteilung im Schadensrecht; *Looschelders,* Mitverantwortlichkeit des Geschädigten; *Weidner,* Mitverursachung.

rechtigte dazu bereit erklärt, den damit verbundenen Ernteausfall auszugleichen.[617] Da schon die Anlegung dieser Schneisen nicht gesetzlich geregelt ist, verwundert es nicht, dass auch die begehrte Ausgleichsforderung einer gesetzlichen Regelung entbehrt.

Dem Landwirt für die Anlegung der geforderten Schneisen eine Entschädigung zuzubilligen, wäre äußerst widersprüchlich.[618] Die mit der Anlegung der Freiflächen verbundene Schaffung einer Bejagungsmöglichkeit soll Wildschäden auf schadensintensiven Flächen entgegenwirken. Würde man dem Grundeigentümer für das Freilassen einer Bejagungsmöglichkeit eine Entschädigung zubilligen, so brächte dies eine nicht interessengerechte Privilegierung des Landwirtes mit sich. Die Haftung der Jagdgenossenschaft oder die des Jagdpächters aufgrund vertraglicher Haftungsüberwälzung findet ihre Rechtfertigung meist darin, dass der Grundeigentümer durch die Differenzierung von Jagdrecht und Jagdausübungsrecht die Fremdbejagung auf seinen Flächen zu dulden habe. Würde der Landwirt seine Flächen selbst bejagen, müsste er auch selbst Sorge dafür tragen, dass ausreichend Bejagungsmöglichkeiten für das Schadwild – z.B. in Form der entsprechenden Freiflächen – gegeben sind, ohne dass ihm jemand die damit verbundenen Kosten ersetzt. Durch die Gewährung einer Entschädigung für die Schaffung von Freiflächen im Falle der Fremdbejagung würde der Eigentümer eine zusätzliche Einnahmequelle generieren, die ihm verwehrt bliebe, wenn er die Flächen selbst bejagen würde. Müsste der Eigentümer selbst für die Vermeidung der Wildschäden Sorge tragen, wäre er eher geneigt, wildschadensverhütende Maßnahmen und die damit verbundenen Kosten hinzunehmen.[619] Die von den Landwirten favorisierte Lösung kann nicht im Sinne des Gesetzgebers sein, da hierdurch zusätzliche, ursprünglich nicht vorgesehene Haftungsmöglichkeiten des Jagdpächters konstruiert würden. Der Jagdpächter hätte so kaum eine Chance, der Haftung zu entgehen: Entweder er haftet für die entstehenden Wildschäden oder für die Kosten der Wildschadensverhütungsmaßnahmen. Diese Konstellation darf nicht dazu führen,

617 *Thies*, AUR 2010, 266 f.

618 *Kremer*, AUR 2012, 337, 340.

619 *Kremer*, AUR 2012, 337, 339 f.; *Wetzel*, AUR 2010, 70, 71 ff.

dass sich der Eigentümer – wie im Sinne der „Rosinentheorie" – aussuchen darf, wie er den Ausgleichspflichtigen in Anspruch nimmt.[620]

Im Ergebnis trifft den Landwirt zumindest die Obliegenheit, auf seinen Flächen Bejagungsmöglichkeiten zu schaffen. Daher muss sich der Landwirt, der großflächig schadensintensive Pflanzen anbaut, ohne die Bejagung zu ermöglichen, ein Mitverschulden im Sinne des § 254 BGB anlasten lassen.[621] Sollten die Anpflanzungen des Grundeigentümers bzw. Nutzungsberechtigten einer landwirtschaftlich genutzten Fläche dazu führen, dass auf den betreffenden Flächen keinerlei Bejagungsmöglichkeit mehr gegeben ist, so bleibt ihm der Anspruch auf Wildschadensersatz verwehrt. Durch die Obliegenheitsverletzung kann somit der Anspruch vollständig zum Erliegen kommen.[622]

Eine weitere Obliegenheit des Wildschadensersatzberechtigten stellt die Schadensminderungspflicht dar. Die Obliegenheit zur Schadensminderung ist nicht einheitlich gesetzlich geregelt, findet jedoch in Spezialgesetzen Berücksichtigung.[623] Eine solche spezialgesetzliche „Konkretisierung der Schadensminderungspflicht" findet sich auch in § 31 Abs. 2 S. 2 BJagdG.[624] Hiernach ist bei der Feststellung der Höhe des Wildschadens zu berücksichtigen, ob der Schaden nach den Grundsätzen einer ordentlichen Wirtschaft durch Wiederanbau im gleichen Wirtschaftsjahr ausgeglichen werden kann. Der Ersatzberechtigte muss also die Feldfrüchte erneut anbauen, wenn die Regeln der ordentlichen Wirtschaft es gebieten; andernfalls beschränkt sich die Ersatzpflicht auf die ordnungsgemäße Neubestellung.[625] Es besteht folglich kein Wildschadensersatzanspruch, wenn auf bereits geschädigten Flächen noch wildschadensträchtigere Kulturen als Neubestellung angebaut werden, denn der Ersatzberechtigte soll sich nicht auf Kosten des Ersatzverpflichteten bereichern können.[626]

---

620 *Wetzel*, AUR 2010, 70, 73.
621 *Wetzel*, AUR 2010, 70, 73.
622 *Wetzel*, AUR 2010, 70, 74; *Kremer*, AUR 2012, 337, 338.
623 *Looschelders*, in: BeckOGK § 254 BGB Rn. 30.
624 *Schuck*, in: Schuck BJagdG § 31 Rn. 15.
625 *Schuck*, in: Schuck BJagdG § 31 Rn. 15.
626 *Schäfer/Belgard*, in: Mitzschke/Schäfer § 31 Rn. 3.

VI. Haftungsausschluss

1. Schutzvorrichtungen (§ 32 BJagdG)

Da der Eigentümer bzw. Nutznießer einer land- oder forstwirtschaftlichen Fläche keinerlei Einschränkungen unterliegt und jedwede Nutzpflanzenart ungeachtet ihrer Wildschadensintensität anpflanzen kann,[627] mussten Regelungen zur Beschränkung der Haftung des Ersatzpflichtigen geschaffen werden, um ein übermäßiges Haftungsrisiko zu vermeiden. Dementsprechend sieht etwa § 32 BJagdG in bestimmten Fällen einen Haftungsausschluss vor:

a) Unwirksammachen (§ 32 Abs. 1 BJagdG)

Der Jäger hat nicht nur durch die Dezimierung des Wildbestandes mittels Abschusses die Möglichkeit, Wildschäden zu vermeiden. Gemäß § 26 BJagdG sind der Jagdausübungsberechtigte, der Eigentümer und der Nutzungsberechtigte zusätzlich berechtigt, das Wild zu Vermeidung von Wildschäden zu verscheuchen und von wildschadensintensiven Gebieten abzuhalten. Im Rahmen dieser sog. „Vergrämmaßnahmen"[628] darf der Jagdausübungsberechtigte das Grundstück des Eigentümers jedoch nicht beschädigen und der Eigentümer oder Nutzungsberechtigte des Grundstücks das Wild weder gefährden noch verletzen. § 26 BJagdG entspricht fast wortgleich dem § 57 PrJagdG und § 41 RJagdG.[629] Dieser Norm lässt sich entnehmen, dass der Grundeigentümer bzw. Nutznießer nicht in das Jagdausübungsrecht des Jagdausübungsberechtigten eingreift, wenn er das Wild eigenständig verscheucht.[630] Die Ergreifung dieser Maßnahmen liegt vielmehr im Interesse des Jagdausübungsberechtigten, da hierdurch Schäden vermieden werden, die er im praktisch häufigsten Fall – der pachtver-

---

627 *Kremer*, AUR 2012, 337, 338; *Wetzel*, AUR 2010, 70; *Metzger*, in: Erbs/Kohlhaas § 29 BJagdG Rn. 4.

628 Vgl. zum Begriff „Vergrämen" *Frevert*, Jagdliches Brauchtum und Jägersprache, S. 267: „Wild, das durch wiederholte Beunruhigung gestört wurde, ist rasch vergrämt."

629 *Scherping/Vollbach*, Reichsjagdgesetz, S. 115 f.; *Schuck*, in: Schuck BJagdG § 26 Rn. 1.

630 *Schuck*, in: Schuck BJagdG § 26 Rn. 1.

traglichen Überwälzung der Wildschadensersatzpflicht – zu ersetzen hat. § 26 BJagdG berechtigt folglich den Grundeigentümer bzw. Nutzungsberechtigten zur Ergreifung der genannten Abwehrmaßnahmen, ohne dass dieser an die allgemeinen zivilrechtlichen Notstandsregelungen gebunden wäre.[631]

Der Eigentümer oder Nutznießer hat die Beeinträchtigung des Grundstückes hinzunehmen, solange keine Schäden durch diese Maßnahme verursacht werden.[632] Gemäß § 32 Abs. 1 BJagdG ist ein Anspruch auf Wildschadensersatz nicht gegeben, wenn der Geschädigte die von dem Jagdausübungsberechtigten zur Abwehr von Wildschaden getroffenen Maßnahmen unwirksam macht. Exemplarisch kann der Eigentümer aufgestellte Zäune aktiv schädigen, indem er diese zerstört oder sie vom Strom nimmt. Es genügt allerdings bereits, wenn der Grundeigentümer bzw. Nutznießer das Angebot des Jägers, an bestimmten Stellen schadensmildernde Maßnahmen zu ergreifen, ohne berechtigtes Interesse ablehnt und dort infolge der Ablehnung Wildschäden entstehen.[633] Das Besondere an § 32 BJagdG ist, dass er nicht einen Haftungsausschluss konstituiert, sondern eine rechtshindernde Einwendung, die den Anspruch gar nicht erst entstehen lässt.[634]

Seit einiger Zeit ist in diesem Zusammenhang die Frage äußerst streitbelastet, ob der Eigentümer bzw. landwirtschaftliche Pächter bei der Aussaat von sehr großen energiereichen Pflanzkulturen für den Inhaber des Jagdausübungsrechts Bejagungsschneisen vorsehen muss, damit die Jagd auf diesen Flächen nicht vollständig zum Erliegen kommt. Diese Problematik stellt sich insbesondere bei großen Maiskulturen, die wegen des reichlichen Nahrungsangebots und der komfortablen Deckung gern von Wildschweinen aufgesucht und dementsprechend geschädigt werden. Ohne Bejagungsschneisen kann es dem Jäger kaum gelingen, die schadensverursachenden Wildschweine in einem großflächigen, lückenlosen Maisbestand zu erlegen. Dabei stellt sich freilich die Folgefrage, wer für den durch die Schneisen entstehenden Ernte-

631 BayObLG RdL 1963, 250, zit. nach *Schuck*, in: Schuck BJagdG § 26 Rn. 1.

632 *Schuck*, in: Schuck BJagdG § 26 Rn. 2.

633 *Thies*, Wild- und Jagdschaden, S. 23; *Schäfer/Belgard*, in: Mitzschke/Schäfer § 32 Rn. 5; *Schuck*, in: Schuck BJagdG § 26 Rn. 4.

634 *Thies*, Wild- und Jagdschaden, S. 23.

ausfall aufkommen soll.[635] Hierbei geht es indessen weniger um das Unwirksammachen etwaiger Schutzvorkehrungen als vielmehr um die Mitverantwortung des Landwirts, der den Mais angepflanzt hat.[636]

b) Notwendige Schutzvorrichtungen bei Sonderkulturen (§ 32 Abs. 2 BJagdG)

Zur Verringerung des Haftungsrisikos ist darüber hinaus der Ersatz von Wildschäden an einigen besonders wildschadensintensiven Pflanzkulturen unter bestimmten Voraussetzungen ausgeschlossen.[637] Gemäß § 32 Abs. 2 S. 1 BJagdG soll der Wildschaden an Weinbergen, Gärten, Obstgärten, Baumschulen, Alleen, einzeln stehenden Bäumen, Forstkulturen, die durch Einbringen anderer als der im Jagdbezirk vorkommenden Holzarten einer erhöhten Gefährdung ausgesetzt sind, oder Freilandpflanzungen von Garten- oder hochwertigen Handelsgewächsen nicht ersetzt werden, wenn die üblichen Schutzvorrichtungen nicht angebracht wurden, die unter gewöhnlichen Umständen zur Abwendung des Schadens ausreichen. Die Aufzählung der Sonderkulturen ist dabei abschließend.[638] Grund für den Haftungsausschluss bezüglich bestimmter ungeschützter Sonderkulturen ist die erhöhte Wildschadensgefahr, aufgrund derer der Gesetzgeber einen zusätzlichen Schutz durch den gegebenenfalls Ersatzberechtigten für notwendig hielt.[639]

Welche Schutzvorkehrungen geeignet sind, um die unterschiedlichen Sonderkulturen zu schützen, hängt davon ab, welche im Rahmen einer „ordentlichen und vernünftigen Wirtschaftsführung“[640] als erforderlich angesehen werden.[641] In diesem Zusammenhang soll auf einen durchschnittlichen und bedächtigen Landwirt abgestellt werden,

---

635 *Kremer*, AUR 2012, 337 ff. *Thies*, AUR 2010, 266 f.; *Wetzel*, AUR 2010, 70 ff.

636 S. zur Frage des Mitverschuldens in diesem Fall Kapitel 4 A. V. 2. c).

637 *Thies*, Wild- und Jagdschaden, S. 24.

638 *Konrad*, Wildschadensersatz, S. 115; *Thies*, Wild- und Jagdschaden, S. 24; *Schäfer/Belgard*, in: Mitzschke/Schäfer § 32 Rn. 2; *Schuck*, in: Schuck BJagdG § 32 Rn. 8.

639 BGH, Urteil v. 22.07.2004 – III ZR 359/03, NJW-RR 2004, 1468; *Schuck*, in: Schuck BJagdG § 32 Rn. 8.

640 Zum Begriff der ordnungsgemäßen Wirtschaft und einer Berücksichtigung de lege ferenda s. Kapitel 5 G. I.

641 *Metzger*, in: Lorz/Metzger/Stöckel BJagdG § 32 Rn. 9; *Stamp*, in: Schuck BJagdG (2. Aufl.) § 32 Rn. 29.

welcher geeignete Schadensverhütungsmaßnahmen trifft, um seine Pflanzkulturen zu schützen.[642] Vor allem soll sich der Eigentümer nicht auf der Behauptung ausruhen dürfen, dass die zu treffenden Schutzvorrichtungen finanziell unzumutbar seien.[643] Nach § 32 Abs. 2 S. 2 BJagdG können die einzelnen Bundesländer festlegen, welche Schutzvorkehrungen als üblich anzusehen sind. Um geeignete Schutzmaßnahmen handelt es sich beispielsweise jedenfalls bei Maschendrahtzäunen und Baummanschetten, die Forstkulturen gegen Verbiss- und Schälschäden durch Schalenwild schützen.[644]

Sollte eine solche Schutzvorrichtung infolge eines Naturereignisses oder menschlicher oder tierischer Eingriffe beschädigt worden sein und dadurch ihre Wirksamkeit verlieren, stellt sich die Frage, wer für diese Schäden haftet. Der gesetzlichen Wertung des § 32 Abs. 2 S. 1 BJagdG ist zu entnehmen, dass auch in diesem speziellen Fall der Geschädigte diese Schäden selbst zu tragen haben muss. Vergegenwärtigt man sich, dass der Schadensersatz unabhängig von jeglichem Verschulden sogar dann vollständig ausgeschlossen sein soll, wenn der potenzielle Geschädigte die Schutzvorkehrungen vollständig unterlässt, so muss es ebenfalls in dessen Risikobereich fallen, wenn die Schutzvorrichtungen zufällig beschädigt werden und dadurch Wildschäden entstehen. Demgemäß muss in dieser Sonderkonstellation der Eigentümer die Schäden selbst tragen.[645]

An den haftungsbegrenzenden Regelungen des § 32 BJagdG lässt sich ersehen, dass der Wildschadensersatzverpflichtete die Haftung für etwaige Wildschäden bereits de lege lata nicht gänzlich unabhängig vom Verhalten des Geschädigten aufgebürdet bekommt.[646]

642 *Gaisbauer,* VersR 1973, 199, 202; *Konrad,* Wildschadensersatz, S. 155; *Metzger,* in: Lorz/Metzger/Stöckel BJagdG § 32 Rn. 9.

643 LG Göttingen NJW 1962, 302; *Metzger,* in: Lorz/Metzger/Stöckel BJagdG § 32 Rn. 9.

644 *Stamp,* in: Schuck BJagdG (2. Aufl.) § 32 Rn. 30.

645 Zu dieser Sonderkonstellation ausführlich *Schäfer/Belgard,* in: Mitzschke/Schäfer § 32 Rn. 28.

646 Ob diese Haftungsbegrenzungen jedoch angesichts des aktuellen Spannungsverhältnisses zwischen der modernen Jagd und der modernen Landwirtschaft noch ausreichend sind, wird in Kapitel 5 beleuchtet.

2. Unmöglichkeit der Jagdausübung (§ 33 HJagdG analog)

Ein weiterer Haftungsausschluss könnte sich aus dem Grundgedanken der landesrechtlichen Regelung des § 33 HJagdG ergeben. Danach ist der Ersatzanspruch des § 29 Abs. 1 BJagd ausgeschlossen, wenn Flächen durch Schadwild geschädigt werden, auf welchen die Jagd ausgeschlossen ist oder diese ruht. Diese Regelung stellt damit auf die rechtliche Möglichkeit der Jagdausübung ab. Der Ersatzanspruch kann vom Geschädigten nicht realisiert werden, wenn für den Ersatzverpflichteten keine Möglichkeit besteht, auf das Wild einzuwirken. Diese Vorschrift findet lediglich auf die genannten Flächen direkte Anwendung.

Man könnte in Erwägung ziehen, § 33 HJagdG analog auf die Fälle der tatsächlichen Unmöglichkeit anzuwenden. Gemeint sind insbesondere solche Fälle, in denen dem Ersatzpflichtigen die Jagdausübung durch äußere Umstände (z.B. fehlende Bejagungsflächen) unmöglich ist. Eine Analogie kann in den Fällen gebildet werden, in denen eine Regelungslücke besteht, die durch die Anwendung einer Rechtsnorm oder eines ganzen Gesetzes geschlossen werden kann.[647] Dafür müsste eine planwidrige Regelungslücke bei vergleichbarer Interessenlage vorliegen.[648]

Die Feststellung einer Lücke im Gesetz bereitet regelmäßig die wenigsten Probleme.[649] Im vorliegenden Fall stellt sich allerdings durchaus die Frage, ob überhaupt eine Regelungslücke besteht. § 33 HJagdG sieht Konsequenzen für den Fall vor, dass die Jagd auf bestimmten Flächen rechtlich nicht möglich ist. Die hier geschilderte Konstellation betrifft jedoch den Fall, dass die Jagd in tatsächlicher Hinsicht unmöglich ist – etwa, weil die landwirtschaftliche Nutzung die Jagd unmöglich macht. Dieser Fall hat keine ausdrückliche gesetzliche Re-

647 *Danwerth*, ZfPW 2017, 230, 232; *Bork*, BGB AT, 143 ff.; *Pawlowski*, Methodenlehre für Juristen, Rn. 476 ff.; *Zippelius*, Juristische Methodenlehre, S. 55 ff.

648 BGHZ 105, 140, 143; 149, 165, 174; 170, 187 Rn. 14 ff.; *Danwerth*, ZfPW 2017, 230, 232 f.; *Heussen*, NJW 2016, 1500, 1501; *Puppe*, Kleine Schule des juristischen Denkens, S. 201; *Schmalz*, Methodenlehre, 374 ff.; *Schwacke*, Juristische Methodik, S. 133 ff. Wohl andere Voraussetzungen *Luther*, JURA 2013, 449, 451 f.

649 Eingehend zu dieser Problemstellung *Canaris*, Lücken im Gesetz. Zu den weiteren Voraussetzungen *ders.*, Lücken im Gesetz, S. 108 ff.

gelung erfahren, sondern wird ausschließlich im Rahmen des Mitverschuldens des Ersatzberechtigten nach § 254 BGB diskutiert. Mithin ließe sich eine Regelungslücke in Ermangelung einer ausdrücklichen gesetzlichen Regelung eines Haftungsausschlusses bei tatsächlicher Unmöglichkeit der Jagdausübung noch annehmen.

Die Regelungslücke muss aber auch planwidrig sein. Die Planwidrigkeit ist gegeben, wenn der Gesetzgeber diese Lücke geschlossen hätte, wenn sie ihm bei der Schaffung des Gesetzes aufgefallen wäre.[650] Es bestehen durchaus Zweifel dahingehend, ob die Norm des § 33 HJagdG eine planwidrige Lücke offen lässt, da die Norm eindeutig auf die rechtliche Möglichkeit der Bejagung abstellt. Das Fehlen einer Regelung der tatsächlichen Unmöglichkeit der Jagdausübung lässt den Schluss darauf zu, dass der Gesetzgeber bewusst keine anderweitige Regelung getroffen hat. Darüber hinaus findet die tatsächliche Erschwerung bzw. Unmöglichkeit der Jagdausübung im Rahmen des § 254 BGB Berücksichtigung, der zudem eine abgestufte Haftungsbegrenzung statt eines Haftungsausschlusses ermöglicht. Ohnehin wird die Jagdausübung nur in seltenen Fällen gänzlich unmöglich sein. Selbst wenn beispielsweise ein Landwirt große Maisschläge anpflanzt und keine Schussschneisen belässt, kann die Jagd dennoch ausgeübt werden. Möglich wäre die Jagd, wenn auch wenig erfolgversprechend. Zudem ist die Jagd auf dieser Fläche nur temporär eingeschränkt. Sobald die darauf befindlichen Feldfrüchte abgeerntet sind, kann die Bejagung wieder uneingeschränkt stattfinden. Da die Regelungslücke vorliegend nicht planwidrig ist und die Vorschriften über das Mitverschulden bereits zu sachgerechten Ergebnissen führen, scheidet eine analoge Anwendung des § 33 HJagdG aus.

VII. Verfahren in Wildschadenssachen

Eine Besonderheit bei der Geltendmachung von Wildschäden ist das vorgelagerte behördliche Feststellungsverfahren nach § 35 BJagdG. Bei dem Wildschadensersatzanspruch handelt es sich um einen Anspruch zivilrechtlicher Natur, dem in einigen Ländern als Besonderheit ein

650 BGHZ 149, 165, 174; 170, 187 Rn. 15; *Danwerth*, ZfPW 2017, 230, 233.

Verwaltungsverfahren sui generis[651] vorgeschaltet ist. Wird dieses Verfahren nicht ordnungsgemäß durchgeführt, so kann der Wildschadensersatzanspruch nicht mehr geltend gemacht werden.[652] Ob das behördliche Vorverfahren durchgeführt werden muss, bleibt nach § 35 BJagdG den einzelnen Bundesländern überlassen.[653] Bis auf Sachsen und Sachsen-Anhalt haben alle Bundesländer von dieser Möglichkeit Gebrauch gemacht. Bei welcher Behörde der Wildschaden angemeldet werden muss, regelt das jeweilige LJagdG.[654] Über § 23 Nr. 2 d) GVG werden sodann die Verfahren bezüglich der Wildschäden unabhängig vom Streitwert dem ordentlichen Rechtsweg zugewiesen. Von dieser Regelung werden ausschließlich Wildschäden umfasst – für Jagdschäden gelten hingegen die allgemeinen Regelungen, da diese streng genommen auch unter die Regelungen der unerlaubten Handlung subsumiert werden können.[655]

1. Schadensanmeldung

Der Ablauf dieses Verfahrens soll anhand des Hessischen Jagdgesetzes (HJagdG) verdeutlicht werden: Einen Schaden an einer landwirtschaftlich genutzten Fläche muss der Ersatzberechtigte innerhalb der Wochenfrist schriftlich bei dem jeweiligen Gemeindevorstand anmelden (§ 34 Abs. 1 HJagdG). Sollte die Gemeinde selbst die Geschädigte sein, muss der eingetretene Schaden gemäß § 34 Abs. 2 HJagdG bei der zuständigen Kommunalaufsichtsbehörde gemeldet werden.[656] Zur Wahrung der Schriftform muss das Dokument vom Geschädigten

651 *Leonhardt/Bauer/Schätzler u. a.*, Wild- und Jagdschadensersatz, Teil 1, 14.1.

652 Siehe hierzu auch BGH NJW-RR 2011, 1106, 1107; *Niesler*, in: BeckOK GVG § 23 Rn. 23; *Tausch/Boettcher*, in: Kopp/Tausch/Boettcher Jagdrecht Hessen § 37 HJagdG Rn. 1; *Wittschier*, in: Musielak/Voit ZPO § 23 GVG Rn. 12.

653 *Leonhardt/Bauer/Schätzler u. a.*, Wild- und Jagdschadensersatz, Teil 1, 14.1; *Niesler*, in: BeckOK GVG § 23 Rn. 28.

654 *Thies*, Wild- und Jagdschaden, S. 56 führt explizit auf, welche Behörde in welchem Bundesland für die Anmeldung dieser Schäden zuständig ist (mit Ausnahme Hamburgs). Nach § 24 Abs. 2 Hamburgisches Jagdgesetz ist auch dort das behördliche Vorverfahren vor der Beschreitung des ordentlichen Rechtsweges statthaft.

655 *Wittschier*, in: Musielak/Voit ZPO § 23 GVG Rn. 12.

656 *Vollmer*, Wildschäden, S. 38.

selbst unterzeichnet werden.[657] Da auch „Surrogate im Rahmen der Telekommunikation" genügen, reicht für die Wahrung der Schriftform ein Fax aus, die Anmeldung per E-Mail ist jedoch bisher ausgeschlossen.[658] Es ist ebenfalls möglich, den Schaden zu Protokoll der Behörde zu melden. Eine bloße mündliche Mitteilung des Wildschadens gegenüber dem Gemeindevorstand genügt hingegen nicht.[659] Des Weiteren muss der eingetretene Wildschaden vom Berechtigten geltend gemacht werden. Berechtigt ist in Bezug auf die Geltendmachung von Wildschäden jeweils der Grundeigentümer oder der landwirtschaftliche Pächter dieser Flächen und damit der unmittelbar Geschädigte. Der Geschädigte muss die Erklärung allerdings nicht persönlich abgeben, sondern er kann sich nach den allgemeinen Grundsätzen von einem Dritten vertreten lassen.[660]

a) Voraussetzungen der Schadensanmeldung

Welche inhaltlichen Anforderungen an die Meldung von Wildschäden zu stellen sind, ergibt sich nicht aus dem Gesetz. Diese Anforderungen sind jedoch von besonderer Bedeutung, da den Geschädigten die umfassende Darlegungs- und Beweislast für die ordnungsgemäße Meldung trifft.[661] Dementsprechend lassen sich in der Rechtsprechung Konkretisierungen des erforderlichen Inhalts der Wildschadensmeldung finden:

Laut dem Amtsgericht Koblenz etwa ist „die Anmeldung eines Wildschadens […] nur dann als ausreichend anzusehen, wenn aus ihr hervorgeht, welcher Schaden, wo genau, durch welche Schadensursache entstanden ist. Diesen Anforderungen genügt ein geschädigter Grundstückspächter nicht, wenn er erst nach Ablauf der einwöchigen Anmel-

657 *Tausch/Boettcher,* in: Kopp/Tausch/Boettcher Jagdrecht Hessen § 34 HJagdG Rn. 1.
658 *Thies,* Wild- und Jagdschaden, S. 57; *Sachs/Kamp,* in: Stelkens/Bonk/Sachs VwVfG § 64 Rn. 10.
659 AG Bad Neustadt an der Saale, Urteil v. 05.10.2001 – 1 C 109/2001.
660 *Thies,* Wild- und Jagdschaden, S. 57. Zum Recht der Stellvertretung ausführlich *Wertenbruch,* BGB AT, § 28 bis § 33. Außerdem *Lorenz,* JuS 2010, 382 ff.; *Paulus,* JuS 2017, 301 ff.
661 BGH NJW-RR 2011, 1106, 1107; *Thies,* Wild- und Jagdschaden, S. 58; *Schäfer/Belgard,* in: Mitzschke/Schäfer § 34 Rn. 7 f.

defrist die Flurnummern der geschädigten Grundstücke angibt."[662] Ergänzend dazu hat das AG Bad Neustadt an der Saale ausgeführt, dass der Geschädigte den Zeitpunkt der Überprüfung der geschädigten Flächen sowie der Schadensfeststellung darzulegen hat.[663] Das AG Schwedt/Oder äußerte sich sogar dahingehend, dass der Vortrag zur Schadensfeststellung zu unsubstantiiert sei, wenn nicht vorgetragen werde, wer den Schaden festgestellt hat und wie der eingetretene Schaden konkret ausgesehen hat.[664]

Dabei ist stets im Auge zu behalten, ob es sich um einen neuen Wildschaden oder bloß um die Intensivierung eines bereits bestehenden Schadens handelt. Die Konkretisierung des Schadens ist insofern wichtig, als ein neuer Schaden stets auch eigens gemeldet werden muss – das „Sammeln" von Schäden ist unzulässig. Sammelt der Geschädigte über einen bestimmten Zeitraum verschiedene Schäden und meldet diese dann einheitlich, so kann die Geltendmachung einzelner Schäden verfristet sein. Eine „Ausnahme" soll nach der Rechtsprechung des Bundesgerichtshofs der absolute Sonderfall darstellen, dass Wildschweine in einem bestimmten Zeitraum ein und dieselbe Fläche mehrmals schädigen.[665] Demgegenüber handelt es sich um eine bloße Schadensintensivierung, wenn das Ausmaß eines bereits bestehenden Wildschadens durch erneutes schadensträchtiges Verhalten des Wildes wächst.[666]

Daraus lassen sich folgende Erfordernisse an die Anmeldung eines Wildschadens herleiten: Der Geschädigte soll innerhalb einer Wochenfrist angeben, welche Wildart aller Voraussicht nach den Schaden verursacht hat, ob er selbst oder ein Dritter die Felder kontrolliert hat, wann genau die Beschädigung aufgefallen ist und ob die Schadensmeldung sich noch innerhalb der Wochenfrist befindet.

---

662 AG Koblenz, Urteil v. 30.07.1986 – 43 C 320/86.

663 AG Bad Neustadt an der Saale, Urteil v. 05.10.2001 – 1 C 109/2001. Außerdem wird nebenbei angemerkt, dass der Vorbescheid der zuständigen Behörde aufzuheben ist, falls der zum Ersatz verpflichtete Jagdpächter zum Termin der Schadensfeststellung nicht geladen wird.

664 AG Schwedt/Oder, Urteil v. 09.09.2003.

665 Zu diesem „Ausnahmefall" BGH, Urteil v. 15.04.2010 – III ZR 216/09 = NJW-RR 2010, 1398. Kritisch zu dieser Entscheidung unter Kapitel 5 E.

666 Dies erachtet im Grunde auch BGH, Urteil v. 15.04.2010 – III ZR 216/09 Rn. 20 = NJW-RR 2010, 1398, 1400 für maßgeblich.

Die Frage nach der schadensverursachenden Wildart kann zum Teil Schwierigkeiten bereiten, da beispielsweise auch der Dachs Schäden an Maisfeldern anrichtet, er aber nicht zum Schadwild gehört, für das eine Ersatzverpflichtung besteht. Die Darlegung, welcher konkrete Schaden eingetreten ist und ob dieser durch Schadwild verursacht wurde, ist daher von gehobener Relevanz. Unmittelbar nach der schädigenden Einwirkung kann die schadensverursachende Wildart noch relativ gut ermittelt werden – je mehr Zeit allerdings vergeht, desto stärker ist die geschädigte Fläche mit den Schadensspuren der natürlichen Witterung ausgesetzt. Außerdem soll dem Geschädigten die Möglichkeit gegeben werden, zu analysieren, in welchem Bereich seines Revieres häufig Wildschäden auftreten, und geeignete Vorsorgemaßnahmen zu treffen.[667]

b) Anmeldefrist nach § 34 BJagdG

aa) Allgemeines

Der entstandene Schaden muss nach § 34 BJagdG innerhalb der dort genannten Fristen bei der zuständigen Behörde geltend gemacht werden, um in den Genuss des Wildschadensersatzes zu kommen. Sollten die Fristen versäumt werden, ist der Schaden nicht ersatzfähig und wird auch nicht mehr zur Feststellung gebracht[668] – der Anspruch erlischt ipso iure (§ 34 S. 1 BJagdG).[669] Um den Schaden korrekt anzumelden, muss zunächst differenziert werden, welche Frist für den Betroffenen gilt. Für die Auswahl der Frist ist entscheidend, ob forst- oder landwirtschaftliche Schäden entstanden sind. Im Falle eines landwirtschaftlichen Schadens erlischt der Wildschadensersatzanspruch kraft Gesetzes, wenn der Ersatzberechtigte den Schaden nicht innerhalb einer Woche bei der zuständigen Behörde anmeldet, nachdem er Kenntnis vom Schaden erhalten hat oder bei der Beobachtung mit gehöriger Sorgfalt erhalten hätte (vgl. § 34 S. 1 BJagdG).[670]

667 *Thies*, AUR 2010, 325, 327; *Konrad*, Wildschadensersatz, S. 186; *Schäfer/Belgard*, in: Mitzschke/Schäfer § 34 Rn. 3.

668 LG Saarbrücken, Urteil v. 28.03.2013 – 13 S 173/12 Rn. 11.

669 *Thies*, Wild- und Jagdschaden, S. 55.

670 BGH, Urteil v. 15.04.2010 – III ZR 216/09 Rn. 9; AG Cochem, Urteil v. 06.06.2002 – 2 C 855/01; *Thies*, Wild- und Jagdschaden, S. 55.

Sollte ein forstwirtschaftlicher Schaden entstanden sein, ist der Einhaltung der Frist Genüge getan, wenn der Schaden jeweils bis zum 1. Mai oder 1. Oktober eines jeden Jahres gemeldet wird (vgl. § 34 S. 2 BJagdG). Dabei ist stets die in Anspruch zu nehmende Person zu nennen (§ 34 S. 3 BJagdG).[671] Bei forstwirtschaftlichen Schäden handelt es sich vorwiegend um sog. Verbiss-[672] und Schälschäden.[673] Es kann jedoch auch zu Fegeschäden kommen.[674] Welche Behörde jeweils für die Anmeldung der Schäden zuständig ist, wird im jeweiligen LJagdG geregelt. In Hessen ist die zuständige Behörde gemäß § 34 HJagdG etwa der jeweilige Gemeindevorstand. Die Frist für die Anmeldung forstwirtschaftlicher Schäden ist vorliegend länger bemessen, da Feststellung eines Schadens schwieriger ist als bei landwirtschaftlichen

---

671 *Schuck*, in: Schuck BJagdG § 34 Rn. 1.

672 Unter „Verbissschäden" versteht man Schäden, die von Schalen-, meist durch Rehwild, an jungen Bäumen entstehen. Das Rehwild als Konzentratselektierer beißt vorwiegend junge Baumtriebe ab. Oft bildet sich aufgrund dessen ein sogenannter „Zwiesel", d.h. der junge Baum bildet zwei Spitzen aus. Eine Zwieselbildung führt zu einem Wertverlust des Baumes, da die Bruchgefahr gesteigert ist. Oft beißt Rehwild auch den Leittrieb, d.h. den Haupttrieb eines jungen Baumes ab, aus dem sich später einmal der Stamm herausbildet. Hierdurch wird der Baum in seinem Wachstum stark beeinträchtigt und droht abzusterben. Die größte Gefahr durch den Verbiss ist jedoch die Entmischung des Waldes. Da insbesondere Rehwild nicht alle Baumarten gleichmäßig verbeißt, sondern mit Vorliebe Kirsche, Esche, Eiche, Weißtanne und Ahorn. Ausgiebig dazu *Seibt*, Grundwissen Jägerprüfung, S. 311 ff.; https://www.waldhilfe.de/wildschaeden-im-wald/?gclid=EAIaIQobChMI68CD66CE7AIVFON3Ch1yZAe6EAAYASAAEgLnXvD_BwE (Stand: 20.12.2020).

673 Ein „Schälschaden" ist dadurch gekennzeichnet, dass Wild die Rinde von Bäumen ablöst und frisst. An der dadurch freigelegten Fläche des Baumes wird durch bestimmte Pilzarten das Verfaulen des Baumes gefördert. Dadurch entsteht entweder ein massiver Wertverlust oder der Baum stirbt vollständig ab. S. dazu *Seibt*, Grundwissen Jägerprüfung, S. 313 ff.; *Leonhardt/Bauer/Schätzler u. a.*, Wild- und Jagdschadensersatz, Teil 1, 11.1.3.

674 Bei „Fegeschäden" handelt es sich um Schäden, die dadurch entstehen, dass Hirsche und Rehböcke ihr Geweih an Bäumen reiben, um so ihr Revier zu markieren und den auf dem Geweih befindlichen Bast abzureiben. Auch dazu *Seibt*, Grundwissen Jägerprüfung, S. 315. Der Bast ist eine Nährhaut, die das Geweih eines Cerviden während der Geweihentwicklung mit Nährstoffen versorgt und nach der Geweihbildung abgestreift werden muss. S. dazu *Hofmann/Schmidt Klaus*, Heintges Haarwild, S. 24 f.

Flächen, sodass die hier längere Frist als Entgegenkommen gegenüber dem Ersatzberechtigten zu verstehen ist.[675]

Die Anmeldung des Schadens innerhalb der gesetzlichen Frist ist zwingende Voraussetzung, um den Schadensersatzanspruch geltend zu machen. Dabei ist sie bei landwirtschaftlichen Schäden von weitaus größerer Bedeutung als bei forstwirtschaftlichen: Nur durch die schnellstmögliche Anmeldung kann sichergestellt werden, dass ein landwirtschaftlicher Schaden sicher begutachtet und dokumentiert wird. Wartet man erst noch einige Zeit zu, so können Witterungseinflüsse oder Tiere, die nicht vom Wildschadensersatz erfasst sind, auf die bereits bestehenden Schäden Einfluss nehmen, was die Feststellung erheblich erschweren kann. Je mehr Zeit verstreicht, desto schwieriger wird es, den Schaden exakt zu bemessen. Insbesondere ist es von besonderer Bedeutung, zweifelsfrei feststellen zu können, dass der betreffende Schaden von den gesetzlich festgelegten Schadwildarten verursacht wurde. An der Schadensfläche können oftmals Fährten, Verbissspuren, Losung[676] oder Zahnabdrücke gefunden werden. Durch die fortlaufende Witterung können diese Spuren relativ schnell verschwinden oder unkenntlich werden, wodurch insbesondere die schadensverursachende Wildart nicht mehr eindeutig identifiziert werden kann. Aber auch menschliches Fehlverhalten – etwa „Bestellungs- und Düngungsfehler“[677] – kann dazu führen, dass Wildschäden nicht mehr ordnungsgemäß dokumentiert werden können. Dementsprechend ist es bei Schäden auf landwirtschaftlich genutzten Flächen von äußerster Wichtigkeit, dass die Anmeldungsfrist von einer Woche nach Kenntnis des Schadens vom Betroffenen eingehalten wird. Der Einhaltung der Wochenfrist zur Anmeldung von Wildschäden liegt darüber hinaus ein „staatliches Interesse“ zugrunde, da sie mit dem erheblichen Eingriff in die Dispositionsmaxime (§ 308 ZPO)[678] auch der Entlastung

675 *Schuck*, in: Schuck BJagdG § 34 Rn. 7.

676 Der Kot von Hunden und anderen Wildarten mit Ausnahme von Greifvögeln, vgl. *Frevert*, Jagdliches Brauchtum und Jägersprache, S. 226.

677 BGH, Urteil v. 15.04.2010 – III ZR 216/09 Rn. 10; *Schuck*, in: Schuck BJagdG § 34 Rn. 5.

678 Zur Dispositionsmaxime *Musielak*, in: Musielak/Voit ZPO § 308 Rn. 1 ff.; *Seiler*, in: Thomas/Putzo ZPO Einl I Rn. 5; *ders.*, in: Thomas/Putzo ZPO § 308 Rn. 1 ff.

der Gerichte dienen.[679] Das gesetzliche Leitbild geht davon aus, dass der erste Termin zur Schadensfeststellung innerhalb von 48 Stunden zu erfolgen hat.[680]

Dogmatisch gesehen handelt es sich bei dieser Frist um eine Ausschlussfrist und nicht um eine Verjährungsfrist.[681] Demzufolge ist diese Frist auch nicht wie eine Einrede zu behandeln, sondern wie eine rechtsvernichtende Einwendung, sodass das Gericht die Einhaltung dieser Frist von Amts wegen zu berücksichtigen hat.[682] Insbesondere ist auch eine Wiedereinsetzung in den vorherigen Stand bei Fristversäumnis nicht möglich.[683] Sollte der Anspruchsgegner die Kenntnisnahme bestreiten, so ist dieser für den Eintritt des früheren Schadens beweisbelastet.[684]

Sollten nach der Schadensmeldung weitere Wildschäden eintreten, so müssen diese erneut angemeldet werden. Die neuen Schäden dürfen nicht Teil einer Schätzung werden, wenn diese nicht ordnungsgemäß angemeldet wurden.[685]

bb) Kontrollobliegenheit

Besonders streitträchtig war in diesem Zusammenhang die Frage, zu welchem Zeitpunkt der Geschädigte Kenntnis von dem Schaden ge-

679 BGH, Urteil v. 15.4.2010; *Thies*, Wild- und Jagdschaden, S. 55.

680 *Thies*, Wild- und Jagdschaden, S. 65.

681 BGH NJW-RR 2011, 1006, 1007; AG Cochem, Urteil v. 06.06.2002 – 2 C 855/01 (Orientierungssatz 1); *Konrad*, Wildschadensersatz, S. 186; *Starke*, Haftung für Wildschäden nach dem RJG, S. 94 f.; *Gies*, in: Düsing/Martínez AgrarR § 34 BJagdG Rn. 3; *Leonhardt/Bauer/Schätzler u. a.*, Wild- und Jagdschadensersatz, Teil 1, 13.1; *Metzger*, in: Lorz/Metzger/Stöckel BJagdG § 34 Rn. 4.

682 BGH NJW-RR 2011, 1106, 1107; Urteil, v. 15.04.2010 – III ZR 216/09. In dieser Entscheidung wird sogar explizit ausgeführt, dass es keinerlei weiterer Feststellungen zum Schaden bedürfe, wenn die Frist nicht eingehalten wird. AG Cochem, Urteil v. 06.06.2002 – 2 C 855/01 (Orientierungssatz 1); *Thies*, Wild- und Jagdschaden, S. 58; *Schäfer/Belgard*, in: Mitzschke/Schäfer § 34 Rn. 8; *Schuck*, in: Schuck BJagdG § 34 Rn. 9. Die Anmeldefrist wurde zudem bereits im § 49 RJagdG festgehalten, betrug damals aber lediglich drei Tage. Siehe dazu *Mitzschke/Schäfer*, in: Mitzschke/Schäfer RJG § 49.

683 *Leonhardt/Bauer/Schätzler u. a.*, Wild- und Jagdschadensersatz, Teil 1, 13.1.

684 *Bahn*, in: Bahn RJG § 49 Rn. 74; *Weigand*, in: RJG § 49 Rn. 135.

685 BGH, Urteil v. 15.04.2010 – III ZR 216/09; *Thies*, AUR 2010, 325, 327.

nommen haben muss. § 34 S. 1 BJagdG sieht vor, dass der Geschädigte den Schaden innerhalb einer Woche, nachdem er von dem Schaden Kenntnis erhalten hat oder bei Beobachtung gehöriger Sorgfalt erhalten hätte, bei der zuständigen Behörde melden muss. Dementsprechend war strittig, wann der Grundeigentümer von der Schädigung bei gehöriger Sorgfalt Kenntnis erlangt hätte.[686]

In der Zeit des RJagdG betrug die Anmeldefrist lediglich drei Tage nach der Kenntnisnahme oder Möglichkeit der Kenntnisnahme bei gehöriger Sorgfalt.[687] Zu dieser Zeit ging man davon aus, dass bei gehöriger Sorgfalt der Schaden spätestens innerhalb einer Jahresfrist entdeckt werden müsste und nach Ablauf der Jahresfrist nicht mehr angemeldet werden kann.[688] In Bezug auf die heutigen Regelungen des BJagdG geht man sowohl in der Rechtsprechung als auch in der Literatur davon aus, dass es dem Grundeigentümer abverlangt werden kann, die in seinem Eigentum befindlichen landwirtschaftlichen Flächen jeweils monatlich zu kontrollieren.[689] Bei der Einhaltung dieser Frist soll auch den landwirtschaftlichen Belangen Rechnung getragen werden – insbesondere sollen dem Geschädigten keine zwingenden Vorgaben gemacht werden, die der Durchsetzung seines Ersatzanspruchs erheblich entgegenstehen. Vor diesem Hintergrund handelt es sich bei der regelmäßig befürworteten Monatsfrist weniger um eine starre Frist als um einen Richtwert, der im Einzelfall – z.B. auf besonders schadensträchtigen Flächen[690] – angepasst werden muss.[691]

686 *Konrad*, Wildschadensersatz, S. 186 f. Zur Differenzierung von Einwendungen und Einreden *Petersen*, JURA 2008, 422 ff.; *Ulrici/Purrmann*, JuS 2011, 104 ff.; *Medicus/Petersen*, Bürgerliches Recht, Rn. 732.

687 *Bahn*, in: Bahn RJG § 49 Rn. 73 f.; *Mitzschke/Schäfer*, in: Mitzschke/Schäfer RJG § 49 Rn. 46; *Weigand*, in: RJG § 49 Rn. 134 f.

688 *Konrad*, Wildschadensersatz, S. 186 f.

689 AG Plön, Urteil v. 27.01.1983 – 2 C 416/81 (Orientierungssatz 3); LG Hechingen, Urteil v. 21.02.1990 – 3 S 105/89 (Orientierungssatz 2); AG Simmern, Urteil v. 29.08.2001 – 3 C 338/01 (Orientierungssatz 1); *Thies*, Wild- und Jagdschaden, S. 59; *Schäfer/Belgard*, in: Mitzschke/Schäfer § 34 Rn. 7; *Schuck*, in: Schuck BJagdG § 34 Rn. 5.

690 Hier werden z.T. kürzere Kontrollfristen befürwortet, vgl. *Schuck*, in: Schuck BJagdG § 34 Rn. 5 m.w.N.

691 BGH, Urteil v. 15.04.2010 – III ZR 216/09 Rn. 12 f.

Ob diese Monatsfrist zur Kontrolle von Wildschäden auf landwirtschaftlichen Flächen noch zeitgemäß ist, kann allerdings in Zweifel gezogen werden. Viele Landwirte verfügen inzwischen über Drohnen, mit deren Hilfe Wildschäden verhältnismäßig einfach festgestellt werden können. Insbesondere lassen sich die Flugroboter so programmieren, dass sie selbstständig das vorher festgelegte Territorium überfliegen und Bildaufnahmen fertigen. Verschiedene Drohnenhersteller werben explizit damit, dass durch ihr Produkt Wildschäden zuverlässig dokumentiert werden können.[692] Zudem ist in der Zukunft eine weitere Verbesserung dieser hilfreichen Technologie zu erwarten. Mithilfe einer solchen Technik dürfte des dem Landwirt jedenfalls leichter fallen, seine Grundflächen in kürzeren Abständen zu kontrollieren. Vor diesem Hintergrund ist die Verkürzung der Monatsfrist zur Wildschadenskontrolle zumindest anzudenken.

cc) Vertragliche Anzeigepflicht des Jagdpächters

Auch hinsichtlich der ausgeführten Kontrollobliegenheit wird zunehmend der Jagdpächter mithilfe entsprechender Vertragsklauseln in die Pflicht genommen. Immer häufiger enthalten formularmäßige Jagdpachtverträge Klauseln wie die folgende: *„Der Pächter verpflichtet sich, ihm bekannte Wildschäden unverzüglich der Jagdgenossenschaft und dem betroffenen Landwirt anzuzeigen. Bei Verstoß gegen diese Verpflichtung steht dem Pächter das Berufen auf Einhalten der Wochenfrist gemäß § 34 BJagdG zur Anmeldung des betroffenen Schadens nicht mehr zu.“*[693]

Bei genauerer Betrachtung wird schnell klar, welches Ziel die Auferlegung einer solchen Klausel beinhaltet: Der Jagdpächter kann sich bei der Auferlegung einer solchen Anzeigepflicht nur dann vertragskonform verhalten, wenn er der Jagdgenossenschaft bzw. dem jeweiligen Landwirt jeden von ihm entdeckten Schaden anzeigt. Die Schadensan-

692 https://www.jaegermagazin.de/jaeger-praxis/praxistipps/drohnen-bei-der-ernte-wildschaden-erkennen-und-sauen-aufspueren/ (Stand: 20.12.2020); https://www.topagrar.com/management-und-politik/news/mit-drohnen-wildschweinschaeden-schaetzen-9584804.html (Stand: 20.12.2020).

693 Eine solche Klausel oder ähnlich ausgestaltete findet man immer häufiger in vorgefertigten Pachtverträgen.

zeige des Pächters hat selbstredend zur Konsequenz, dass der Ersatzberechtigte seinen Schaden sodann fristgerecht beim zuständigen Gemeindevorstand anmelden und so den Wildschadensersatzanspruch nach § 29 BJagdG i.V.m. dem Jagdpachtvertrag (§ 581 BGB) durchsetzen wird. Zeigt der Pächter den Schaden jedoch nicht an, so haftet er aufgrund seiner vertraglichen Pflichtverletzung nach den allgemeinen Grundsätzen (§§ 280 ff. BGB). Diese Regelung führt also im Ergebnis dazu, dass der Ersatzberechtigte in die Lage versetzt wird, seinen Schaden jederzeit zu regulieren, während der Pächter buchstäblich „in der Falle sitzt" und jeden aufkommenden Schaden regulieren muss. Der Geschädigte kann – metaphorisch gesprochen – „in der Hängematte liegen" und abwarten, wann der Jagdausübungsberechtige sich meldet, damit er Wildschadensersatz geltend machen kann.

Beim Abschluss eines Jagdpachtvertrages kommen regelmäßig Musterverträge zur Anwendung. Unter Jägern besteht ein enormes Interesse daran, ein eigenes Revier zu pachten. Daher begibt sich der Verpächter vorliegend in eine privilegierte Position, da er meist ohne Weiteres einen Pächter findet, der die aufgestellten Bedingungen akzeptiert. Es existiert dementsprechend eine Vielzahl an vorgefertigten Jagdpachtverträgen, die standardmäßig im Internet abrufbar sind.[694] Angesichts dieser Praxis wird der Jagdpachtvertrag in der Regel allgemeine Geschäftsbedingungen zum Inhalt haben.[695] Bei allgemeinen Geschäftsbedingungen handelt es sich um für eine Vielzahl von Verträgen vorformulierte Vertragsbedingungen, die eine Vertragspartei (Verwender) der anderen Vertragspartei bei Abschluss eines Vertrages stellt (§ 305 Abs. 1 S. 1 BGB). Dabei kann es sich um einzelne Klauseln oder um die Gesamtheit aller Vertragsregelungen handeln.[696] Für eine Vielzahl von Verträgen vorformuliert bedeutet, dass der Verwender beabsichtigt, die Klausel zumindest dreimal zu verwenden und sie

694 *Kopp/Tausch/Boettcher*, S. 249 ff.; https://ljv-rlp.de/wp-content/uploads/2018/04/LJV-Musterjagdpachtvertrag-2018-03.pdf (Stand: 20.12.2020).

695 Generell und ausführlich zu den allgemeinen Geschäftsbedingungen *Raiser*, Allgemeine Geschäftsbedingungen; *Rehbinder*, Allgemeine Geschäftsbedingungen; *Schmidt-Salzer*, Allgemeine Geschäftsbedingungen, S. 24 ff.

696 *Koehler*, MMR 1998, 289, 290; *Brox/Walker*, Allgemeines Schuldrecht, § 4 Rn. 29 ff.; *Wertenbruch*, BGB AT S. 153 ff.

schriftlich oder in sonstiger Weise fixiert hat.[697] Ein formularmäßiger Musterjagdpachtvertrag erfüllt diese Voraussetzungen in jedem Fall.

Eine vorrangige Individualabrede scheitert in der Regel. An eine Individualvereinbarung i.S.d. § 305a BGB stellt der Bundesgerichtshof hingegen hohe Anforderungen. Der Verwender muss dem Vertragspartner einen Verhandlungsspielraum zukommen lassen, der über ein allgemeines Verhandeln hinausgeht und dem Vertragspartner tatsächlich die Möglichkeit gibt, auf den Vertrag Einfluss zu nehmen.[698] Eine Klausel wie die hier gegenständliche wird daher im seltensten Fall eine Individualvereinbarung darstellen, weil ein verständiger Pächter sich auf eine solche Klausel kaum einlassen wird.

Eine Klausel, durch die dem Jagdpächter eine vertragliche Anzeigepflicht für Wildschäden auferlegt wird, hält der Inhaltskontrolle nach §§ 307 ff. BGB nicht stand, da sie eine unangemessene Benachteiligung i.S.d. § 307 Abs. 1 S. 1 BGB darstellt. Gemäß § 307 Abs. 2 Nr. 1 BGB ist eine unangemessene Benachteiligung unter anderem dann anzunehmen, wenn die Bestimmung mit dem wesentlichen Grundgedanken der gesetzlichen Regelung, von der abgewichen wird, nicht zu vereinbaren ist. Durch Klauseln wie die oben beschriebene wird der interessenausgleichende Sinn und Zweck des § 34 BJagdG aus dem Gleichgewicht gebracht. Wie bereits dargestellt, liegt der Sinn und Zweck der Wochenfrist darin, schnellstmöglich unter Wahrung des Schadensbildes festzustellen, ob ein erstattungsfähiger Wildschaden vorliegt. Gleichwohl hat nach der gesetzlichen Grundkonzeption der Geschädigte Sorge für die Wildschadenskontrolle zu tragen. Der Geschädigte soll sich nicht darauf berufen können, den Schaden erst verspätet bemerkt zu haben. Durch die zeitliche Begrenzung der Anmeldefrist soll dem Schutzinteresse des Haftenden gegen ein unkalkulierbares Risiko Rechnung getragen werden. In der heutigen Zeit gibt es kaum einen Jagdpachtvertrag, der nicht den Ersatz für Wildschäden auf den Pächter abwälzt. Die einzigen vertraglichen Möglichkeiten, die dem Jagdpächter gegen eine Überhaftung bleiben, sind die Vereinbarung

697 BGH NJW 1988, 410 (1. Leitsatz) damals noch zu § 1 Abs. 1 S. 1 AGB-Gesetz; NJW 2002, 138, 139; NJW 1997, 135; *Miethaner*, NJW 2010, 3121.

698 BGH NJW 2013, 856 Rn. 10; NJW 2003, 1805, 1808; NJW 1998, 3488; NJW 1997, 135; *Leuschner*, NJW 2016, 1222, 1223; *Miethaner*, NJW 2010, 3121.

einer Wildschadenspauschale oder einer Wildschadensbegrenzung.[699] Sollte jedoch eine solche Vereinbarung mit dem Verpächter scheitern, so bleibt dem Pächter regelmäßig nur eine Möglichkeit:[700] Er muss darauf vertrauen, dass er den Wildschaden vor dem Ersatzberechtigten entdeckt, und den Schaden sodann (etwa mittels Fotografien) sorgfältig dokumentieren. Nur so kann er im Streitfall beweisen, dass der Schaden bereits vor der Kenntnisnahme des Geschädigten entstanden und die Anmeldefrist nach § 34 BJagdG abgelaufen ist. Dieser Schutz des § 34 BJagdG vor Überhaftung wird dem Pächter durch die Konstituierung einer Anzeigepflicht des Jagdpächters für Wildschäden vollständig verwehrt.[701]

2. Vorverfahren

Nach der ordnungsgemäßen Anmeldung eines Wildschadens bei der zuständigen Behörde muss diese möglichst zeitnah einen Ortstermin an der geschädigten Stelle vereinbaren (§ 35 Abs. 1 S. 1 BJagdG). Innerhalb dieses Termins soll zunächst der Versuch unternommen werden, eine interessengerechte, außergerichtliche Lösung zu finden. Zu dem besichtigten Termin muss die Behörde den Geschädigten, den Ersatzverpflichteten (in den meisten Fällen also den Jagdpächter) und den Jagdvorstand laden. Eine Besonderheit im hessischen Verfahren ist, dass bei diesem ersten Termin der Wildschadensschätzer nicht unmittelbar hinzugezogen werden muss. Die Behörde muss in der Ladung zum Termin bereits mitteilen, dass auch in Abwesenheit des Ersatzverpflichteten die Untersuchung begonnen werden kann (§ 36 Abs. 1 HJagdG). Wäre dies nicht der Fall, so könnte der Verpflichtete

699 Siehe dazu Kapitel 4 B. II. 2.

700 Der Haftungsausschluss nach § 32 BJagdG spielt in der Praxis eher selten eine Rolle.

701 Hieran schließt sich die Fragestellung an, ob der Pächter wegen der Verwendung dieser unwirksamen Klausel selbst einen Ersatzanspruch gegen den Verwender generiert (dazu *Schmidt*, WuM 2010, 191). Die Auferlegung der o.g. Klausel kann dazu führen, dass der Pächter jeden Schaden, der von ihm im Zuge der Jagdausübung bemerkt wird, der Jagdgenossenschaft und dem Landwirt anzeigt, um seinen vermeintlichen jagdpachtvertraglichen Pflichten zu genügen. Das Resultat wird regelmäßig sein, dass der Wildschaden dadurch vom Pächter reguliert werden muss.

bewusst die zeitliche Komponente nutzen, um damit die Wildschäden weiterhin den äußeren Umweltbedingungen auszusetzen.[702] Die Dringlichkeit dieses Verfahrens wird auf die Konzentrations- und Beschleunigungsmaxime[703] aus dem Zivilverfahren gestützt.[704] Häufig kommt es jedoch erst verspätet zur Begutachtung des eingetretenen Schadens, sodass den Gerichten nicht selten Schätzgutachten vorgelegt werden, die nach mehreren Wochen keine zuverlässigen Schadensfeststellungen mehr enthalten. Jede Verzögerung geht in diesem Stadium zu Lasten des Ersatzberechtigten, da dieser seinen Schaden schlechter beweisen kann.[705]

Nach § 36 Abs. 2 HJagdG kann während der Durchführung des Feststellungstermins allerdings jede der Parteien beantragen, dass die Dokumentation der Schäden erst in einem Termin kurz vor der Einholung der Ernte erfolgen soll. Dieses Vorgehen ist bei Pflanzkulturen sinnvoll, deren Beschädigung sich erst zur Ernte effizient bemessen lässt. Diesem Antrag ist in Hessen zwingend stattzugeben (§ 36 Abs. 2 S. 2 HJagdG). Allerdings ändert dies nichts daran, dass der in dem Termin bereits von den Beteiligten angeschaute Wildschaden beweissichernd schriftlich dokumentiert werden muss. Sonst könnte auch hier der Ersatzpflichtige den Versuch unternehmen, auf den Schaden zeitlich einzuwirken.[706]

Sollte es in dem ersten Termin nicht zu einer gütlichen Einigung kommen, so muss der Gemeindevorstand unverzüglich einen neuen Termin ansetzen, zu dem auch eine zum Schätzen von Wildschäden bestellte Person zu laden ist (§ 36 Abs. 4 HJagdG). Bei landwirtschaftlichen Schäden ist dies ein Wildschadensschätzer, bei forstwirtschaftlichen Schäden (also besonders bei Verbiss- und bei Schälschäden) wird ein Forstsachverständiger eingeschaltet.[707] Sodann muss der Schaden

702 *Thies*, Wild- und Jagdschaden, S. 66 f.; *Tausch*, Jagdrecht Hessen, S. 310 f.

703 Zur Konzentrations- und Beschleunigungsmaxime ausführlich *Rauscher*, in: MK-ZPO Einl. Rn. 382 ff.

704 *Thies*, Wild- und Jagdschaden, S. 65 f.

705 *Thies*, Wild- und Jagdschaden, S. 66.

706 Vgl. zum Verfahren nach § 36 HJagdG *Schuck*, in: Schuck BJagdG § 35 Rn. 10; *Tausch/Boettcher*, in: Kopp/Tausch/Boettcher Jagdrecht Hessen § 36 HJagdG Rn. 4; *Tausch*, Jagdrecht Hessen, Rn. 279.

707 Zur Vorgehensweise des Forstsachverständigen bzw. Wildschadensschätzers *Thies*, Wild- und Jagdschaden, S. 69 f.

zwecks Beweissicherung möglichst schnell dokumentiert werden. Die Schäden werden im Wildschadensfeststellungsverfahren von einem professionellen Wildschadensschätzer aufgenommen und der Höhe nach geschätzt. Dabei untersucht der Schätzer auch, ob die Schäden von den Schadwildarten verursacht wurden oder ob ggf. andere Schadensursachen denkbar sind. Es wird beispielsweise der Boden der betroffenen Fläche nach Spuren und Kot der Wildarten abgesucht. Sollten Verbissschäden im Wald entstanden sein, prüft der Forstsachverständige, auf welcher Höhe des Baumes sich der Abbiss befindet und ob dieser einer Wildart zugeordnet werden kann. Nachdem die Größe des Schadens aufgenommen wurde, kann der Schätzer mit einer Richtwerttabelle sodann die Höhe des Schadens beziffern.[708] Die Eckpunkte der Schadensberechnung bilden der Umfang der beschädigten Flächen und die zerstörten und unbrauchbaren Feldfrüchte.[709]

Des Weiteren muss bei der Feststellung des Schadens dokumentiert werden, ob den Geschädigten ein Mitverschulden im Sinne des § 32 BJagdG zur Last gelegt werden kann. Deswegen muss festgestellt werden, ob der Geschädigte Wildschadensabwehrmaßnahmen, welche vom Jagdausübungsberechtigten getroffen worden sind, vorsätzlich unwirksam gemacht hat oder diese gar ohne ein berechtigtes Interesse mitzuteilen von Anfang an vereitelt hat. Ebenfalls muss überprüft werden, ob Sonderkulturen nach § 32 Abs. 2 BJagdG angepflanzt worden sind und ob die dafür erforderlichen Schutzmaßnahmen vom Anpflanzenden getroffen worden sind. In diesem Fall ist der dort entstandene Schaden nicht ersatzfähig. Weiterhin muss beurteilt werden können, ob die vom Geschädigten ergriffenen Maßnahmen zum Schutz der Sonderkulturen ausreichend waren. Abschließend muss außerdem beurteilt werden, ob eine andere Art des Mitverschuldens in Betracht kommt. Dabei muss besonders beachtet werden, ob der Schaden durch das verspätete Abernten potenziert wurde. Lässt der Landwirt die Früchte über einen längeren Zeitraum auf dem Feld

---

708 In Hessen gibt das Regierungspräsidium Kassel die benötigten Richtwerttabellen heraus https://rp-kassel.hessen.de/sites/rp-kassel.hessen.de/files/content-downloads/n-Richtwerte%20Futterpflanzen%202016%20(3).pdf (Stand: 20.12.2020).

709 Zu den genauen Beurteilungskriterien einer Wildschadensschätzung *Thies,* Wild- und Jagdschaden.

liegen, obwohl das Einlagern angezeigt gewesen wäre, kann diesbezüglich ebenfalls von einem Mitverschulden ausgegangen werden.[710]

Das Verfahren zur Wildschadensschätzung ist vergleichbar mit dem selbstständigen Beweisverfahren nach §§ 485 ff. ZPO.[711] Gemäß § 485 Abs. 1 ZPO kann während oder außerhalb eines Streitverfahrens auf Antrag einer Partei die Einnahme des Augenscheins, die Vernehmung von Zeugen oder die Begutachtung durch einen Sachverständigen angeordnet werden, wenn der Gegner zustimmt oder zu besorgen ist, dass das Beweismittel verloren geht oder seine Benutzung erschwert wird. Vor der Rechtshängigkeit kann eine Partei nach § 485 Abs. 2 ZPO in bestimmten Fällen die schriftliche Begutachtung durch einen Sachverständigen beantragen, wenn sie ein rechtliches Interesse an der Feststellung hat. Das selbstständige Beweisverfahren dient damit der Erhaltung eines gefährdeten Beweismittels.[712] Wie bereits ausgeführt, geht es darum auch im Falle der Wildschadensschätzung: Die schädigende Wildart, das Ausmaß und dementsprechend die Höhe des Schadens können nur sicher bestimmt werden, wenn der Schaden noch nicht über einen längeren Zeitraum Umwelteinflüssen ausgesetzt war.

3. Gütliche Einigung

Sollte es in dem Termin zu einer gütlichen Einigung zwischen dem Ersatzberechtigten und dem Ersatzverpflichteten kommen, so muss diese schriftlich fixiert werden (§ 36 Abs. 3 HJagdG). In diesem Schriftstück muss explizit aufgenommen werden, welche Art des Schadensersatzes – insbes. Naturalrestitution oder Kompensation[713] – gewählt wurde und wie hoch gegebenfalls der zu leistende Geldersatz ist. Außerdem muss festgelegt werden, wann die Leistung fällig wird und wer die

710 *Thies*, Wild- und Jagdschaden, S. 72 f.

711 A.A. *Leonhardt/Bauer/Schätzler u. a.*, Wild- und Jagdschadensersatz, Teil 1, 14.1, die ohne nähere Begründung davon ausgehen, dass „die Schadensfeststellung durch einen Wildschadensschätzer im Vorverfahren das rechtliche Interesse an der Durchführung eines selbständigen Beweisverfahrens nach den Vorschriften der ZPO nicht aus[schließt]".

712 *Huber*, in: Musielak/Voit ZPO § 485 Rn. 1.; *Schreiber*, in: MKZPO § 485 Rn. 1.

713 Zu den verschiedenen Arten des Schadensersatzes bereits näher unter Kapitel 4 A. V. 1.

Kosten für das behördliche Feststellungsverfahren übernimmt.[714] Nach § 36 Abs. 6 HJagdG kommen als Kosten des Feststellungsverfahrens lediglich die Auslagen der Gemeinde, die Reisekosten der Beamten und der Schätzer sowie die Kosten für die postalische Zustellung der Ladungen in Betracht.[715]

4. Vorbescheid

Gemäß § 36 Abs. 5 S. 2 HJagdG wird der festgestellte Schaden in Hessen in einem sog. Vorbescheid durch den Gemeindevorstand festgesetzt. In dem Vorbescheid wird außerdem nach billigem Ermessen über die entstandenen Kosten entschieden.[716] Da es sich bei dem Vorbescheid um einen Verwaltungsakt handelt,[717] kann aus diesem unmittelbar die Zwangsvollstreckung betrieben werden (§ 36 Abs. 7 HJagdG). Die vollstreckbare Ausfertigung des Vorbescheides erteilt nach § 36 Abs. 8 HJagdG der Urkundsbeamte der Geschäftsstelle des Amtsgerichts, zu dessen Bezirk die Gemeinde gehört.

5. Klageverfahren nach § 37 HJagdG

Sollte eine der Parteien mit dem Vorbescheid des Gemeindevorstands nicht konform gehen, so kann sie innerhalb einer Notfrist von zwei Wochen Klage beim zuständigen Amtsgericht erheben (§ 37 Abs. 1 HJagdG). Aufgrund der ausschließlichen Zuständigkeit nach § 23 Nr. 2 d) GVG ist die Klage unabhängig vom Streitwert beim Amtsgericht zu erheben. Die Durchführung des besonderen Vorverfahrens in Wildschadenssachen ist als eine zwingende und von Amts wegen zu prüfende Zulässigkeitsvoraussetzung für die Klageerhebung anzusehen,[718] da

714 *Thies*, Wild- und Jagdschaden, S. 68 f.; *Tausch*, Jagdrecht Hessen, S. 311.

715 *Thies*, Wild- und Jagdschaden, S. 68 f.

716 *Tausch*, Jagdrecht Hessen, S. 311; *Tausch/Boettcher*, in: Kopp/Tausch/Boettcher Jagdrecht Hessen § 36 HJagdG Rn. 13.

717 *Tausch/Boettcher*, in: Kopp/Tausch/Boettcher Jagdrecht Hessen § 37 HJagdG Rn. 1; *Schäfer/Belgard*, in: Mitzschke/Schäfer § 35 Rn. 24.

718 LG Hannover, Urteil v. 16.12.1987 – 11 S 316/87; LG Mosbach, Urteil v. 21.03.1989 – S 152/88; LG Verden, Urteil v. 08.09.1989 – 6 S 76/89; LG Osnabrück, Urteil v. 10.01.1992 – 11 S 459/90; AG Bingen, Urteil v. 21.02.2013 – 22 C 359/11; *Thies*, Wild- und Jagdschaden, S. 79; *Leonhardt/Bauer/Schätzler u. a.*, Wild- und Jagdschadensersatz, Teil 1, 14.1; *Tausch/Boettcher*, in: Kopp/Tausch/

das Vorverfahren mit Blick auf den Sinn und Zweck der Entlastung der Gerichte[719] und des Versuchs einer außergerichtlichen Einigung mit dem allgemeinen verwaltungsrechtlichen Vorverfahren nach §§ 68 ff. VwGO vergleichbar ist.[720]

VIII. Auseinandersetzung im Innenverhältnis bei Pächtermehrheit (§ 11 HJagdG)

Zum Teil zahlen Jagdpächter horrende Summen, um in den Genuss eines „eigenen" Revieres zu kommen. Dieser Umstand folgt wohl auch daraus, dass die Zahl der Jagdscheininhaber kontinuierlich steigt. Im Jagdjahr 2018/2019 verzeichnete der Deutsche Jagdverband 388.529 Jäger; noch im Jahr 1977/1978 waren es im Vergleich dazu lediglich 254.725 Jagdscheininhaber.[721] Da es mehr Jäger als Reviere gibt und – wie in der freien Wirtschaft – das Angebot und die Nachfrage den Preis bestimmen, bewegen sich die Pachtpreise in beachtlichen Bereichen. Aus diesen Gründen pachten viele Jäger Jagdreviere gemeinschaftlich. § 11 HJagdG legt dahingehend fest, dass es für 500 Hektar lediglich drei Mitpächter geben darf. Bei größeren Jagdrevieren darf pro weitere 150 Hektar je ein weiterer Mitpächter hinzutreten.[722] Bei dem Verhältnis der Jagdpächter untereinander kann es sich je nach Ausgestaltung entweder um eine Bruchteilsgemeinschaft (§§ 741 ff. BGB)[723] oder um eine Gesellschaft bürgerlichen Rechts (§§ 705 ff. BGB) handeln.[724] Jedenfalls handelt es sich bei den Jagdpächtern im Verhält-

---

Boettcher Jagdrecht Hessen § 37 HJagdG Rn. 2; *Wittschier,* in: Musielak/Voit ZPO § 23 GVG Rn. 12. A.A. nur vereinzelt, s. AG Bitburg, Urteil v. 25.5.2000 – 14 S 360/96; LG Koblenz, Urteil v. 21.11.1997 – 5 C 503/99.

719 *Leonhardt/Bauer/Schätzler u. a.*, Wild- und Jagdschadensersatz, Teil 1, 14.1; *Schuck,* in: Schuck BJagdG § 35 Rn. 1.

720 Zum Sinn und Zweck des Vorverfahrens nach §§ 68 ff. VwGO *Detterbeck,* Öffentliches Recht, Rn. 927.

721 https://www.jagdverband.de/sites/default/files/2020-02/2020-02_Infografik_Jagdscheininhaber_Deutschland_2019.jpg (Stand: 20.12.2020).

722 *Tausch/Boettcher,* in: Kopp/Tausch/Boettcher Jagdrecht Hessen § 11 HJagdG Rn. 1 ff.

723 *Saenger,* Gesellschaftsrecht, § 1 Rn. 3 f.

724 *Saenger,* Gesellschaftsrecht, § 3 Rn. 41 ff.

nis zum Verpächter um Gesamtschuldner.[725] Demzufolge kann der Verpächter (die Jagdgenossenschaft oder der Eigenjagdbesitzer) von jedem Pächter die Leistung der Pacht oder – bei entsprechender vertraglicher Vereinbarung – des Wildschadensersatzes verlangen und der Leistende sodann seine Mitpächter in Regress nehmen (§ 426 Abs. 2 BGB).

B. Haftungsvereinbarungen für Wildschäden im Jagdpachtvertrag

In gemeinschaftlichen Jagdbezirken ist nach § 29 Abs. 1 S. 1 BJagdG grundsätzlich die Jagdgenossenschaft als Haftungssubjekt für die entstandenen Wildschäden heranzuziehen.[726] Die gesetzgeberische Intention zielte also jedenfalls in gemeinschaftlichen Jagdbezirken auf eine gemeinschaftliche Lösung ab.[727] In Eigenjagdbezirken haftet hinsichtlich angegliederter Flächen gemäß § 29 Abs. 2 S. 1 BJagdG der Eigenjagdbesitzer, der darüber hinaus in einem (unverpachteten) Eigenjagdbezirk die an seinen Grundstücken entstehenden Wildschäden selbst zu tragen hat (arg. ex § 29 Abs. 3 S. 1 BJagdG). Grundsätzlich haften also die Jagdgenossenschaft oder der Eigenjagdbesitzer – nur im Falle der jagdpachtvertraglichen Haftungsübertragung tritt der Jagdpächter als weiterer Ersatzpflichtiger hinzu.[728] Diesem wird die Wildschadenshaftung meist unverändert, das heißt unter Beibehaltung der gesetzlichen Anspruchsvoraussetzungen (insbesondere der Verschuldensunabhängigkeit), übertragen.

I. Wirksamer Jagdpachtvertrag

Sofern die Wildschadenshaftung jagdpachtvertraglich auf den Jagdpächter übertragen werden soll, ist die Wirksamkeit des Jagdpachtvertrags eine zusätzliche Haftungsvoraussetzung. Neben den allgemeinen

725 *Mollenhauer*, NJ 2011, 1 f.; *Stamm*, NJW 2003, 2940 ff.; *ders.*, NJW 2004, 811 ff.
726 *Dietlein*, Jagdrecht, S. 151.
727 *Hespeler*, Wildschäden, S. 15; *Schuck*, in: Schuck BJagdG § 29 Rn. 23.
728 *Schuck*, in: Schuck BJagdG § 29 Rn. 23 f.

Wirksamkeitsvoraussetzungen[729] ist ein aktueller Sonderfall in den Blick zu nehmen:

Die Ereignisse im Frühjahr des Jahres 2020[730] haben gezeigt, dass durch plötzliche und unvorbereitete Gesetzesänderungen die Wirksamkeit des Jagdpachtvertrags gefährden können. Im Dezember des Jahres 2019 stimmte der Bundesrat einer Änderung des geltenden Waffengesetzes zu.[731] Im Rahmen dieser Änderung wurde § 5 Abs. 2 Nr. 3 WaffG überarbeitet.[732] Hiernach besitzen nunmehr solche Personen die erforderliche waffenrechtliche Zuverlässigkeit in der Regel nicht, bei denen Tatsachen die Annahme rechtfertigen, dass sie innerhalb der letzten fünf Jahre verfassungswidrige Bestrebungen einzeln verfolgt haben (Nr. 3 a]), Mitglied in einer diese Bestrebungen verfolgenden Vereinigung waren (Nr. 3 b]) oder eine solche Vereinigung unterstützt haben (Nr. 3 c]). Die untere Jagdbehörde muss also infolge der Gesetzesänderung vor der Erteilung oder der Verlängerung eines Jagdscheins überprüfen, ob innerhalb der letzten fünf Jahre Tatsachen über den Antragsteller bekannt geworden sind, die die Annahme rechtfertigen, dass seine Gesinnung gegen die verfassungsrechtlich demokratische Grundordnung gerichtet ist. Um eine solche Beurteilung treffen zu können, ist eine Abfrage der gespeicherten Daten beim Verfassungsschutz notwendig.[733] Etwas misslich war, dass das Inkrafttreten der Gesetzesänderung am 20.02.2020 zeitlich mit dem Ende des Jagdjahres (31.03.) zusammenfiel, sodass die Jagdbehörden neben der neuen Gesetzesänderung die übliche Flut an Verlängerungsanträgen traf, womit ein erheblicher bürokratischer Mehrauswand verbunden war. Seinerzeit waren die Jagdbehörden kaum in der Lage, Auskunft darüber zu geben, wie viel Zeit eine solche Abfrage in Anspruch nehmen wird. Zahlreiche Jägerinnen und Jäger bangten daher im Frühjahr 2020 um die pünktliche Verlängerung ihres Jagdscheins.

---

729 Zu den Wirksamkeitsvoraussetzungen eines Jagdpachtvertrags s. Kapitel 3 C.

730 Gemeint sind die Änderungen aufgrund des Dritten Waffenrechtsänderungsgesetzes (3. WaffRÄndG).

731 Siehe dazu *Braun*, NJOZ 2020, 961 ff.; *Heller/Soschinka/Rabe*, NVwZ 2020, 595 ff.

732 BR-Drs.: 651/19 S. 3; *Braun*, NJOZ 2020, 961, 964; *Heller/Soschinka/Rabe*, NVwZ 2020, 595, 596.

733 *Braun*, NJOZ 2020, 961, 964; *Heller/Soschinka/Rabe*, NVwZ 2020, 595, 596.

Diese Vorkommnisse bargen Gefahren für die Verpflichtungen aus den Jagdpachtverträgen und damit auch den Wildschadensersatz: Gemäß § 11 Abs. 5 BJagdG darf grundsätzlich nur der Inhaber eines gültigen Jagdscheins, der zuvor einen solchen während dreier Jahre in Deutschland besessen hat, einen Jagdpachtvertrag abzuschließen. Da ein Jagdpachtvertrag in Hessen regelmäßig gemäß § 10 Abs. 1 HJagdG auf zehn Jahre abgeschlossen und üblicherweise ein Dreijahresjagdschein erteilt wird (vgl. § 15 Abs. 2 BJagdG), wird der Pächter seinen Jagdschein in dieser Zeit mindestens dreimal verlängern lassen müssen. Erfolgt nun die Verlängerung nicht fristgerecht, so wird der abgeschlossene Jagdpachtvertrag zwar nicht nach § 11 Abs. 6 BJagdG nichtig, da sich diese Regelung auf den Zeitpunkt des Vertragsschlusses bezieht. Der Jagdpachtvertrag kann gleichwohl nach § 13 S. 2 BJagdG erlöschen.[734] Entsprechend dieser Vorschrift erlischt ein Jagdpachtvertrag auch dann, wenn die Gültigkeitsdauer des Jagdscheines abgelaufen ist und entweder die zuständige Behörde die Erteilung eines neuen Jagdscheines unanfechtbar abgelehnt hat oder der Pächter die Voraussetzungen für die Erteilung eines neuen Jagdscheines nicht fristgemäß erfüllt. Dieser Gefahr kann der Jagdpächter jedoch entgegenwirken, in dem er die Unterlagen für die Verlängerung seines Jagdscheines rechtzeitig abgibt. Sollte dem Jagdpächter in diesem Zusammenhang allerdings ein Vorwurf gemacht werden können, so kann die verspätete Erteilung des Jagdscheines zum Verlust seines gepachteten Revieres führen.

Selbst wenn sich hinsichtlich der Wirksamkeit des Jagdpachtvertrages somit eine Lösung finden lässt, führt die nicht fristgerechte Erteilung des Jagdscheins dennoch dazu, dass der Jagdpächter die Jagd auf den gepachteten Flächen während dieser Zeit nicht ausüben darf. Für diesen Zeitraum entfällt mithin seine Einwirkungsmöglichkeit auf den Wildbestand und damit die Möglichkeit der Wildschadensverhütung. Daher stellt sich die Frage, wer in diesem Zeitraum für eventuell entstandene Wildschäden haften soll. Weder dem Jagdpächter noch dem Verpächter, sei es die Jagdgenossenschaft oder ein Eigenjagdbesitzer,

734 VG Potsdam, Urteil v. 31.05.2012 – 4 K 1981/11 Rn. 24 ff.; LG Bonn, Urteil v. 03.06.2011 – 2 O 366/09 Rn. 52; OLG Düsseldorf, Urteil v. 24.07.2014 – I-9 U 105/13, 9 U 105/13 Rn. 17; *Pückler*, Wild und Hund 2014, 82, 83.

ist vorliegend ein Fehler unterlaufen. Mit Blick auf die Grundsatzregelung des § 29 Abs. 1 BJagdG könnte man folgern, dass die Jagdgenossenschaft für Zeit der Verhinderung der Jagdausübung als Haftungssubjekt in Anspruch genommen werden kann oder der Eigenjagdbesitzer selbst für seine Schäden aufkommen muss. Ob dies allerdings interessengerecht wäre, erscheint fraglich, da diese Lage nicht von der Jagdgenossenschaft oder dem Eigenjagdbesitzer verschuldet ist.

Darüber hinaus drohten durch die Gesetzesänderung Anfang 2020 streng genommen waffenrechtliche Konsequenzen: Für den legalen Umgang mit Waffen müssen die Voraussetzungen des § 4 Abs. 1 WaffG kumulativ erfüllt sein.[735] § 4 Abs. 1 Nr. 4 WaffG setzt ein besonderes Bedürfnis des Betroffenen für den Umgang mit Waffen voraus.[736] § 8 WaffG legt fest, welche Bedürfnisse eine waffenrechtliche Erlaubnis rechtfertigen. Da die Jagdausübung nur gewährleistet werden kann, wenn der Jäger auch waffenrechtlich in der Lage ist, Wild zu erlegen, stellt die Jagd ein Bedürfnis i.S.v. § 8 Nr. 1 WaffG dar.[737] Erwirbt der Jäger eine Langwaffe, wird regelmäßig eine Waffenbesitzkarte (WBK) ausgestellt und in diese die erworbene Waffe eingetragen. Sollte der Jagdschein nicht ordnungsgemäß verlängert werden und dauert dieser Zeitraum einige Zeit an, so kann dies dazu führen, dass die Waffenbehörde in Ermangelung eines waffenrechtlichen Bedürfnisses (§ 4 Abs. 1 Nr. 4 WaffG i.V.m. § 8 Nr. 1 WaffG) die WBK widerruft. Auch für den Erwerb und Besitz von Munition kann die nicht rechtzeitige Erteilung des Jagdscheins Konsequenzen haben: Grundsätzlich muss die Erwerbsberechtigung für Munition ebenfalls in die WBK eingetragen werden (§ 10 Abs. 3 S. 1 WaffG). Ein Waffenbesitzer darf grundsätzlich ausschließlich die Munition für seine in die WBK eingetragenen Waffen erwerben und besitzen. Im Gegensatz dazu ist der

735 *Heinrich,* in: Steindorf Waffenrecht § 4 WaffG Rn. 2; *Gade,* in: Gade WaffG § 4 Rn. 2 ff.; *König/Papsthart,* in: NKWaffG § 4 Rn. 1 ff.

736 Zum Bedürfnisprinzip *Braun,* GewA 2017, 221 ff.; *Gade,* in: Gade WaffG § 8 Rn. 3 ff.; *Heinrich,* in: Steindorf Waffenrecht § 13 WaffG 2 ff. Zum Nachweis des Bedürfnisses *Gade,* in: Gade WaffG § 8 Rn. 6 ff.; auch diese Bedürfnisprüfung ist durch die Änderung des Waffengesetzes verschärft worden. Dazu ebenfalls *Braun,* NJOZ 2020, 961, 963 f.; *Heller/Soschinka/Rabe,* NVwZ 2020, 595, 597. Zur Bedürfnisprüfung bei Jägern siehe *Scheffer,* GewA 2005, 278 ff.

737 Zur Jagd als Bedürfnis *Heinrich,* in: Steindorf Waffenrecht § 8 WaffG Rn. 4; *König/Papsthart,* in: NKWaffG § 8 Rn. 2.

Jäger privilegiert, da er aufgrund seines Jagdscheins gemäß § 13 Abs. 5 WaffG für Langwaffen Munition unbegrenzt erwerben und besitzen darf.[738] Sollte sich nun die Verlängerung des Jagdscheins hinziehen, so kann der Jäger auch hierfür sein waffenrechtliches Bedürfnis nicht mehr belegen.

II. Zulässigkeit pachtvertraglicher Vereinbarungen zur Wildschadenshaftung

Gemäß § 29 Abs. 1 S. 3, Abs. 2 S. 2, Abs. 3 S. 1 BJagdG hat der Jagdpächter die Wildschäden nur dann zu tragen, wenn er den Wildschadensersatz jagdpachtvertraglich (ganz oder teilweise) übernommen hat. Die in der Praxis verwendeten Jagdpachtverträge sind meist Formularverträge, in denen standardmäßig die Übertragung der gesamten Wildschadensersatzpflicht auf den Jagdpächter vorgesehen ist.

1. Pachtvertragliche Abwälzung auf den Jagdpächter

Die Übertragung des Wildschadensrisikos auf den Jagdausübungsberechtigten ist praktisch üblich und zulässig. Es sind keine gesetzlichen Regelungen (insbesondere i.R.d. §§ 307 ff. BGB) ersichtlich, die gegen die Übertragung der Regulationspflicht sprechen könnten. Demgemäß ist die Abwälzung grundsätzlich nicht zu beanstanden.

Insbesondere stellt die pachtvertragliche Übertragung der Wildschadenshaftung keine unangemessene Benachteiligung nach § 307 Abs. 2 Nr. 1 BGB in Form einer Unvereinbarkeit mit dem Grundgedanken des § 29 BJagdG dar. Bereits der Wortlaut der Vorschrift zeigt, dass die Überwälzung der Wildschadensersatzpflicht auf den Jagdpächter möglich ist. Allerdings verdeutlicht das Verhältnis von § 29 Abs. 1 S. 1 BJagdG (Haftung der Jagdgenossenschaft) zu § 29 Abs. 1 S. 3 BJagdG (Haftung des Jagdpächters im gemeinschaftlichen Jagdbezirk) und von § 29 Abs. 2 S. 1 BJagdG (Haftung des Eigentümers bzw. Nutznießers) zu § 29 Abs. 2 S. 2 BJagdG (Haftung des Jagdpächters im Eigenjagdbe-

738 *Gade,* in: Gade WaffG § 13 Rn. 28; *Heinrich,* in: Steindorf Waffenrecht § 13 WaffG Rn. 6.

zirk), dass die Haftung des Jagdpächters für Wildschäden nicht den Regelfall bilden soll. Dies ergibt sich auch aus dem Hinweis des § 29 Abs. 3 S. 1 BJagdG darauf, dass sich die Ersatzpflicht des Jagdausübungsberechtigten aus dem betreffenden Rechtsverhältnis ergibt. Gleichwohl ist sie in der Praxis zum Regelfall geworden. Dabei kann jedoch in Zweifel gezogen werden, ob diese praktische Übung vom Gesetzgeber beabsichtigt war. Noch in § 44 Abs. 1 S. 3 RJagdG hieß es: *„Im Jagdpachvertrag kann vereinbart werden, daß der Jagdpächter den Ersatz des Wildschadens ganz oder teilweise übernimmt.“*[739] Aus der damals verwendeten Wortwahl lässt sich schließen, dass die Übertragung auf den Jagdpächter eher als Ausnahmefall anzusehen war. Die Verwendung des Wortes „kann“ impliziert, dass die Übernahme der Wildschadenshaftung als fakultativ anzusehen war. Im BJagdG lautet die Formulierung des § 29 Abs. 1 S. 3 BJagdG hingegen seit dessen Inkrafttreten[740]: *„Hat der Jagdpächter den Ersatz des Wildschadens ganz oder teilweise übernommen…“*. Zwar handelt es sich lediglich um eine sprachliche Finesse, allerdings suggeriert die heutige Formulierung, dass die Möglichkeit der Übertragung auf den Pächter häufiger wahrgenommen wird. Ähnliches gilt mit Blick auf § 29 Abs. 2 S. 2 BJagdG, nach dem der Jagdpächter Wildschäden nur zu ersetzen hat, *„wenn er sich im Pachtvertrag zum Ersatz des Wildschadens verpflichtet hat.“* Auch hier ist der Formulierung als Konditionalsatz das Regel-Ausnahme-Verhältnis zu entnehmen. Dabei mag bezweifelt werden, dass der Gesetzgeber mittels dieser sprachlichen Spitzfindigkeiten eine Änderung der jagdlichen Praxis intendierte.

Auch aus dem Umstand, dass die Haftung zumeist verschuldensunabhängig auf den Jagdpächter übertragen wird, folgt de lege lata keine unangemessene Benachteiligung. Zwar könnte man dies mit Blick auf § 29 Abs. 3 S. 2 Hs. 2 BJagdG folgern, wonach der Jagdpächter in einem Eigenjagdbezirk im Falle der Haftungsübertragung grundsätzlich verschuldensabhängig haften soll. Von dieser Regelung wird mit einer verschuldensunabhängigen Haftung des Jagdpächters abgewichen. Jedoch zeigt ein Blick auf § 29 Abs. 3 S. 2 Hs. 1 BJagdG, dass es nur auf ein Verschulden ankommen soll, „sofern nichts anderes bestimmt ist“.

739 *Scherping/Vollbach*, Reichsjagdgesetz, S. 119.
740 Vgl. BGBl. 1952 I S. 780, 786.

Damit ist eine anderweitige vertragliche Regelung nach der aktuellen Gesetzeslage jedenfalls zulässig.

2. Vereinbarung einer „Wildschadenspauschale" oder einer „Wildschadensbegrenzung"

Da die Übernahme der umfassenden Wildschadensersatzpflicht für die Jagdpächter als Privatpersonen teilweise zu einem unüberschaubaren Risikofaktor geworden ist, übernehmen sie viele Pächter nur noch unter der Vereinbarung einer Wildschadenspauschale oder einer -begrenzung.

Bereits anhand der Zahlen des Maisanbaus in Deutschland lässt sich vergegenwärtigen, dass sich das Risiko maßgeblich erhöht hat. Während noch im Jahr 1990 auf 1.605.000 ha. Mais anpflanzt wurde, werden heutzutage sage und schreibe 2.638.700 ha mit Mais bestellt. Dabei entfallen 65 % auf die Erwirtschaftung von Futtermais (Silomais) und bereits 35 % auf die Gewinnung von Energiemais.[741] Da die Maispflanze insbesondere für das schadensintensive Schwarzwild eine gern angenommene Futterquelle ist, stieg die Schwarzwildpopulation in den letzten Jahren stetig an. Während noch im Jagdjahr 1998/1999 insgesamt 251.431 Wildschweine erlegt wurden, verzeichnete der Deutsche Jagdverband im Jahr 2018/2019 599.855 erlegte Schweine. Im Jagdjahr 2017/2018 wurde der bisherige Spitzenwert von 836.865 erreicht.[742]

741 https://www.maiskomitee.de/Fakten/Statistik/Deutschland (Stand: 20.12.2020); https://mediathek.fnr.de/grafiken/daten-und-fakten/bioenergie/biogas/maisanbau-in-deutschland.html (Stand: 20.12.2020); https://www.dbu.de/media/2303101123074nhh.pdf (Stand: 20.12.2020). Ebenfalls führt *Konrad*, Wildschadensersatz, S. 21 f. aus, dass durch die Energiegewinnung mittels Biogasanlagen und die gesteigerte Milchwirtschaft die Produktion von Mais stark zugenommen hat.

742 https://www.jagdverband.de/sites/default/files/2020-02/2020-02_Infografik_Jahresstrecke_Schwarzwild_2018_2019.jpg (Stand: 20.12.2020). Dazu sei angemerkt, dass es sich hierbei lediglich um die Streckenliste der Bundesrepublik Deutschland handelt. Die Streckenliste erfasst ausschließlich den Abschuss in den genannten Jahren. Die Zahl der lebenden Tiere ist dementsprechend höher anzusetzen und kaum messbar. Auch *Konrad*, Wildschadensersatz, S. 19 ff., wies bereits im Jahr 2012 auf die stetig wachsende Schwarzwildpopulation hin. Ebenfalls wird von ihm darauf hingewiesen, dass die meisten landwirtschaftlichen Wildschäden durch Wildschweine verschuldet sind. S. hierzu auch https://www.topagrar.com/acker/news/akute-zunahme-von-schaeden-durch-schwarzwild-insbesondere-im-mais-11840505.html (Stand 20.12.2020).

Anhand dieser Entwicklung wird deutlich, dass sich Schwarzwildpopulation und Maisanbau gegenseitig beeinflussen. Durch den vermehrten Anbau von Mais erhöht sich die Zahl der Wildschweine, die sodann immer häufiger immer größere Wildschäden anrichten. Es ist durchaus denkbar, dass eine Rotte Wildschweine ein Maisfeld von mehreren Hektar Größe zerstört. Dabei kann sich bereits ein Wildschaden im Bereich eines vier- bis fünfstelligen Betrages bewegen. Auf dem deutschen Versicherungsmarkt gibt es bisher keine Produkte, die dieses Risiko abdecken. So wächst einerseits bei den Landwirten das Bedürfnis für den Ersatz der zunehmenden Wildschäden und andererseits bei den Jagdpächtern als regelmäßigen Ersatzverpflichteten das Bedürfnis nach einer Begrenzung des steigenden Haftungsrisikos.

Oftmals werden daher sog. Wildschadenspauschalen in die Jagdpachtverträge aufgenommen. Dabei verpflichtet sich der Jagdpächter, zusätzlich zur jährlichen Pacht eine vorher vertraglich fixierte Summe als Pauschale für die zu erwartenden Wildschäden zu entrichten.[743] Eine solche Klausel in formularmäßigen Jagdpachtverträgen ist insbesondere dann gemäß § 309 Nr. 5 BGB unwirksam, wenn hierdurch die Wildschäden abgegolten sein sollen und dem Jagdpächter das Recht genommen wird, darzulegen, dass der in einem Jahr eingetretene Wildschaden der Höhe nach deutlich unter der vereinbarten Pauschale liegt.[744] Die Vereinbarung kann allerdings auch so ausgestaltet werden, dass der Pächter einen festen jährlichen Pauschalbetrag für die Regulierung und/oder Vermeidung von Wildschäden zahlt, ohne pachtvertraglich die Wildschadensersatzpflicht übernommen zu haben. In solchen Konstellationen handelt es sich lediglich um zusätzliche „Preisvereinbarungen", die rechtlich nicht zu beanstanden sind.[745]

Außerdem besteht die Möglichkeit der Vereinbarung, dass der Jagdpächter nur bis zu einer vereinbarten Höhe für den eingetretenen Wildschaden haftet – die Wildschadensersatzpflicht also vertraglich der Höhe nach begrenzt wird. Ebenso ist die Vereinbarung anderer

---

743 *Schuck*, in: Schuck BJagdG § 29 Rn. 35.

744 OLG Hamm JE IX Nr. 97 = AgrarR 1996, 406; *Thies*, AgrarR 1996, 406; vgl. dazu ebenfalls *Metzger*, in: Lorz/Metzger/Stöckel BJagdG § 29 Rn. 5; *Schäfer/Belgard*, in: Mitzschke/Schäfer § 29 Rn. 13 ff.; *Schuck*, in: Schuck BJagdG § 29 Rn. 35.

745 *Metzger*, in: Lorz/Metzger/Stöckel BJagdG § 29 Rn. 5; *Schuck*, in: Schuck BJagdG § 29 Rn. 36.

Bedingungen der Wildschadensersatzpflicht (z.B. Begrenzung auf bestimmte Wildarten, Flächentypen etc.) denkbar.[746] Exemplarisch kann im Pachtvertrag festgehalten werden, dass der Ersatzverpflichtete lediglich bis zur Höhe von 2.000,00 € in Anspruch genommen werden kann und die darüber hinausgehende Haftung entfällt. Bei einer solchen Beschränkung muss dann exakt festgehalten werden, welche Schäden in welcher Höhe an welchen Grundeigentümer bereits beglichen wurden. Zudem sollte der Ersatzverpflichtete die Schadensregulierung der Jagdgenossenschaft anzeigen. Aufgrund der nach § 29 Abs. 1 S. 4, Abs. 2 S. 3 BJagdG weiterhin bestehenden Subsidiärhaftung der Jagdgenossenschaft oder des Eigentümers bzw. Nutznießers[747] ist diese Art der Begrenzung allerdings nicht die vorteilhafteste Lösung für den Verpächter.

III. Folgen eingeschränkter Haftungsübernahme durch den Jagdpächter

Soweit der Wildschadensersatz mit den genannten Mechanismen durch den Jagdpächter nur begrenzt geleistet wird, stellt sich die Anschlussfrage, wer die über die vereinbarte Pauschale oder Begrenzung hinausgehenden Schäden regulieren soll. Gemäß § 29 Abs. 1 S. 4, Abs. 2 S. 3 BJagdG haftet die Jagdgenossenschaft bzw. der Eigentümer oder Nutznießer nur, „soweit der Geschädigte Ersatz von dem Pächter nicht erlangen kann.“ Die Haftung der Jagdgenossenschaft bleibt folglich subsidiär bestehen.[748] Wurde zwischen den Vertragsparteien eine Wildschadenspauschale vereinbart, so muss sich der Geschädigte bei Regulierungsbedarf auch unmittelbar an die Jagdgenossenschaft halten und nicht an den Jagdpächter.[749]

Für den üblichen Fall, dass der Jagdpächter die Wildschadenshaftung vertraglich übernommen hat, wird zwischen dem Pächter und der Jagdgenossenschaft überwiegend ein „bürgschaftsähnliches“ Rechtsver-

746 *Schuck*, in: Schuck BJagdG § 29 Rn. 25.
747 OLG Hamm RdL 1983, 238, zit. nach *Schuck*, in: Schuck, BJagdG § 29 Rn. 24 f.
748 OLG Hamm RdL 1983, 238, zit. nach *Schuck*, in: Schuck, BJagdG § 29 Rn. 25.
749 *Schuck*, in: Schuck BJagdG § 29 Rn. 26.

hältnis angenommen. Dieser Auffassung zufolge kann die Jagdgenossenschaft die Einrede der Vorausklage analog § 771 BGB erheben und zunächst auf die Ersatzverpflichtung des Jagdpächters verweisen.[750] Vereinzelt wird jedoch vertreten, dass es sich nicht um eine bürgschaftsähnliche Konstellation handelt, sondern die Jagdgenossenschaft und der Pächter vielmehr als Gesamtschuldner anzusehen sind.[751] Die Befürworter dieser Auffassung stützen sich maßgeblich darauf, dass eine unmittelbare Haftung der Jagdgenossenschaft besteht, wenn der aus dem Vertrag Verpflichtete als Primärschuldner ausfällt. Sollte die Jagdgenossenschaft von einem Geschädigten direkt in Anspruch genommen werden, kann sie den Schaden vollständig ausgleichen und so dann über § 426 Abs. 2 S. 1 BGB beim Jagdpächter Ausgleich verlangen. Durch vertragliche Haftungsübernahme trete lediglich ein weiterer Schuldner hinzu. Nach dieser Ansicht kann der Geschädigte eines der beiden Haftungssubjekte in Anspruch nehmen und muss sich nicht die Einrede der Vorausklage entgegenhalten lassen.

Vorzugswürdiger erscheint jedoch die Lösung über das „bürgschaftsähnliche" Rechtsverhältnis, da nach § 29 Abs. 1 S. 4, Abs. 2 S. 3 BJagdG die Ersatzverpflichtung die Jagdgenossenschaft bzw. den Grundeigentümer oder Nutznießer erst dann trifft, wenn der Geschädigte vom Pächter keinen Ersatz verlangen kann, was eher für ein Subsidiaritätsverhältnis als ein Gesamtschuldnerverhältnis spricht.

C. Anpassung über die Störung der Geschäftsgrundlage (§ 313 BGB)

Angesichts der immensen Haftungsrisiken des Jagdpächters und der eingeschränkten Kündigungsmöglichkeit[752] trotz zunehmender Wildschäden stellt sich die spannende Frage, ob zumindest eine Vertragsanpassung wegen Störung der Geschäftsgrundlage (§ 313 BGB) möglich ist, wenn die Wildschäden sehr stark ausufern. § 313 BGB sieht zweierlei Rechtsfolgen vor: Nach Abs. 1 kann der Vertrag angepasst

750 *Metzger,* in: Lorz/Metzger/Stöckel BJagdG § 29 Rn. 8; *Schäfer/Belgard,* in: Mitzschke/Schäfer § 29 Rn. 12; *Schuck,* in: Schuck BJagdG § 29 Rn. 27.

751 Zu dieser Auffassung im Sinne des Folgenden *Schuck,* in: Schuck, BJagdG § 29 Rn. 27 f.

752 S. zum Kündigungsrecht in einem Jagdpachtvertrag Kapitel 3 D. V.

werden, und nach Abs. 3 der benachteiligte Vertragspartner den Rücktritt vom abgeschlossenen Vertrag erklären.[753] Der Konzeption des § 313 BGB ist zu entnehmen, dass bei einer schwerwiegenden Veränderung zunächst der Vertrag angepasst werden soll, bevor der Rücktritt erfolgt.[754]

Oft sind die subjektiven Interessen an einem Vertragsschluss kontradiktorisch ausgestaltet und treten nicht offen zutage.[755] Darum schwingen subjektive Interessen beim Vertragsschluss und der Willensbildung der Kontrahierenden nicht selten mit, werden aber kein ausdrücklicher Bestandteil des Vertrages.[756] In Anbetracht dessen hat jeder Vertragspartner die mögliche Veränderung der Vertragsumstände selbst zu verantworten.[757] Ändern sich die äußeren Umstände bei Fortbestand der genannten subjektiven Interessen, so prallen „Rechtsgeschäft und Wirklichkeit' fundamental aufeinander".[758] Als hochaktuelles Beispiel dient die Covid 19-Pandemie, in deren Zuge zahlreiche staatliche Einschränkungen getroffen wurden, die auf privatrechtliche Rechtsgeschäfte als Störung der Geschäftsgrundlage wirken könnten.[759]

Schon im römischen Recht galt der Grundsatz *clausula rebus sic stantibus* (deutsch: Bestimmung der gleichbleibenden Umstände). Man ging schon damals davon aus, dass an einem Vertrag – insbesondere an einem Dauerschuldverhältnis – so lange festgehalten werden kann, wie sich die äußeren Umstände nicht verändern.[760] Jedoch hat der Gesetzgeber diesen Grundsatz behutsam umgesetzt und sorgsam abge-

---

753 *Heinrichs,* in: FS Heldrich, 2005, S. 183, 193 ff., 202 ff.; *Loyal,* NJW 2013, 417 ff.; *Medicus,* JuS 2003, 521; *Janda,* NJ 2013, 1, 3.

754 *Janda* NJ 2013, 1, 3; *Medicus,* JuS 2003, 521.

755 *Janda,* NJ 2013, 1.

756 *Janda* NJ 2013, 1; *Riesenhuber/Domröse,* JuS 2006, 208, 209; *Canaris,* Schuldrechtsmodernisierung, S. 744 ff.

757 *Peer,* in: Jahrbuch Junger Zivilrechtswissenschaftler, 2001, S. 61, 62; *Chiotellis,* Geschäftsgrundlagenstörungen, S. 18 ff.; *Janda,* NJ 2013, 1; *Rösler,* JuS 2004, 1058. Vgl. auch *ders.*, ZGS 2003, 383, 388.

758 *Janda,* NJ 2013, 1; *Flume,* Das Rechtsgeschäft, S. 497.

759 *Scholz,* NJW 2020, 2209.

760 Ausführlich dazu *Luig,* in: FS Seiler, 1999, S. 171, 174 f.; *Gieg,* clausula rebus sic stantibus, S. 1 ff.; *Nauen,* Leistungserschwerung und Zweckvereitelung, S. 54 ff.; *Janda,* NJ 2013, 1.

wogen, wann an dem Grundsatz der Vertragstreue festgehalten werden kann. Bei der Veränderung der Vertragsumstände sollte bewusst nicht auf die Leistungskondiktion zurückgegriffen werden.[761] Unter dem Eindruck der ökonomischen Folgen des Ersten Weltkriegs hatte *Oertmann* die Lehre von der Geschäftsgrundlage entwickelt, welche er dogmatisch aus § 242 BGB herleitete.[762] Der Bundesgerichtshof hat letztendlich seine Rechtsprechung jener des Reichsgerichts angepasst, die durch die Schuldrechtsreform schließlich Einzug in das BGB hielt.[763]

Durch die vagen Voraussetzungen des § 313 BGB besitzt diese Norm eine große Anwendungsbreite.[764] Zunächst müsste es zwischen den Parteien eine Geschäftsgrundlage geben. Diese wird regelmäßig durch sowohl objektive als auch subjektive Kriterien geprägt.[765] Eine lupenreine Differenzierung der Kriterien ist oftmals gar nicht zu bewerkstelligen,[766] sodass diese Trennung teilweise abgelehnt wird.[767] Der Wortlaut des § 313 BGB lässt keine tiefergehende Konkretisierung der Voraussetzung der Geschäftsgrundlage zu.[768] Unstreitig ist allerdings, dass der Vertragsinhalt keinesfalls die Geschäftsgrundlage sein kann, da den Parteien für die Störung des Vertragsverhältnisses selbst in den meisten schuldrechtlichen Verträgen Gewährleistungsregelungen zur Verfügung stehen.[769]

Es müssten sich nun Umstände, die zur Grundlage des Vertrages geworden sind, nach Vertragsabschluss schwerwiegend verändert haben (reales Element).[770] Gemäß § 313 Abs. 2 BGB steht es einer Verände-

761 *Emmerich*, Recht der Leistungsstörungen, S. 316 f.; *Heinrichs*, in: FS Heldrich, 2005, S. 183 f.; *Janda*, NJ 2013, 1; *Riesenhuber/Domröse*, JuS 2006, 208.

762 Dazu RGZ 94, 68, 69 f.; 99, 115, 116 f.; 100, 129, 131 ff.; 103, 328, 332; *Oertmann*, Die Geschäftsgrundlage 1921; *Janda*, NJ 2013, 1.

763 BGHZ 2, 176, 188; *Janda* NJ 2013, 1; *Loyal*, NJW 2013, 417.

764 Zur Vagheit der Voraussetzungen des § 313 BGB *Janda*, NJ 2013, 1.

765 *Lettl*, JuS 2001, 248 f.; *Riesenhuber/Domröse*, JuS 2006, 208, 209; *Stadler*, in: Jauernig BGB § 313 Rn. 4.

766 *Riesenhuber/Domröse*, JuS 2006, 208, 209; *Stadler*, in: Jauernig BGB § 313 Rn. 4.

767 *Eidenmüller*, JURA 2001, 824, 828; *Medicus/Petersen*, Bürgerliches Recht, Rn. 860.

768 *Riesenhuber/Domröse*, JuS 2006, 208, 210 führen explizit aus, dass die Rechtsprechung die Begriffe „Geschäftsgrundlage" und „Vertragsgrundlage" synonym verwendet.

769 *Riesenhuber/Domröse*, JuS 2006, 208, 210.

770 *Riesenhuber/Domröse*, JuS 2006, 208, 209; *Janda*, NJ 2013, 1, 2, führt aus, dass keine Legaldefinition der Geschäftsgrundlage existiert.

rung der Umstände gleich, wenn wesentliche Vorstellungen, die zur Grundlage des Vertrags geworden sind, sich als falsch herausstellen. Die Änderung der Vertragsgrundlage muss also so schwerwiegend sein, dass einem Teil unter Berücksichtigung aller Umstände des Einzelfalls das Festhalten am unveränderten Vertrag nicht zugemutet werden kann. Von zentraler Bedeutung ist vor diesem Hintergrund mithin die Unzumutbarkeit, die gegeben ist, wenn der Vertrag unter den geänderten Umständen nicht abgeschlossen worden wäre.[771] Des Weiteren muss sich mindestens eine Partei diesen Umstand vorgestellt haben, ohne den sie den Vertrag so niemals abgeschlossenen hätte (hypothetisches Element) und die andere hätte sich auf diesen Umstand berechtigter Weise einlassen müssen (normatives Element).[772] Im Rahmen des normativen Elements kommt es auf die vertragliche Risikoverteilung an – entscheidend ist hier also, wie weit die vertragliche Risikoübernahme reicht.[773]

Überträgt man diese abstrakten Überlegungen nun auf die Haftung für Wildschäden, müsste zunächst die Vorstellung einer Partei zur Geschäftsgrundlage geworden sein. Einer der Vertragspartner müsste sich etwa Gedanken über den Ersatz des Wildschadens gemacht und vorgestellt haben, dass er diesen Vertrag niemals abgeschlossen hätte, wenn der Wildschaden eine gewisse Betragsgrenze überschreiten wird. Es erscheint fraglich, ob die Vorstellung in Bezug auf den Wildschaden überhaupt zur Geschäftsgrundlage gemacht werden kann, da der Wildschaden in den meisten Pachtverträgen ausdrücklich geregelt ist und unmittelbar zum Vertragsinhalt gehört. Wie bereits aufgezeigt, kann aber ein eigens geregelter Vertragsinhalt nicht zugleich die Geschäftsgrundlage darstellen. Folglich kann jedenfalls die Haftung dem Grunde nach als Vertragsinhalt nicht zugleich die Vertragsgrundlage darstellen. Gleichwohl kann die Vorstellung bzgl. der Höhe des Wildschadens zur Geschäftsgrundlage werden. Aus eigenem finanziellem Interesse wird der Jäger bei Abschluss des Pachtvertrages darauf vertrauen, dass die Wildschäden sich in einem überschaubaren Rahmen bewegen. Regelmäßig klärt der Verpächter vor Abschluss des

---

771 *Riesenhuber/Domröse*, JuS 2006, 208, 212.

772 Zu diesem Absatz *Riesenhuber/Domröse*, JuS 2006, 208, 210.

773 *Finkenauer*, in: MKBGB § 313 Rn. 59 f.

Jagdpachtvertrages über die Schadensträchtigkeit der Revierflächen auf. Demgemäß erhält der Pächter eine Vorstellung davon, auf welche Wildschadensersatzbeträge er sich der Höhe nach einstellen muss. Vor diesem Hintergrund ist es für den Verpächter auch erkennbar, dass der Jagdpächter die Wildschadenshaftung ausschließlich in der Höhe zu übernehmen gedenkt, die sich ungefähr im Bereich der vorherigen Schäden bewegen. Grundsätzlich sollte sich der Verpächter darüber bewusst sein, dass der Jagdpächter mit seinem Privatvermögen für die Wildschäden haftet und ein übermäßiges Kostenrisiko eher scheuen wird.

Die Vorstellung des Jagdpächters kann sich als falsch herausstellen, wenn die von ihm zu ersetzenden Wildschäden der Höhe nach erheblich von seiner bei Vertragsschluss getroffenen Vorstellung abweichen. Zwar lassen sich an dieser Stelle keine abstrakten Richtwerte festlegen,[774] jedoch kann das Äquivalenzinteresse zur Beurteilung der Erheblichkeit der Abweichung herangezogen werden.[775] Das Äquivalenzinteresse bestimmt sich im Bereich der vertraglich übertragenen Wildschadenshaftung nach den bejagbaren Revierflächen einerseits sowie dem Pachtpreis und gegebenenfalls der vertraglich vereinbarten höhenmäßigen Begrenzung des Wildschadensersatzes. Jedenfalls dann, wenn man die Wildschadensersatzpflicht dem Äquivalenzinteresse zurechnet[776] und die Wildschäden sich derart drastisch verändern, dass sie massiv von den bisher üblichen Schadensfällen abweichen oder gar die finanzielle Existenz des Pächters bedrohen, kommt eine Störung der Geschäftsgrundlage in Betracht.

Dass derartige finanzielle Interessen bei der Frage nach der Kündigung (bzw. Anpassung) des Jagdpachtvertrages generell Berücksichtigung finden können, verdeutlicht § 13a S. 2 BJagdG. Hiernach kann sich ein Beteiligter vom Jagdpachtvertrag lösen, wenn ihm die Aufrechterhaltung des Vertrages infolge des Ausscheidens eines Mitpächters nicht mehr zugemutet werden kann. Es wäre nur konsequent, ein solches

774 So aber beispielsweise BGH NJW 1986, 2054, 2055.

775 *Finkenauer*, in: MKBGB § 313 Rn. 58; *Harke*, Schuldrecht AT, Rn. 101, 105; *Medicus/Petersen*, Bürgerliches Recht, Rn. 867.

776 Zur Bedeutung der Wildschadensersatzpflicht für das Äquivalenzinteresse ausführlicher unter Kapitel 5 A. I.

Recht auch in den Fällen zu statuieren, in denen keine Pächtermehrheit besteht und in denen sich erhebliche finanzielle Nachteile aus einem anderweitigen Umstand ergeben.

Hinsichtlich der vertraglichen Risikoübernahme muss man sich vergegenwärtigen, dass der Pächter die Haftung für Wildschäden bewusst übernimmt.[777] Weder daraus noch aus einer vermeintlich fehlenden Einwirkungsmöglichkeit des Ersatzberechtigten[778] folgt aber eine unbegrenzte Risikoübernahme bezüglich des zu ersetzenden Wildschadens. Zum Zeitpunkt des Abschlusses des Jagdpachtvertrags hat der Pächter zumeist eine ungefähre Vorstellung, wie hoch die Wildschäden ausfallen können. Hat sich der Jagdpächter jedoch kein Bild von der Schadenshöhe gemacht, so muss er sich darüber im Klaren sein, dass er ein unkalkulierbares Risiko übernimmt. Durch die tatsächliche Gewährübernahme signalisiert der Jagdpächter, dass er für diesen Schaden einstehen möchte. Sollten die Schäden unbegrenzt übernommen worden sein, so hat der Pächter das Risiko also sehenden Augen angenommen. Sich bei einem ausufernden Wildschaden auf § 313 BGB zu berufen, erscheint dann widersprüchlich.

---

777 Hierzu sogleich mehr unter Kapitel 5 A. II. 1.

778 So aber *Schäfer/Belgard*, in: Mitzschke/Schäfer § 29 Rn. 7.

Kapitel 5: Kritik und Reformanregungen

Bei der Betrachtung der praktischen Handhabung der Wildschadenshaftung mit Blick auf den Jagdpächter wird deutlich, dass die bestehenden Regelungen deutliche Schwächen aufweisen und dennoch über Jahrzehnte hinweg unverändert Anwendung fanden. Durch den Wandel von Flora und Fauna distanzieren sich die Interessen der Jagdpächter und der Wildschadensersatzberechtigten kontinuierlich voneinander. Mit den zunehmenden Wildschäden gelingt es den Parteien eines Jagdpachtvertrages immer seltener, ihre kontradiktorischen Interessen in Einklang zu bringen. Vor diesem Hintergrund wird deutlich, dass sich die heutigen Problematiken nicht mehr mithilfe des im Grunde aus dem Jahr 1934 stammenden und im Ursprung gar nicht auf den Jagdpächter als Ersatzverpflichteten zugeschnittenen Wildschadensersatzanspruchs bändigen lassen. Um eine faire und für beide Seiten akzeptable Haftung zu entwickeln, muss diese mit Blick auf die kontradiktorischen Interessen ausgewogen sein. Dabei offenbaren sich einige nennenswerte Kritikpunkte:

A. Reformbedürfnis

Mit Blick auf die aktuellen gesetzlichen Wildschadensersatzregelungen offenbart sich ein erhebliches Reformbedürfnis hinsichtlich der Wildschadenshaftung des Jagdpächters. Obwohl diese den praktischen Regelfall darstellt, existiert dahingehend keine ausdifferenzierte gesetzliche Regelung. Das Bundesjagdgesetz beschränkt sich auf die tautologische Feststellung, dass der Jagdpächter für Wildschäden haftet, wenn er die Haftung vertraglich übernommen hat (vgl. §§ 29 Abs. 1 S. 3, Abs. 2 S. 2, Abs. 3 S. 1 BJagdG). Der praktisch bedeutsamste Fall der Wildschadenshaftung wird damit zuvörderst formularvertraglich geregelt. So wird meist die verschuldensunabhängige Wildschadensersatzpflicht pachtvertraglich auf den Jagdpächter abgewälzt, ohne dass diesem effektive gesetzliche Haftungsschutzmechanismen zur Verfügung stünden. Hieraus ergibt sich ein nahezu unüberschaubares Haftungsrisiko des Jagdpächters, das von einer interessengerechten Lösung weit entfernt ist.[779]

I. Störung des Äquivalenzverhältnisses

Ein direkter gesetzgeberischer Handlungsbedarf kann sich aus der Störung des Äquivalenzverhältnisses ergeben. Der Jagdpachtvertrag ist als Rechtspachtvertrag[780] im Sinne des § 581 BGB – wie die weitaus meisten schuldrechtlichen Verträge – ein gegenseitiger Vertrag. Von den Parteien wird vereinbart, dass der eine Vertragspartner zur Leistung und der andere zur Gegenleistung verpflichtet ist. Es handelt sich dabei um synallagmatische Austauschverträge.[781] Ist im Rahmen dieses Synallagmas das Äquivalenzverhältnis erheblich gestört, so kann sich hieraus jedenfalls ein starkes Indiz für einen gesetzgeberischen Handlungsbedarf ergeben.

Vor diesem Hintergrund ist der Jagdpachtvertrag mit anderen synallagmatischen schuldrechtlichen Verträgen, wie z.B. einem Kaufvertrag oder einem Mietvertrag, vergleichbar. Eine atypische Besonderheit ist allerdings – sowohl dem Grunde als auch der Höhe nach – die in den meisten Fällen vertraglich übernommene Haftung für Wildschäden. Hier wird eine ursprünglich deliktisch ausgestaltete Haftung vertraglich auf den Jagdpächter übertragen. Dass es sich vorliegend um eine ursprünglich deliktische Haftung handelt, lässt sich daran erkennen, dass der Wildschaden vor dem Inkrafttreten des Reichsjagdgesetzes in § 835 BGB regelt war.[782] Mithin wird ein originär deliktischer Anspruch in eine vertragliche Form gegossen. Vor diesem Hintergrund sollte ein genauerer Blick auf die Pflichten aus dem Jagdpachtvertrag

779 Auch *Schartner*, in: 22. Österreichische Jägertagung, 2016, S. 17, 21, sieht mit Blick auf das österreichische Wildschadensersatzrecht dringenden Handlungsbedarf. Angesichts der Parallelen zum deutschen Recht lassen sich seine Bedenken nahezu nahtlos übertragen.

780 Vgl. Kapitel 3 A. I.

781 *Brox/Walker*, Allgemeines Schuldrecht, § 3 Rn. 2.

782 Vgl. bereits Kapitel 2 B. I.

geworfen werden. Die konkreten Verhältnisse ergeben sich aus den §§ 581 ff. BGB i.V.m. § 11 BJagdG, gegebenenfalls in Verbindung mit den speziellen Landesgesetzen.

Alle schuldrechtlichen Verträge beinhalten Primär- und Sekundärleistungspflichten. Unter den Primärpflichten wird zunächst zwischen Haupt- und Nebenleistungspflichten (u.a. Schutzpflichten) unterschieden.[783] Die Hauptleistungspflichten stellen den wesentlichen Vertragsinhalt dar und sollen das Äquivalenzverhältnis wahren, während die Schutzpflichten dem Integritätsinteresse dienen.[784] Bei der Hauptleistungspflicht kommt es als Primärziel darauf an, dass der beabsichtigte Vertragszweck, also der grundlegende Inhalt des Vertrages, erfüllt wird.[785]

Die synallagmatischen Hauptleistungspflichten des Jagdpachtvertrages sind jedenfalls seitens des Pächters die Entrichtung des Pachtzinses und auf der Seite des Verpächters die Einräumung des Jagdausübungsrechts. Der Verpächter ist in einem Eigenjagdbezirk der Eigenjagdbesitzer, in einem gemeinschaftlichen Jagdbezirk die Jagdgenossenschaft.[786] Da es sich bei einem Jagdpachtvertrag um einen Rechtspachtvertrag i.S.d. § 581 Abs 1 BGB handelt[787], begehrt der Verpächter besonders die Zahlung eines möglichst hohen Pachtzinses.[788] Ist der Verpächter ein Eigenjagdbesitzer, so erhält er die vollständige Pacht. Tritt hingegen in einem gemeinschaftlichen Jagdbezirk die Jagdgenossenschaft als Verpächterin auf (vgl. § 10 Abs. 1 S. 1 BJagdG), kommt der Reinertrag der Pacht meist nur leicht geschmälert bei den Jagdgenossen an. Unter „Reinertrag“ werden alle an die Jagdgenossenschaft gerichteten Leistungen des Pächters zusammengefasst. Dieser kann um Aufwendungen, welche die Jagdgenossenschaft aufgrund der Verpachtung tätigt, bereinigt werden. In manchen Pachtverträgen werden auch zusätzliche

783 *Brox/Walker,* Allgemeines Schuldrecht, § 2 Rn. 5 ff.; *Reischl,* JuS 2003, 40, 45.

784 *Brox/Walker,* Allgemeines Schuldrecht, § 2 Rn. 6 ff. (insbes. Rn. 8).

785 *Reischl,* JuS 2003, 40, 45; *Brox/Walker,* Allgemeines Schuldrecht, § 2 Rn. 6; *Larenz,* Lehrbuch des Schuldrechts Band I, 6 ff.; *Medicus/Petersen,* Bürgerliches Recht, Rn. 208.

786 Vgl. Kapitel 3 B. II.

787 BGH MDR 2008, 615; *Koch,* in: Schuck BJagdG § 11 Rn. 1, 3 f.; *Schäfer/Belgard,* in: Mitzschke/Schäfer § 11 Rn. 3. Siehe hierzu bereits Kapitel 3 A. I.

788 *Koch,* in: Schuck BJagdG § 11 Rn. 1.

Leistungen zur Pacht hinzugefügt und dem Pächter aufgebürdet. Teilweise kann beispielsweise verlangt werden, Abgaben für bestimmte Feste zu leisten.[789] Nach § 10 Abs. 3 S. 1 BJagdG beschließt die Jagdgenossenschaft – und nicht etwa der Jagdvorstand als Vertretungsorgan – über die Verwendung des Reinertrages.[790] Sollte die Jagdgenossenschaft beschließen, dass der Ertrag nicht an die Jagdgenossen nach dem Verhältnis des Flächeninhaltes ihrer beteiligten Grundstücke zu verteilen ist, so kann jeder Jagdgenosse, der dem vorherigen Beschluss nicht zugestimmt hat, die Auszahlung seines Anteils verlangen (§ 10 Abs. 3 S. 2 BJagdG).

Als Schutzpflicht kann etwa in Betracht kommen, dass der Verpächter den Pächter auf gefährliche Stellen im Jagdrevier hinweist, um Verletzungen der Körperintegrität des Pächters zu vermeiden. Außerdem hat der Verpächter vor einer Neuverpachtung über die Wildschäden der letzten Jahre zu informieren, damit sich der potenzielle Pächter darüber klar sein kann, welches potenzielle finanzielle Risiko er übernimmt. Es muss dem Pächter möglich sein, sich aufgrund der Informationen der Gegenseite ein Bild von den tatsächlichen Gegebenheiten zu machen.[791]

Die Sekundärleistungspflichten kommen zum Einsatz, wenn die Primärleistungspflichten aus dem Vertrag verletzt wurden.[792] Derartig gelagerte Schadensersatzansprüche entstehen grundsätzlich nur, wenn eine Vertragspartei aktiv eine Pflicht aus dem Schuldverhältnis verletzt und ihr ein Verschulden angelastet werden kann. Generell werden bei der schuldhaften Verletzung einer Sekundärleistungspflicht die §§ 280 ff. BGB als Anspruchsgrundlage herangezogen.[793] Ein Rückgriff auf diese allgemeinen schuldrechtlichen Vorschriften ist jedoch im Rahmen der Wildschadenshaftung des Jagdpächters nicht notwendig,

789 BVerwG Urteil v. 05.05.1994 – 3 C 13/94, Leitsatz und Rn. 20; *Munte*, in: Schuck BJagdG § 10 Rn. 17.

790 *Munte*, in: Schuck BJagdG § 10 Rn. 18.

791 Siehe Wild und Hund, Hinweise zum Jagdpachtvertrag v. 15.03.2015, S. 3 (abrufbar unter https://wildundhund.de/wp-content/uploads/sites/2/2012/12/Jagdpachtvertrag-HinweiseWuh-15-3-15.pdf, Stand: 20.12.2020).

792 *Brox/Walker*, Allgemeines Schuldrecht, § 2 Rn. 15; *Reischl*, JuS 2003, 40, 41.

793 *Brox/Walker*, Allgemeines Schuldrecht, § 2 Rn. 15; § 21 ff.

da der Jagdpachtvertrag meist eine ausdrückliche Haftungsklausel enthält.

Eine ausufernde Wildschadenshaftung des Jagdpächters kann eine Störung des Äquivalenzverhältnisses verursachen. Zunächst ist zwischen dem Austausch- und dem Äquivalenzverhältnis zu differenzieren:[794] Das Austauschverhältnis betrifft die gegenseitige Abhängigkeit der Leistungspflichten (das „konditionelle Synallagma"[795]), während das Äquivalenzverhältnis eine gewisse „Gleichwertigkeit" der vertraglichen Pflichten erfordert. Eine gravierende Störung des Äquivalenzverhältnisses – also der angesprochenen Gleichwertigkeit – zeigt zumindest gesetzgeberischen Handlungsbedarf auf. Dabei ist es nicht entscheidend, ob die betreffenden Verpflichtungen zu den Haupt- oder Nebenleistungspflichten gehören. Auch nicht zum Synallagma gehörende Nebenpflichten können das Äquivalenzverhältnis beeinflussen, wenn sie für den Gesamtwert der vertragsgemäßen Leistung prägend sind.[796]

Einer Störung des Äquivalenzverhältnisses steht es somit nicht entgegen, dass die Wildschadensersatzverpflichtung eher nicht als jagdpachtvertragliche Hauptleistungspflicht eingeordnet werden kann. Vielmehr dürfte die Wildschadensersatzverpflichtung mit der Regulierung von Schäden am Grundeigentum des Verpächters bzw. des Ersatzberechtigten dessen Integritätsinteresse berühren, sodass es sich um eine Nebenleistungspflicht handelt. Das gilt auch unabhängig davon, ob der Verpächter im konkreten Fall der Ersatzverpflichtete ist, da es sich gegebenfalls um einen Vertrag zugunsten Dritter handelt.[797]

Jedenfalls ist die Wildschadensersatzverpflichtung für den Gesamtwert der jagdpachtvertraglichen Leistung prägend. Dies ergibt sich bereits aus einer engen Verknüpfung der Ersatzverpflichtung mit dem Pachtpreis. Sicherlich hat der Jäger die Möglichkeit, den Wildbestand durch Bejagung zu regulieren. Allerdings entrichtet er die Jagdpacht gerade zum Zwecke der Bejagungsmöglichkeit. Die Nutzung des Wildbestandes durch Bejagung ist die Gegenleistung, die er für die Zahlung des

794 Im Sinne des Folgenden *Greiner*, RdA 2007, 22, 26.

795 *Emmerich*, in: MKBGB Vor § 320 Rn. 7 ff.

796 BAG v. 04.12.1986 – 2 AZR 776/85 = BeckRS 1986 30719472; *Greiner*, RdA 2007, 22, 26.

797 Vgl. hierzu bereits Kapitel 4 A. III.

Pachtzinses erhält.[798] Damit wirkt sich die Wahrnehmung der Gegenleistung durch den Jagdpächter wildschadensmindernd aus. Im Ergebnis kommt dem Verpächter somit jedenfalls ein Geldvorteil – entweder durch Wildschadensverhütung oder Wildschadensregulierung – zugute. Gäbe es keine freiwilligen Jäger, die einen Pachtzins zahlen und die Jagd ausüben, so müssten die Verpächter entweder diese zeitintensive Aufgabe selbst übernehmen oder einen Berufsjäger[799] dafür einstellen. Der Jagdpächter ist daher mitnichten der alleinige Nutznießer der Jagdausübung. Sollte der Jagdpächter den Wildschadensersatz pachtvertraglich übernommen haben, so sollten sich die Beteiligten bewusst sein, dass der Jagdpächter ein unkalkulierbares finanzielles Risiko übernimmt, das niemals pauschal eingepreist werden kann und zu dessen Übernahme er nach dem Grundgedanken des Gesetzes nicht verpflichtet ist.[800] Eine durchschnittliche Jahresjagdpacht liegt im mittleren bis oberen vierstelligen Preissegment. Hat nun der Pächter auch noch die Wildschäden in vier- bis fünfstelliger Höhe zu tragen, so bedeutet dies eine erhebliche Ausweitung seiner pachtvertraglichen Verpflichtungen. Eine derart erhebliche Zusatzverpflichtung kann im Grunde nur durch die Senkung des Pachtzinses kompensiert werden.[801]

Diese Übertragung der potenziell ausufernden Wildschadensersatzverpflichtung steht mithin nicht mehr im Einklang mit dem Äquivalenz-

798 Die gleiche Kritik findet sich bei *Schartner,* in: 22. Österreichische Jägertagung, 2016, S. 17, 20. Dahingehend sei erwähnt, dass in Österreich ebenfalls das Reviersystem gilt und die Regelungen über den Wildschaden nahezu identisch zum deutschen Modell ausgestaltet sind.

799 https://www.berufsjaegerverband.de/#:~:text=1000%20in%20Deutschland%20t%C3%A4tigen%20Berufsj%C3%A4gerinnen,Lebensraumgestaltung%20f%C3%BCr%20unsere%20Wildtiere%20geht. (Stand: 20.12.2020).

800 Dies verkennend *Konrad,* Wildschadensersatz, S. 21, der die Jagdgenossen beim Fehlen der vollständigen vertraglichen Überwälzung der Wildschadenshaftung als „Verlierer" betrachtet.

801 Siehe zu den Auswirkungen der Wildschadensersatzpflicht auf den Jagdpachtvertrag Wild und Hund, Hinweise zum Jagdpachtvertrag v. 15.03.2015, S. 5 (abrufbar unter https://wildundhund.de/wp-content/uploads/sites/2/2012/12/Jagdpachtvertrag-HinweiseWuh-15-3-15.pdf, Stand: 20.12.2020).

verhältnis.[802] Aufgrund dieser Erkenntnis könnte man nun durchaus in Erwägung ziehen, diese Interessenschieflage durch das Institut der Störung der Geschäftsgrundlage (§ 313 BGB) zu beseitigen. Jedoch erweist sich dieser Lösungsweg über den als Ausnahmevorschrift konzipierten § 313 BGB jedenfalls als unpraktikabel. Diese allgemein gehaltene Vorschrift kann den Wildschadensersatzberechtigten und -verpflichteten keine Klarheit über die konkreten Haftungsanforderungen im Rahmen des Jagdpachtvertrages verschaffen.

II. Unausgewogenheit der bestehenden Regelungen

1. Status quo: Überprivilegierung des Ersatzberechtigten

Zurzeit ergibt sich aber auch unabhängig von einer etwaigen Störung des Äquivalenzverhältnisses eine Überprivilegierung der Wildschadensersatzberechtigten. Dies zeigt sich mit Blick auf die widerstreitenden Interessen der Nutzungsberechtigten, Grundeigentümer bzw. Verpächter einerseits und des Jagdpächters andererseits.

Der Verpächter hat auf der Basis der Privatautonomie die Möglichkeit, das Revier auf verschiedenen Wegen zu verpachten. In Bezug auf den Jagdpachtvertrag bedeutet dies, dass der Verpächter frei entscheiden kann, mit wem er den Vertrag abschließt, welchen Inhalt dieser Vertrag hat und wie er im Einzelnen ausgestaltet ist. Der Verpächter kann das lukrativste Angebot auswählen, indem er schriftliche Gebote einholt oder gar eine öffentliche Versteigerung vornimmt.[803] Hierdurch kann sich der Verpächter das finanziell einbringlichste Angebot heraussuchen. Bei der Privatautonomie handelt es sich um einen der zentralsten Gedanken des Bürgerlichen Gesetzbuches. Durch die Vertragsfreiheit erhält jedermann die Möglichkeit seine Rechtsbeziehungen eigenmächtig und ohne fremde Beeinflussung zu bestimmen.[804]

802 *Köhler*, in: FS Steindorff, 1990, S. 611, 620, führt diesbezüglich explizit aus, dass bei einem gestörten Äquivalenzverhältnis über „Herabsetzung oder Heraufsetzung der Gegenleistung“ nachgedacht werden muss.

803 *Munte*, in: Schuck BJagdG § 10 Rn. 3.

804 Zur Privatautonomie und deren Grenzen *Paulus/Zenker*, JuS 2001, 1. Zur Entwicklung und Entstehung des Bürgerlichen Gesetzbuchs *Benöhr*, JuS 1974, 681 ff.;

Die Privatautonomie steht als Eckpfeiler unseres Privatrechts unter dem besonderen Schutz der Verfassung (Art. 2 Abs. 1 i.V.m. Art. 1 Abs. 1 GG).[805] Durch § 305 BGB werden neben der Vertragsfreiheit auch die Abschluss-, Inhalts- und Gestaltungsfreiheit manifestiert.[806] Die Vertragsfreiheit ist jedoch nicht schrankenlos gewährleistet.[807] Sie steht daher der Einschränkung der Wildschadenshaftung des Jagdpächters nicht im Wege, sofern diese hinreichend begründet ist.

Neben der Erzielung des Pachtzinses ist das Interesse des Grundeigentümers bzw. des landwirtschaftlichen Pächters auf die Vermeidung bzw. den Ersatz von Wildschäden gerichtet. Den Land- und Forstwirten muss dabei zugutegehalten werden, dass auf ihnen angesichts der Globalisierung[808] und des Klimawandels ein hoher wirtschaftlicher Druck lastet. Da die Natur in Deutschland oder vielmehr in ganz Europa mittlerweile eine von Menschen geschaffene Kulturlandschaft ist, wird nahezu jede land- oder forstwirtschaftliche Fläche gewinnbringend genutzt. In Anbetracht des wirtschaftlichen Konkurrenzkampfes[809] ist es verständlich, dass die Landwirte ihr wirtschaftliches Risiko weitestgehend eindämmen möchten. Da es kein Versicherungsprodukt gibt, das Wildschäden abdeckt, ist der Verpächter oder der Grundeigentümer auf den Ersatz durch den Jagdpächter angewiesen. In diesem Fall agiert der Jagdpächter wie ein Versicherer.[810] Eine solche „Wildschadensversicherung" wird zurzeit von keinem Versicherer angeboten.

Des Weiteren darf der Grundeigentümer bzw. Ersatzberechtigte die Jagd meist nicht selbst ausüben, wenn er entweder sein Jagdausübungsrecht in einem Eigenjagdbezirk verpachtet hat oder wie in einem gemeinschaftlichen Jagdbezirk niemals Inhaber dieses Rechts

ders., JuS 1977, 79 ff.; *Flume*, in: FS Hundert Jahre deutsches Rechtsleben, 1960, S. 135; *Raiser*, in: FS Hundert Jahre deutsches Rechtsleben, 1960, S. 101, 104 f.; *Schroeder*, JuS 2000, 1046 ff.

805 BVerfGE 89, 214, 232; 72, 155, 170; 70, 115, 123; *Paulus/Zenker*, JuS 2001, 1.

806 *Paulus/Zenker*, JuS 2001, 1.

807 Zu den Grenzen der Gestaltungsfreiheit als Facette der Vertragsfreiheit *Möslein*, Dispositives Recht, S. 186 ff.; *Brox/Walker*, Allgemeines Schuldrecht, § 4 Rn. 2 f.

808 Zur Globalisierung als regelungsstrategische Herausforderung im Umgang mit dispositivem Recht *Möslein*, Dispositives Recht, S. 450 ff.

809 https://www.agrarwirtschaft-info.de/bauern-im-globalen-wettbewerb (Stand: 20.12.2020).

810 In diesem Sinne *Konrad*, Wildschadensersatz, S. 100.

geworden ist. Gleiches gilt, wenn er nicht Inhaber eines Jagdscheines ist. Diesem Einwand ist jedoch zu entgegnen, dass der Entzug des Jagdausübungsrechts ipso iure gerade die Grundlage für die gesetzliche Wildschadenshaftung der Jagdgenossenschaft bzw. des Eigenjagdbesitzers hinsichtlich angegliederter Flächen ist. Die dogmatische Grundlage für die Wildschadenshaftung wird dementsprechend oft in der zivilrechtlichen Aufopferung gesehen.[811] Der Grundeigentümer opfert das Jagdausübungsrecht zugunsten der Allgemeinheit auf. Doch auch der Jagdpächter erbringt in gewissem Maße eine „Aufopferung", da er sich mit seiner jagdlichen Tätigkeit für das Gemeinwohl einsetzt. Der Jagdpächter opfert seine Freizeit und finanzielle Mittel auf, um den Bestand der Wildtiere zu regulieren. Zugleich ersetzt der Jäger die in Deutschland fehlenden Prädatoren und wirkt so bei der Schaffung und Aufrechterhaltung eines geregelten und gesunden Wildbestandes mit. Insbesondere sorgt der Jäger auch für eine Eindämmung von Seuchen – wie das aktuelle Beispiel der Afrikanischen Schweinepest zeigt.[812] Vor diesem Hintergrund erscheint es umso paradoxer, dem Jagdpächter eine so weitgehende Wildschadenshaftung aufzuerlegen.

Darüber hinaus sollte Berücksichtigung finden, dass der Jäger als Privatperson für die unternehmerischen Wildschäden der Land- und Forstwirtschaft aufkommt. Im Jahr 2019 waren deutschlandweit 388.529 Personen im Besitz eines Jagdscheines. Auf Berufsjäger entfällt ein verschwindend geringer Anteil von aktuell insgesamt ca. 1.000 Personen.[813] Anhand dieser Zahlen wird deutlich, dass die meisten Jagdscheininhaber der Jagd hobbymäßig nachgehen. Zugespitzt könnte man sagen: Die Jägerschaft stellt die eine der wenigen Gruppen dar, die freiwillig Zeit und Geld dafür aufwendet, einer Tätigkeit nachzugehen, die in anderen Staaten als Berufsausübung vergütet wird. So gibt es beispielsweise in der Schweiz einzelne Kantone (z.B. Genf), in denen

811 Vgl. Kapitel 4 A. II. 3.

812 https://www.bmel.de/DE/themen/tiere/tiergesundheit/tierseuchen/asp.html (Stand: 20.12.2020).

813 https://www.jagdverband.de/zahlen-fakten/zahlen-zu-jagd-und-jaegern/jagdscheininhaber-deutschland (Stand: 20.12.2020); https://www.berufsjaegerverband.de/ (Stand: 20.12.2020).

ausschließlich die Staatsjagd durch Berufsjäger ausgeübt wird.[814] Dementsprechend haben die Jagdpächter als Privatpersonen ein immenses Interesse an der Vermeidung übermäßiger finanzieller Risiken. Fünfstellige Wildschäden in einem wildschadensträchtigen Revier können eine ernsthafte Gefahr für die finanzielle Existenz des Jagdpächters darstellen. Da der Wildschaden einer niemals vollständig kontrollierbaren Gefahrenquelle entspringt, kann in keinem Pachtjahr eine pauschale Äußerung dazu getroffen werden, wie hoch der Wildschaden ausfallen wird. Es bleibt lediglich die Möglichkeit, die Werte der vergangenen Jahre in den Blick zu nehmen. Das Risiko lässt sich aber nie vollständig kalkulieren.

Weiterhin ergibt sich ein Vorteil des Ersatzberechtigten daraus, dass er mit seinen Flächen nach Belieben verfahren kann. So kann etwa der Grundeigentümer seine Flächen im Wege der Landpacht an einen Dritten zur Bewirtschaftung vergeben.[815] Die Haftung für die entstehenden Wildschäden wird dennoch häufig auch damit begründet, dass der Eigentümer den Schäden schutzlos ausgeliefert sei und sich ihnen nicht durch eine Selbstbejagung erwehren könne. Vielmehr könne der Jagdausübungsberechtige dem Schadwild durch den Abschuss und gezielte Fütterungen Einhalt gebieten.[816] Allerdings sind die Wildbestände aufgrund einer möglichen räumlichen Veränderung nicht immer konstant. Insbesondere das Schwarzwild kann in einer Nacht eine Distanz bis zu 20 Kilometern zurücklegen (durchschnittlich jedoch etwa vier Kilometer pro Nacht) und ist naturgemäß nicht besonders standorttreu.[817] Dies kann dazu führen, dass – selbst wenn der Jagdpächter das Schwarzwild regelmäßig scharf bejagt – erhebliche Schäden entstehen können, wenn das Schwarzwild sich beispielsweise nur wenige Tage im Revier des Pächters aufhält. Das Argument der Einflussmöglichkeit des Jägers durch den Abschuss kann letztendlich *ad absurdum* geführt werden, da die Verpflichtung zum Wildschadenser-

---

814 https://www.jagd1.de/magazin/jagen-in-der-schweiz-zwischen-patent-revier-und-staatsjagd/ (Stand: 20.12.2020).

815 Dass die Möglichkeit der weiteren Verpachtung besteht, erwähnt auch *Konrad*, Wildschadensersatz, S. 21.

816 *Gies*, in: Düsing/Martínez AgrarR § 29 BJagdG Rn. 1.

817 *Hofmann/Schmidt Klaus*, Heintges Haarwild, S. 86; *Seibt*, Grundwissen Jägerprüfung, S. 111.

satz auch dann fortbesteht, wenn Schadwildarten unter dem Schutz ihrer Schonzeiten stehen.[818] Wäre die Möglichkeit des Abschusses entscheidend, müsste der Pächter in der Schonzeit von dem Ersatz sämtlicher Wildschäden befreit sein, da er in dieser Zeit dem Abschuss nicht nachkommen kann.[819]

Andererseits wird auch das Argument angeführt, der Grundeigentümer habe keine Einflussmöglichkeit auf das Wild.[820] Diese Aussage ist in der Pauschalität nicht korrekt. Bereits seine Nutzung der Flächen hat einen direkten Einfluss auf die Wildschadensintensität. Darüber hinaus kann er selbst Wildschadensverhütungsmaßnahmen ergreifen. Zwar mag es zutreffen, dass der Abschuss die direkteste Einflussmöglichkeit auf den Wildbestand darstellt. Der Grundeigentümer bzw. Landpächter kann aber beispielsweise frei entscheiden, welche Früchte auf seinen Flächen angebaut werden oder wann er auf seinen Felder Arbeitsschritte ausführt und damit das Wild verstört.[821] Ferner kann er selbst bestimmen, welche Getreidearten oder Baumsorten er anpflanzt und damit selbst wildschadensverhütend oder -intensivierend tätig werden. Der starke Anstieg der Schwarzwildpopulation etwa lässt sich unter anderem durch den mittlerweile vermehrten Anbau von Mais erklären.[822] Legt man die Abschussstatistiken des Deutschen Jagdverbandes für das Schwarzwild und die Statistiken des deutschen Maiskomitees bzgl. des Maisanbaus zugrunde, so wird deutlich, dass die Statistiken proportional zueinander angestiegen sind. Da sich der Anbau von Mais und der Populationszuwachs des Wildschweines gegenseitig beeinflussen, verwundert es nicht, dass die Wildschäden in den letzten Jahren kontinuierlich zugenommen haben. Durch die

818 *Metzger*, in: Lorz/Metzger/Stöckel BJagdG § 29 Rn. 3.

819 *Schartner*, in: 22. Österreichische Jägertagung, 2016, S. 17, 21. Diese Argumentation wurde insbesondere in Bezug auf die rechtlich vergleichbare Situation in Österreich verwandt.

820 *Gies*, in: Düsing/Martínez AgrarR § 29 BJagdG Rn. 1.

821 *Wetzel*, AUR 2010, 70, 72, 74.

822 Beispielsweise wurden in der BRD im Jahr 2005 ca. 1,7 Mio. ha Mais angebaut und 476.645 Wildschweine erlegt, während sich die Anbaufläche für Mais im Jahr 2018 auf ca. 2,6 Mio. ha belief und 836.865 Wildschweine erlegt wurden; vgl. https://www.jagdverband.de/sites/default/files/2020-02/2020-02_Infografik_Jahresstrecke_Schwarzwild_2018_2019.jpg (Stand: 20.12.2020); https://www.maiskomitee.de/fakten.aspx/statistik/deutschland (Stand: 20.12.2020).

inzwischen vorherrschenden Verhältnisse nimmt auch das Wildschadensrisiko für den Pächter permanent zu. Aufgrund der bestehenden Wildschadensersatzregelung kann der Land- oder Forstwirt seine Flächen vollumfänglich dem Gewinnstreben widmen und hat sogar für den Schadensfall ein Haftungssubjekt, das sich der Haftung nur durch einen (häufig zufallsdeterminierten) Schutzmechanismus entziehen kann: Den Ablauf der Schadensmeldungsfrist des § 34 BJagdG. In Anbetracht dessen sollte beherzigt werden, dass durch die nachhaltige Bejagung ein an die örtlichen Verhältnisse angepasster Wildbestand hervorgerufen werden soll. Der Jäger sollte vor diesem Hintergrund dazu angehalten sein, die Jagd verantwortungsbewusst und nachhaltig auszuüben.

Eine weitere Privilegierung der Ersatzberechtigten ergibt sich daraus, dass sowohl Land- als auch Forstwirten in verschiedenen Lebensbereichen Vorteile zugutekommen. Da äußere Einflüsse wie Stürme oder Trockenheitsperioden die Land- und Forstwirtschaft unmittelbar treffen, gewährte die Legislative steuerliche Vorteile, um die daraus entspringenden finanziellen Nachteile auszugleichen.[823] Exemplarisch sei erwähnt, dass landwirtschaftliche Zugmaschinen trotz erheblicher CO2-Emmissionen gemäß § 3 Nr. 7 KraftStG von der Kraftfahrzeugsteuer befreit sind. Zudem wird Landwirtschaft in Europa mit erheblichen Summen der EU subventioniert.[824] Freilich ist diese Subventionierung notwendig, um sich im internationalen Wettbewerb behaupten zu können.

Trotz – oder gerade wegen – der Privilegien der Ersatzberechtigten gegenüber dem Jagdpächter ist eine Regulierung durch die Mechanismen des freien Marktes nicht zu erwarten: Da die Abwälzung der Wildschadenshaftung auf den Jagdpächter in der Praxis zur Regel geworden ist,[825] hat der Jäger meist keine andere Wahl als die Haftungsübertragung zu akzeptieren oder auf die Pachtung eines Reviers zu verzichten. Um ein eigenes Revier bewirtschaften zu können, nehmen auch viele Pächter die Überwälzung der Wildschäden in Kauf, um überhaupt in

823 Zu diesem Absatz *Blaszkowski*, Besteuerung der Landwirte, S. 1.

824 https://www.nabu.de/natur-und-landschaft/landnutzung/landwirtschaft/agrarpolitik/eu-agrarreform/25173.html (Stand: 20.12.2020).

825 *Gies*, in: MAH MietR § 76 Landpacht, Jagdpacht und Fischereipacht Rn. 250.

den Genuss eines eigenen Pachtvertrages zu kommen. Dabei wird von einer Vielzahl der Pächter das finanzielle Risiko unter- oder gar völlig falsch eingeschätzt.[826]

Die aufgezeigten Problemkreise lassen deutliche Schwächen des bisherigen Haftungssystems erkennen. Obgleich sich die Land- und Forstwirte erschwerten Bedingungen ausgesetzt sehen, befinden sie sich mit Blick auf den Wildschadensersatz in einer gegenüber dem Jagdpächter deutlich überlegenen Position, aus der sich ein gesetzgeberischer Reformbedarf ergibt.

2. Ursachen: Wandel in Land- und Forstwirtschaft

Die geschilderte Interessenschieflage folgt vor allem aus dem Wandel der tatsächlichen Gegebenheiten in Land- und Forstwirtschaft.

Die Land- und Forstwirtschaft zur Zeit der Schaffung des Reichsjagdgesetz ist mit der heutigen keineswegs mehr zu vergleichen. In der Landwirtschaft werden angesichts des wachsenden Wettbewerbsdrucks immer größere Mengen an Mais, Weizen,[827] Raps etc. angepflanzt, um einen möglichst großen Ertrag zu erwirtschaften. Insbesondere Mais wird von Schwarzwild ausgesprochen gern als Nahrungsquelle und zur Deckung angenommen und dabei beschädigt.[828] Mit dem drastischen Anstieg des Maisanbaus in der Monokultur[829] tragen also die Ersatzberechtigten zumindest in Feldrevieren teilweise

826 Zur Unwissenheit als Faktor im Rahmen der Vertragsgestaltung *Möslein*, Dispositives Recht, S. 308 ff.

827 Vor ca. 100 Jahren lag der Ertrag eines einen Hektar großen Weizenfeldes bei ca. 18,5 Dezitonnen, im Durchschnitt der Jahre 2010 bis 2015 bei 77,1 Dezitonnen. Demnach hat sich der Ertrag etwas mehr als vervierfacht. Ein Landwirt produzierte damit im Jahre 1900 Lebensmittel für durchschnittlich vier Personen, während er im Jahr 2016 bereits Lebensmittel für etwa 135 Personen erzeugte, vgl. https://www.bauernverband.de/themendossiers/strukturwandel#:~:text=Die%20Landwirtschaft%20hat%20sich%20in,der%20landwirtschaftlichen%20Erwerbst%C3%A4tigen%20nimmt%20ab.&text=In%20der%20vornehmlich%20durch%20Familienbetriebe,wesentlicher%20Taktgeber%20f%C3%BCr%20den%20Strukturwandel. (Stand: 20.12.2020).

828 https://www.jagdverband.de/zahlen-fakten/tiersteckbriefe/wildschwein-sus-scrofa (Stand: 20.12.2020).

829 https://www.quarks.de/umwelt/landwirtschaft/darum-schaden-uns-monokulturen/ (Stand: 20.12.2020).

selbst – wenn auch wirtschaftlich gezwungenermaßen – zur Populationserhöhung des schadensintensiven Schwarzwildes bei. In der Forstwirtschaft wiegen Wildschäden zunehmend schwerer, da die Forstkulturen durch die veränderten klimatischen Verhältnisse ohnehin bereits geschwächt sind.

Auch die Forstwirtschaft hat sich in den letzten Jahrzehnten maßgeblich verändert. Hier kommt erschwerend hinzu, dass beispielsweise Rehwild eine Vorliebe für junge Forstkulturen zeigt und an diesen Verbissschäden verursacht, die das Wachstum der jungen Bäume erheblich beeinträchtigen.[830] Lange ging der Trend zur Monokultur, um den Wald möglichst schnell und gewinnbringend nutzen zu können. Die Nachteile einer solchen Bewirtschaftung treten nun aber immer mehr zu Tage. In den letzten Jahren sind zahlreiche Fichten durch Stürme entwurzelt worden. Außerdem hat sich der Borkenkäfer im Jahr 2019 explosionsartig vermehrt.[831] Der Borkenkäfer befällt vor allem die in den deutschen Forstmonokulturen vorherrschenden Fichten. Um ein weitergehendes Waldsterben zu verhindern, soll nun auf die sogenannte Naturverjüngung gesetzt werden. Die Naturverjüngung ist dadurch gekennzeichnet, dass sich die Bäume durch Verteilung ihrer Samen selbst säen. Durch diese Natursaat soll sich der Wald selbstständig erholen können. Dieses Unterfangen ist jedoch zum Scheitern verurteilt, wenn das in hoher Zahl auftretende Rehwild die jungen Bäume verbeißt.

3. Interessengerechter Ausgleich

Vor der nun aufgezeigten Problematik stellt sich die Frage, wie ein für die Beteiligten zufriedenstellender Interessenausgleich ausgestaltet sein müsste. Sowohl die Interessen des Ersatzverpflichteten als auch der Ersatzberechtigten müssen dabei angemessene Berücksichtigung finden. Nur eine interessengerechte Lösung darf auf beiderseitige Akzeptanz hoffen. Das Problem der ausufernden Haftung des Jagdpächters kann nicht durch die Etablierung eines Ausgleichssystems behoben werden,

830 *Hespeler*, Wildschäden, S. 63.

831 https://www.maz-online.de/Nachrichten/Wissen/Borkenkaefer-2019-Wie-kann-man-ihn-bekaempfen-und-warum-ist-er-so-gefaehrlich (Stand: 20.12.2020).

das sodann ohne Rücksicht auf die Interessen der Ersatzberechtigten fungiert.

Auf Seiten des Jagdpächters stehen über die Bejagungsmöglichkeit hinaus dessen finanzielle Interessen. Selbstredend liegt es im Interesse des Jagdpächters, einen möglichst geringen Pachtzins zahlen und nicht für Wildschäden aufkommen zu müssen. Zurzeit muss der Jagdpächter fürchten, trotz einer intensiven Jagdausübung auf Wildschadensersatz in Anspruch genommen zu werden.

Im Gegensatz dazu stellt für den Ersatzberechtigten neben der Pachtzinszahlung (sofern er zugleich Verpächter ist) die Bejagung zur Vermeidung von Wildschäden dessen hauptsächliches Interesse dar. Sollten sich trotz der Bejagung durch den Jagdpächter (als i.d.R. Jagdausübungsberechtigtem) Wildschäden nicht vermeiden lassen, richtet sich das Interesse des Ersatzberechtigten freilich auf eine Regulierung seiner Schäden. Streng genommen wäre eine Abwälzung der Wildschadensersatzpflicht auf den Jagdpächter überflüssig, wenn dieser die Jagd ordnungsgemäß ausübt und damit die Flächen der Grundeigentümer wildschadensfrei hält. Der Verpächter muss also im Grunde davor geschützt werden, dass der Jagdpächter die Jagdausübung vernachlässigt. Gänzlich abwegig ist diese Befürchtung nicht: Gelegentlich kommt es vor, dass Pächter weit entfernte Reviere anpachten, ohne darin einen Jagdaufseher[832] einzusetzen, was dazu führt, dass die Jagd dort nicht ordnungsgemäß ausgeübt wird und die betroffenen Grundeigentümer oftmals große Schäden hinnehmen müssen. Ließe man in einem gedanklichen Experiment die Wildschadensersatzpflicht gänzlich entfallen, so wäre der Verpächter aus nachvollziehbaren Gründen darum bemüht, einen Jagdpächter zu finden, der die Jagd gewissenhaft ausübt. Dem Verpächter ist mit der Entrichtung eines hohen Pachtzinses nicht geholfen, wenn keine hinreichende Bejagung seiner Flächen erfolgt und somit Wildschäden überhandnehmen. Dementsprechend hat der Verpächter bzw. Ersatzberechtigte ein berechtigtes Interesse an einer ordnungsgemäßen Bejagung.

Eine interessengerechte Lösung müsste also dem Jagdpächter bewusst werden lassen, dass er nur durch eine zielgerichtete, nachhaltige Beja-

832 Vgl. *Dietlein*, Jagdrecht, S. 55.

gung das Wildschadensrisiko eindämmen kann. Dazu könnten etwa unmittelbare finanzielle Anreize für denjenigen Jagdpächter geschaffen werden, der sich um die Wildschadensverhütung bemüht. Diese müssten allerdings über das zurzeit vage Hoffen auf das Nichteintreten eines Schadensfalls hinausgehen. Demgegenüber muss dem Ersatzberechtigten bewusst werden, dass der Jagdpächter für die land- oder forstwirtschaftlichen Schäden mit seinem Eigenkapital haftet, obwohl er der Jagd lediglich als Freizeitbeschäftigung nachgeht. Die derzeitige, unkalkulierbare Haftung kann den Ersatzverpflichteten in ernsthafte finanzielle Schwierigkeiten bringen.

Verständlicherweise wird des den Ersatzberechtigen widerstreben, von der bisherigen Wildschadensersatzpraxis abzuweichen. Dabei muss man sich jedoch vergegenwärtigen, wer nach der gesetzlichen Grundkonzeption als Haftungssubjekt herangezogen wird. Die Grundlage bildet die Zufallshaftung des Eigentümers. Da dem deutschen Recht das Verantwortlichkeitsprinzip zugrunde liegt, kann eine andere Person nur dann für einen Schaden verantwortlich gemacht werden, wenn für diese Haftung ein *„besonderer Grund“* gegeben ist.[833] Die Besonderheit von Wildschäden ist jedoch, dass diese von Natur aus ohne Fremdeinwirkung eintreten. Vor diesem Hintergrund bildet auch hier der Grundsatz *„casum sentit dominus“* die dogmatische Basis. Bereits die Wildschadenshaftung der Jagdgenossenschaft in einem gemeinschaftlichen Jagdbezirk nach § 29 Abs. 1 S. 1 BJagdG stellt eine Abweichung von diesem Grundsatz dar, die sich durch die Aufopferung des Jagdausübungsrechts bzw. die Verlustkollektivierung rechtfertigt. Für den Eigenjagdbesitzer gilt dieser Grundsatz sogar prinzipiell weiterhin. Eine Begrenzung der Haftung des Jagdpächters bedeutete also nicht, den Ersatzberechtigten den ihnen zustehenden Schadensausgleich zu entziehen, sondern die unausgewogene Rechtspraxis der vergangenen Jahrzehnte zu korrigieren.

833 Vgl. dazu bereits Kapitel 4 A. II. 1.; *Larenz/Canaris,* Lehrbuch des Schuldrechts Band II/2, S. 351. Auch *Wieling,* AcP 1976, 334, 349 f., führt explizit aus, dass ein Mitverschulden nur dann in Betracht kommt, wenn der eingetretene Schaden schuldhaft mitverursacht wurde. Für alle anderen Fälle gilt der Grundsatz *casum sentit dominus.*

B. Land- und forstwirtschaftliche Flächen

Zurzeit umfasst der Wildschadensersatzanspruch ausschließlich Schäden auf solchen Flächen, welche land- und/oder forstwirtschaftlich nutzbar sind.[834] Bei der Nutzung landwirtschaftlicher Flächen verdeutlicht eine Konstellation das Haftungsdilemma des Jagdpächters in besonderem Maße: Der Anbau von Mais zur Energiegewinnung durch Biogasanlagen. Da in den letzten beiden Jahrzehnten das Bewusstsein für den weltweiten Klimawandel gewachsen ist, werden fossile Brennstoffe vermehrt durch erneuerbare Energien ersetzt. Vor diesem Hintergrund hat die Anzahl der Biogasanlagen in Kombination mit Blockheizkraftwerken in Deutschland zugenommen. Durch die kontrollierte Vergärung von energiereichen Pflanzen entsteht zunächst Biogas, welches sodann von dem Blockheizkraftwerk zu Strom und Wärmeenergie umgewandelt werden kann. Für die Erzeugung des Biogases finden energiereiche Pflanzen, wie beispielsweise Mais, Zuckerrüben, Hirse, Silagen verschiedener Pflanzen und Grünroggen Verwendung.[835] Jedoch ist der Anbau von Mais als Substrat für den Gährungsprozess wohl am wirtschaftlichsten.[836] Mais stellt äußerst geringe Anforderungen an den Boden und ist widerstandsfähig gegen Pilze und Parasiten. Dazu kommt, dass Mais fünfmal mehr Ernte einbringt als Weizen.[837]

Diese Art der Energiegewinnung wurde durch die Einführung des Erneuerbaren-Energien-Gesetzes (EEG) durch Subventionen gefördert.[838] § 1 Abs. 1 EEG gibt Aufschluss über das Ziel dieses Gesetzes: Im Interesse des Klima- und Umweltschutzes soll eine nachhaltige Entwicklung der Energieversorgung ermöglicht werden, um fossile Ener-

834 *Gies,* in: Düsing/Martínez AgrarR § 31 BJagdG 1 ff. Siehe bereits Kapitel 4 A. IV. 1. a).

835 https://www.praxis-agrar.de/betrieb/bioenergie/energiepflanzen-fuer-die-biogaserzeugung/ (Stand: 20.12.2020).

836 https://llh.hessen.de/pflanze/gruenland-und-futterbau/futterbau/mais/sorten-mais/allgemeine-informationen-zum-energiemais/ (Stand: 20.12.2020).

837 https://www.faz.net/aktuell/wirtschaft/kritik-an-deutschlands-maisplantagen-14408492.html (Stand: 20.12.2020).

838 Kritische Stimmen zur Subvention von Energiemais: https://www.faz.net/aktuell/wirtschaft/kritik-an-deutschlands-maisplantagen-14408492.html; (Stand: 20.12.2020); https://taz.de/Subventionen-fuer-Biogas-Maisanbau/!5304890/ (Stand:20.12.2020).

gieressourcen zu schonen und zugleich die Weiterentwicklung von Technologien zur Erzeugung von Strom aus erneuerbaren Energien zu fördern. Absatz 2 gibt ein konkretes Ziel vor – nämlich der Anteil der erneuerbaren Energien bis in das Jahr 2050 schrittweise auf 80% auszubauen.

Es bleibt damit festzuhalten, dass neben dem Lebensmittelanbau in Deutschland mittlerweile viele landwirtschaftliche Flächen genutzt werden, um die Energieversorgung sicherzustellen. Unter diesen Umständen liegt auf der Hand, dass das Haftungsrisiko für Jagdpächter immens angestiegen ist, da nun Mais als besonders schadensträchtige Pflanze nicht nur noch zur Futtermittelproduktion und zum menschlichen Verzehr angebaut wird, sondern darüber hinaus zur Energiegewinnung. Ob es vor diesem Hintergrund ausgewogen ist, den Jagdpächter als Privatperson gegenüber dem Landwirt haften zu lassen, ist in Frage zu stellen. Im Endeffekt haftet der Jagdpächter teilweise für das unternehmerische Risiko des Landwirts.

Zu Beginn des letzten Jahrzehnts gab es in der Rechtsprechung bereits kritische Entscheidungen mit Blick auf das Erfordernis der landwirtschaftlichen Nutzung. Das Amtsgericht Plettenberg hatte sich im Jahr 2014 mit einer dieser Konfliktsituationen zu befassen.[839] Der Kläger – ein geschädigter Landwirt – verlangte Wildschadensersatz in Höhe von 365,70 €, da eines seiner Maifelder durch Schwarzwild beschädigt wurde. § 6 des zugrunde liegenden Jagdpachtvertrages enthielt die Vereinbarung, dass der Jagdpächter die Wildschäden an landwirtschaftlichen Flächen zu tragen hat. Die Besonderheit in diesem Fall war jedoch, dass der Geschädigte den Großteil des angebauten Maises nicht für die Fütterung seines Viehs verwendete, sondern für den Betrieb einer Biogasanlage. Das Gericht war im vorliegenden Fall der Auffassung, dass der Kläger eine landwirtschaftliche Nutzung nicht substantiiert genug vorgetragen habe und nahm eine gewerbliche Nutzung an. Zentral war die Erörterung des Begriffs der „Landwirtschaft". Nach zutreffender Ansicht des Gerichts ist unter dem Begriff der Landwirtschaft zu verstehen, dass der Landwirt Felder bewirtschaftet und die gewonnen Erzeugnisse entweder selbst vertreibt oder sie an sein Vieh als Nahrungsquelle verfüttert. Ist allerdings der ausschlag-

839 AG Plettenberg, Urteil v. 15.12.2014 – 1 C 425/13.

gebende Zweck des Maisanbaus die Stromgewinnung mittels einer Biogasanlage und die damit verbundene entgeltliche Einspeisung in das Stromnetz, so ist von einer gewerblichen Nutzung des Maises auszugehen.[840]

Im Ergebnis hat das Amtsgericht Plettenberg eine denkwürdige Entscheidung getroffen, die allerdings nicht unumstößlich ist.[841] Da das Urteil aufgrund des geringen Streitwerts von 365,70 € nicht berufungsfähig war, versandete eine weitere Klärung dieses Rechtsstreits. Erwägenswert ist aber, ob in einem solchen Fall nicht *immer* eine ausschließlich gewerbliche Nutzung angenommen werden sollte. Dabei sollte allerdings klargestellt werden, dass eine landwirtschaftliche Nutzung einer Biogasanlage vorliegt, wenn lediglich die Nebenprodukte des landwirtschaftlichen Anbaus endverwertet werden, da dies bereits aus ökologischen Gründen sinnvoll erscheint und dem Landwirt dementsprechend nicht erschwert werden sollte.

Mit einer sehr ähnlichen Fragestellung hatte sich der Bundesfinanzhof zu beschäftigen.[842] Grundsätzlich sind Kraftfahrzeuge, die land- oder forstwirtschaftlich zum Einsatz kommen, steuerlich privilegiert. Nach § 3 Nr. 7 a) KraftStG sind Zugmaschinen, Sonderfahrzeuge, Kraftfahrzeuganhänger hinter Zugmaschinen oder Sonderfahrzeuge und einachsige Kraftfahrzeuganhänger von der Kraftfahrzeugsteuer befreit, wenn sie ausschließlich in land- oder forstwirtschaftlichen Betrieben zum Einsatz kommen. Der Kläger war Halter einer Zugmaschine und Betreiber einer Biogasanlage samt Blockheizkraftwerk. Um die Biogasanlage und das Blockheizkraftwerk zu unterhalten, erzeugte er selbst Biomasse, um diese vollständig für die Stromerzeugung zu verwerten. Vor diesem Hintergrund kam das Finanzamt – die Beklagte – zu dem Ergebnis, dass es sich vorliegend nicht um einen landwirtschaftlichen Betrieb handelt, sondern um einen Gewerbebetrieb und versagte dem Kläger aufgrund dessen die steuerliche Privilegierung seiner Zugmaschine. Dagegen wehrte er sich mit einer Klage zum Finanzgericht. Das Finanzgericht stützte die Auffassung der Beklagten mit dem Argument, dass die Energiegewinnung durch die Biomasse im Vordergrund

840 AG Plettenberg, Urteil v. 15.12.2014 – 1 C 425/13 Rn. 14.
841 Deutliche Kritik *Meyer-Ravenstein*, AUR 2015, 149.
842 BFH, Entscheidung v. 06.03.2013 – II R 55/11.

stünde: „*Eine Trennung zwischen der gewerblichen Stromerzeugung und der land- und forstwirtschaftlichen Erzeugung von Biomasse komme nicht in Betracht, weil eine planmäßige Verbindung beider Bereiche bestehe und die land- und forstwirschaftliche Erzeugung von Biomasse nur eine deren Verstromung vorgelagerte Hilfstätigkeit sei.*“[843] In seiner Revision führte der Kläger aus, dass die Zugmaschine ausschließlich zur Bearbeitung landwirtschaftlicher Flächen genutzt werde, um so die Erzeugung der Biomasse zu gewährleisten. Die Stromerzeugung aus der Biomasse stelle nur einen relativ kleinen Bereich des Gesamtbetriebes dar. Dieser Auffassung folgte der Bundesfinanzhof jedoch nicht und wies die Revision als unbegründet zurück: „*Die getrennte Behandlung einer teils als landwirtschaftlich und teils als gewerblich anzusehenden Tätigkeit scheidet aus, wenn die Verbindung zwischen land- und forstwirtschaftlicher und gewerblicher Tätigkeit planmäßig im Interesse des Hauptbetriebs gewollt ist und sich beide Tätigkeitsbereiche gegenseitig bedingen und derart miteinander verflochten sind, dass der gesamte Betrieb nach der Verkehrsauffassung als einheitlicher Betrieb anzusehen ist.*“[844]

Der Bundesfinanzhof musste sich hier ähnlich wie das Amtsgericht Plettenberg damit auseinandersetzen, wie damit umzugehen ist, wenn von der konventionellen Landwirtschaft abgewichen wird, um Strom zu erzeugen. Es muss die wichtige Frage geklärt werden, ob es sich noch um Landwirtschaft handelt, wenn der gewonnene Rohstoff im Anschluss vollständig für die Energiegewinnung verwertet wird. Der Entscheidung des AG Plettenberg und des Bundesfinanzhofs ist also die Frage nach dem Erfassungsbereich der landwirtschaftlichen Nutzung gemein. Mit dieser Problemstellung geht als weitere Frage Hand in Hand, ob es interessengerecht sein kann, einen Jagdpächter in solchen Fällen als Haftungssubjekt heranzuziehen. Sollte ein landwirtschaftlicher Betrieb als Gewerbebetrieb qualifiziert werden, würde der Hobbyjäger unter Umständen jagdpachtvertraglich dazu verpflichtet werden, für das unternehmerische Risiko eines gewerblichen Stromerzeugers einzustehen – er könnte gewissermaßen eine betriebliche „Versicherung“ in die Haftung genommen werden. Freilich kommt

843 BFH, Entscheidung v. 06.03.2013 – II R 55/11 Rn. 4.
844 BFH, Entscheidung v. 06.03.2013 – II R 55/11 Rn. 12.

es für die Wildschadenshaftung de lege lata auf den Begriff der Landwirtschaft nur an, wenn die Haftungsübertragungsklausel (wie im Fall des AG Plettenberg) an den Begriff der Landwirtschaft anknüpft oder es um die Frage geht, ob eine Fläche überhaupt landwirtschaftlich nutzbar ist – auf die tatsächliche Nutzung kommt es hingegen zurzeit nicht an.[845] Gleichwohl wäre im Interesse der klaren Begrenzung der Wildschadenshaftung des Jagdpächters zu klären, ob dessen Haftung generell auf land-, forst- und fischereiwirtschaftlich genutzte Flächen zu begrenzen ist. In diesem Fall wäre eine Klärung des Begriffs der Landwirtschaft maßgebend.

In § 201 BauGB wird die Landwirtschaft baurechtlich legaldefiniert. Die Landwirtschaft im Sinne des BauGB ist insbesondere der Ackerbau, die Wiesen- und Weidewirtschaft einschließlich Tierhaltung, soweit das Futter überwiegend auf den zum landwirtschaftlichen Betrieb gehörenden, landwirtschaftlich genutzten Flächen erzeugt werden kann, die gartenbauliche Erzeugung, der Erwerbsobstbau, der Weinbau, die berufsmäßige Imkerei und die berufsmäßige Binnenfischerei. In seinem Beschluss vom 06. Januar 1997 hat das Bundesverwaltungsgericht bereits im Hinblick auf den landwirtschaftlichen Strukturwandel diese Ansicht weiterhin für gültig erklärt.[846] In der Definition wird das Betreiben einer Biogasanlage nicht als Landwirtschaft ausgelegt. Baurechtlich fallen diese Anlagen mithin nicht in den Begriff der Landwirtschaft.[847]

Von Interesse ist in diesem Zusammenhang auch die Definition der Landwirtschaft aus dem Einkommensteuergesetz. Unter Landwirtschaft i.S.d. § 13 Abs. 1 S. 1 EStG ist „die selbstständige und nachhaltige Gewinnung und Verwertung von Pflanzen und Pflanzenteilen mittels Nutzung der natürlichen Kräfte des Bodens mit Gewinnerzielungsabsicht und unter Beteiligung am allgemeinen wirtschaftlichen Verkehr“ zu verstehen.[848] Auch aus dieser Definition ist nicht unmittelbar zu entnehmen, dass es sich bei der Erzeugung von Strom durch die Nutzung von Biomasse um eine landwirtschaftliche Tätigkeit handeln

845 Vgl. Kapitel 4 A. IV. 1. a).
846 BVerwG NVwZ 1997 590.
847 *Mitschang/Reidt*, in: BauGB § 35 Rn. 11; *Battis*, in: BauGB § 201 Rn. 3.
848 *Schnitter*, in: Frotscher/Geurts, EStG § 13 Rn. 43.

soll. Man könnte zwar argumentieren, dass die verwertbare Biomasse aus Pflanzen besteht und deswegen durch die Nutzung der „natürlichen Kräfte des Bodens“ entstanden ist, allerdings ist die Herstellung der Biomasse lediglich eine der Energiegewinnung vorgelagerte Stufe. Das Augenmerk beim Betrieb einer solchen Anlage liegt vielmehr – wie vom Bundesfinanzhof festgestellt – auf der Produktion von Strom.[849] Angesichts der Haftungsrisiken, die mit der Produktion von Biomasse zwecks Energiegewinnung einhergehen, sollte die Wildschadenshaftung des Jagdpächters auf eine tatsächliche land-, forst- oder fischereiwirtschaftliche Nutzung beschränkt und eine solche Nutzung landwirtschaftlicher Flächen nicht als landwirtschaftliche Nutzung qualifiziert werden.

C. Beschränkung auf bestimmte Wildarten

Um die Ausgewogenheit der Haftung des Jagdpächters wiederherzustellen, sollte auch hinterfragt werden, ob die derzeitige Beschränkung auf die sogenannten Schadwildarten weiterhin zeitgemäß und sinnvoll ist. Gemäß § 29 Abs. 1 S. 1 BJagdG haftet der Jagdpächter nur für Schäden, die durch Schalenwild, Wildkaninchen oder Fasanen verursacht wurden. Die Schadwildarten können gemäß § 29 Abs. 4 BJagdG von den Ländern auf andere Wildarten ausgedehnt werden.[850] Beispielsweise kann aber auch der Dachs erhebliche Schäden verursachen, welche nach der derzeitigen Ausgestaltung nicht ersatzfähig sind.

Jedenfalls wird der Geschädigte ein Interesse daran haben, dass die Haftung für Wildschäden auf weitere Wildarten ausgedehnt wird, da sich sonst immer noch Schäden realisieren können, welche er nicht ersetzt verlangen kann. Allerdings würde eine Expansion auf weitere Wildarten dazu führen, dass die Wildschadenshaftung noch weiter ausgedehnt wird. Wie die Untersuchung bisher aufgezeigt hat, birgt das bisherige Haftungsmodell jedoch erhebliche Risiken für den Jagdpächter, der die Haftung vertraglich übernommen hat. Würde man

849 BFH, Entscheidung v. 06.03.2013 – II R 55/11 Rn. 12.

850 BGHZ 62, 265 ff.; *Gies*, in: Düsing/Martínez AgrarR § 29 BJagdG Rn. 2; *Metzger*, in: Lorz/Metzger/Stöckel BJagdG § 29 Rn. 3.

nun weitere Wildtierarten in den Kreis des Schadwildes aufnehmen, so würde man das gesetzliche Haftungsrisiko noch weiter ausdehnen. Dies würde sich letztendlich auch auf die vertragliche Haftung des Jagdpächters auswirken, da diesem die gesetzliche Haftung meist ohne Modifizierungen übertragen wird. Durch eine Etablierung dieser Erweiterung würde einer von lediglich zwei Schutzmechanismen für den Pächter entfallen.[851] Im Ergebnis ist eine Haftungserweiterung vor diesem Hintergrund abzulehnen.

Demgegenüber kommt jedoch auch eine weitere Begrenzung der Schadwildarten nicht in Betracht. Zugunsten des Geschädigten ist davon auszugehen, dass die Schadwildarten die wildschadensintensivsten Gattungen enthalten. Die erheblichsten Wildschäden werden durch das Schwarz-, Reh- und Rotwild erzeugt.[852] Diese Wildarten werden von der bisherigen Wildschadensregelung umfasst, was im Ergebnis dazu führt, dass der Verpächter gegen die gravierendsten Schäden geschützt ist. Nähme man eine dieser Wildarten von der Ersatzpflicht aus, wäre nunmehr der Geschädigte in weiten Teilen schutzlos gestellt. Hingegen eine Wildart von der Ersatzregelung auszunehmen, die weniger schadensintensiv ist (z.B. Fasanen) würde die Haftung des Ersatzpflichtigen nicht effektiv begrenzen.

D. Abkehr von der verschuldensunabhängigen Haftung?

Bisher ist die gesetzliche Wildschadenshaftung verschuldensunabhängig ausgestaltet und wird zumeist dahingehend unverändert auf den Jagdpächter übertragen.[853] Diese Ausgestaltung der Wildschadenshaftung ist nicht länger haltbar. Es mag durchaus sein, dass die Problematik der Wildschadenshaftung des Jagdpächters bisher vernachlässigt

851 In der bisherigen Konstellation wird der Jagdpächter lediglich durch die Begrenzung der Wildarten und der Anmeldefrist des § 34 BJagdG vor einer Haftung geschützt.

852 https://ljv-hessen.de/jagd-in-hessen/wildschadensregulierung/ (Stand: 20.12.2020); https://www.waldhilfe.de/wildschaeden-im-wald/?gclid=EAIaIQobChMI68CD66CE7AIVFON3Ch1yZAe6EAAYASAAEgLnXvD_BwE (Stand: 20.12.2020).

853 Siehe dazu bereits Kapitel 4 A. II. 1., B.

wurde, da sich in den vergangenen Jahrzehnten nur Schäden in überschaubarer Höhe realisiert haben. Durch den Strukturwandel in der Landwirtschaft entstehen jedoch mittlerweile erhebliche Schäden, die einen privaten Jagdpächter an den Rand seiner finanziellen Existenz bringen können. Um es auf den Punkt zu bringen: Der Jagdpächter haftet zurzeit verschuldensunabhängig für ein für ihn potenziell existenzbedrohendes Risiko.[854]

I. Status quo: Verschuldensunabhängige Haftung des Jagdpächters

Derzeit kann ein Jagdpächter, der die Haftung für Wildschänden vertraglich übernommen bzw. aufgebürdet bekommen hat, alle nur möglichen Maßnahmen zum Zwecke der Wildschadensverhütung ergreifen, ohne dabei jemals von seiner Haftung frei zu werden.[855] Der Jäger kann seinen Abschussplan vollständig erfüllen, schadensträchtige Kulturen einzäunen und andere Vergrämungsmaßnahmen durchführen, ohne dass dies eine positive rechtliche Konsequenz für ihn hätte.

Die absolute Ausnahme bildet dabei der Fall, dass der Jagdpächter einen Eigenjagdbezirk gepachtet hat und es einer vertraglichen Regelung der verschuldensunabhängigen Wildschadenshaftung entbehrt; in diesem Fall haftet er gegenüber dem Eigenjagdbesitzer mit Blick auf den Abschussplan verschuldensabhängig.[856] Dabei ist zu berücksichtigen, dass es in vielen Bundesländern etwa für Schwarzwild keinen vorgegeben Abschussplan gibt. Mengenmäßig kann so viel Schwarzwild erlegt werden, wie der Jagdpächter es für nötig hält. Ähnliche Bestrebungen werden jüngst in Bezug auf das Rehwild laut.[857] Demnach kann der Jagdpächter in den meisten Fällen seinen Abschussplan nicht erfüllen. Ohne jeweilige Mindestquoten für das jeweilige Revier kann dem Jagdpächter stets vorgehalten werden, er habe denn Abschussplan nicht erfüllt. Da der Abschussplan auf Vorschlag des Jagdpächters in Zusammenarbeit mit der Jagdgenossenschaft oder dem Eigenjagdbe-

854 *Gies*, in: MAH MietR § 76 Landpacht, Jagdpacht und Fischereipacht Rn. 250.
855 *Meyer-Ravenstein*, AUR 2010, 195, 196.
856 Hierzu bereits näher unter Kapitel 4 A. IV. 3.
857 In diesem Zusammenhang kritisch zur „Waldstrategie 2050“ unter Kapitel 2 B. III. 2. c) bb).

sitzer festgelegt wird, könnten bei dieser Festsetzung auch eine Mindestquote für den Schwarzwildabschuss vereinbart werden. Bei dieser Vereinbarung müssten sowohl die tatsächlichen Bejagungsmöglichkeiten des Jagdpächters, als auch die Schadensintensität der letzten Jahre Berücksichtigung finden. Im Ergebnis darf die Abschussquote einerseits nicht so gering sein, dass sie keinen nennenswerten Einfluss auf den Wildbestand erwarten lässt, andererseits darf sie auch nicht so hoch sein, dass der Jagdpächter keinerlei Chance hat, diese zu erfüllen. Bei der Planung des Mindestabschusses müssten also beide Parteien einander entgegenkommen.

II. Gefährdungshaftung des Jagdpächters

Bei Besinnung auf die dogmatischen Grundlagen der Wildschadenshaftung wird deutlich, dass die verschuldensunabhängige Wildschadenshaftung des Jagdpächters nicht konsequent ist.

Bereits ein Blick auf § 29 Abs. 3 S. 2 BJagdG verdeutlicht, dass der Jagdpächter nach der gesetzlichen Grundkonzeption jedenfalls nicht verschuldensunabhängig haften sollte. Hiernach ist der Jagdausübungsberechtigte – sofern nichts anderes bestimmt ist – ersatzpflichtig, wenn er durch unzulänglichen Abschuss den Schaden *verschuldet* hat. Diese Vorschrift bezieht sich auf das Rechtsverhältnis zwischen dem Eigenjagdbesitzer und dem Jagdausübungsberechtigten. Da an diesem Verhältnis keine andere Person beteiligt ist, offenbart sich hier die Reinform der Haftung des Jagdpächters, von der der Gesetzgeber ausging: Verpachtet jemand das Jagdausübungsrecht an den in seinem Eigentum stehenden Flächen, so soll der Pächter in der Regel nur bei entsprechendem Verschulden haften. Ein Grund dafür, warum im Rahmen eines Jagdpachtvertrages in einem gemeinschaftlichen Jagdbezirk etwas anderes gelten sollte, lässt sich nicht ausmachen. Vielmehr ufert die Haftung des Jagdpächters aus, wenn sie denselben Prinzipien folgt wie die verlustkollektivierende Haftung der Jagdgenossenschaft.

Die potenziellen Geschädigten werden der Abkehr von der verschuldensunabhängigen Haftung zunächst mit dem Argument entgegentreten, dass ihnen ipso iure ihr Jagdausübungsrecht entzogen wird. Sie müssten dieses „aufopfern" und zugunsten eines artenreichen und gesunden Wildbestandes eine Fremdbejagung dulden.[858] Da dem Grundeigentümer etwa in einem gemeinschaftlichen Jagdbezirk das Jagdausübungsrecht genommen werde, sei es nur sachgerecht, ihm gegen den Jagdausübungsberechtigten einen Ausgleichsanspruch zu geben.[859] Dieser Einwand mag dem Grunde nach berechtigt sein; gegenüber dem Jagdpächter greift er jedoch nur sehr eingeschränkt. Zwar ist es zutreffend, dass regelmäßig der Jagdpächter das Jagdausübungsrecht im Ergebnis wahrnimmt und die Fremdbejagung somit durch ihn erfolgt. Dem Jagdpächter gegenüber erfolgt jedoch keine „Aufopferung" des Jagdausübungsrechts durch gesetzliche Zuweisung. Das BJagdG überträgt das Jagdausübungsrecht lediglich in gemeinschaftlichen Jagdbezirken auf die Jagdgenossenschaft und in Eigenjagdbezirken hinsichtlich angegliederter Flächen auf den Eigenjagdbesitzer. Nur in diesem Verhältnis erfolgt mithin eine Aufopferung – die Übertragung des Jagdausübungsrechts an den Jagdpächter erfolgt im Rahmen der Privatautonomie freiwillig.

Im Verhältnis zum Jagdpächter bedarf es für die Übertragung der Wildschadenshaftung eines guten Grundes. Zur Erinnerung: Nach dem Prinzip der Zufallshaftung des Eigentümers muss jeder Rechtsgutsinhaber zunächst Schäden an seinen Rechtsgütern hinnehmen – „*casum sentit dominus*".[860] Dieser Grundsatz des allgemeinen Zivilrechts ist kein Auffangbecken für alle Schäden, die dem Betroffenen nicht ersetzt werden. Vielmehr enthält er einen „elementaren Gerechtigkeitsgedanken" – nämlich, dass grundsätzlich jeder für die ihm entstehenden Schäden selbst verantwortlich ist, wenn es keinen außenstehenden Schädiger gibt.[861] Wird durch wildlebende Tiere ein Schaden auf einem Grundstück oder Feldfrüchten verursacht, so trifft dieser Schaden daher grundsätzlich den Rechtsgutsinhaber als betroffene Person. Sollte jedoch der Schaden in den Verantwortungsbereich einer

858 Zu den Grundlagen der Aufopferungshaftung s. Kapitel 4 A. II. 3.

859 *Wetzel*, AUR 2010, 70, 72.

860 „Der Zufall trifft den Eigentümer" – *Larenz/Canaris*, Lehrbuch des Schuldrechts Band II/2, S. 351. Die Frage, ob der von Wild verursachte Schaden unter den allgemeinen zivilrechtlichen Grundsatz *casum sentit dominus* fällt, warf bereits *Konrad*, Wildschadensersatz, S. 2, auf.

861 *Larenz/Canaris*, Lehrbuch des Schuldrechts Band II/2, S. 351.

anderen Person fallen, so kann dieser die Ersatzpflicht aufgebürdet werden.[862] Der Grundsatz *casum sentit dominus* steht somit in einem stetigen Spannungsverhältnis zur Verschuldenshaftung, die auf dem Verantwortlichkeitsprinzip (Zurechnungsprinzip) basiert.[863]

Problematisch ist hingegen die Haftungszuweisung, wenn kein konkretes Verhalten zu einer Rechtsgutsverletzung führt, sondern eine Gefahrenquelle. Die klassischen Gefährdungshaftungen – etwa für Atomkraftwerke oder Medikamente – haben gemeinsam, dass die Gefahrenquelle durch den Menschen geschaffen wurde und die von ihr ausgehenden Risiken hingenommen werden, weil sie der Allgemeinheit dienlich sind.[864] Sollte sich die der Gefahrenquelle innewohnende Gefahr realisieren, so wird der Gefahrenquellenverantwortliche regelmäßig in die Haftung genommen. Es stellt sich jedoch die Frage, ob diese Grundsätze auf die vorliegende Problematik dergestalt übertragen werden können, dass der Jagdpächter die Verantwortlichkeit für die „Gefahrenquelle Wild" trägt.[865]

Hiergegen spricht, dass der Wildbestand grundsätzlich eine für den Menschen kaum kontrollierbare Naturgegebenheit ist. Häufig wird die vertragliche Überwälzung der Wildschadensersatzpflicht auf den Jagdpächter damit gerechtfertigt, dass er den Wildbestand nutzt.[866] Der Bundesgerichtshof hat diesbezüglich ausgeführt, der Jäger könne mit den einflussreichsten Maßnahmen (insbesondere dem Abschuss) Einfluss auf den Wildbestand nehmen.[867] Dabei wird stets der Jagdpächter als Haftungssubjekt betrachtet, weil ein Revier selten unverpachtet

---

862 *Looschelders,* in: BeckOGK § 254 BGB Rn. 4; *Harke,* Schuldrecht AT, Rn. 319; *Larenz/Canaris,* Lehrbuch des Schuldrechts Band II/2, S. 351.

863 *Looschelders,* in: BeckOGK § 254 BGB Rn. 4; *Gernhuber,* AcP 1952/1953, 69, 83; *Wieling,* AcP 1976, 334, 349; *Honsell,* Quotenteilung im Schadensrecht, S. 120; *Rother,* Haftungsbeschränkungen, S. 87; *Weidner,* Mitverursachung, S. 25. Im Ausgangspunkt auch *Koziol,* in: FS Deutsch Medizin und Haftung, 2009, S. 781, 787 ff.

864 Zu den Grundlagen der Gefährdungshaftung s. Kapitel 4 A. II. 2.

865 *Schartner,* in: 22. Österreichische Jägertagung, 2016, S. 17, 21, erwägt ebenfalls die Anwendung der Grundsätze der Gefährdungshaftung.

866 *Wetzel,* AUR 2010, 70, 72; *Schäfer/Belgard,* in: Mitzschke/Schäfer § 29 Rn. 7; *Schuck,* in: Schuck BJagdG § 29 Rn. 4.

867 BGH, Urteil v. 04.03.2010 – III ZR 233/09. Ebenfalls äußert *Gies,* in: Düsing/Martínez AgrarR § 29 BJagdG Rn. 1, dass der Grundeigentümer in der Regel keine Möglichkeit habe, auf den Wildbestand einzuwirken.

bleibt. Von der gesetzlich als Ausnahme gedachten pachtvertraglichen Überwälzung der Wildschadenshaftung wird daher inzwischen ein derart lebhafter Gebrauch gemacht, dass sie nunmehr den praktischen Regelfall darstellt.[868] Dass der Jagdpächter die alleinige Einwirkungsmöglichkeit auf das Wild und es somit gewissermaßen „unter Kontrolle" habe, ist in dieser Absolutheit jedoch nicht zutreffend.[869] Der Wildbestand ist eher mit Naturereignissen wie Stürmen, Feuern und Überschwemmungen als gleichermaßen natürliche Schadensquellen vergleichbar, die sich einer handfesten Kontrolle durch den Menschen entziehen. Schlägt während eines Gewitters ein Blitz in ein Haus ein und gäbe es keine Brandschutzversicherung, so hätte der Eigentümer die Schäden nach dem Prinzip *casum sentit dominus* selbst zu tragen. Ein noch treffenderes Beispiel findet sich bei *Zrenner*: Ein Müller, der die Wasserkraft eines Baches nutzt, kann ebenso schwerlich dafür verantwortlich gemacht werden, wenn es zu einer Überschwemmung kommt.[870] Der Müller nutzt die Wasserkraft wie der Jagdpächter das Wild. Im Gegensatz zum Jagdpächter wird mit Blick auf den Müller jedoch nicht vertreten, ihn für Schäden haftbar zu machen, die die von ihm genutzte natürliche Schadensquelle hervorruft. Freilich ergibt sich im Hinblick auf diesen Vergleich der Unterschied, dass die Aufgabe des Müllers nicht darin besteht, mit der Nutzung auf das Wasser einzuwirken, sondern Getreide zu Mehl zu verarbeiten, während die zentrale Aufgabe des Jagdpächters gerade in der Bejagung und damit in der Dezimierung des Wildbestandes besteht. Man wird sich jedoch die Frage stellen müssen, ob die Einflussmöglichkeit des Jägers so gravierend ist, dass man ihn so umfassend zur Haftung heranzieht, wie dies momentan geschieht.

Für eine Verantwortlichkeit des Jagdpächters bzgl. des Wildes spricht demgegenüber die nicht unerhebliche Einwirkungsmöglichkeit des Jagdpächters auf das Wild. Der Jäger hat die Möglichkeit, den Wildbestand durch verschiedene Jagdausübungshandlungen zu beeinflussen, wobei der Abschuss sicherlich die schnellste und effektivste darstellt.

868 *Gies*, in: MAH MietR § 76 Landpacht, Jagdpacht und Fischereipacht Rn. 250.

869 *Schartner*, in: 22. Österreichische Jägertagung, 2016, S. 17, 20, geht sogar noch einen Schritt weiter und schreibt dem Jagdausübungsberechtigten „praktisch keinen Einfluss […] auf das Entstehen der Schäden" zu.

870 *Zrenner*, Entstehung des Bürgerlichen Gesetzbuches, S. 347.

Diese Einwirkungsmöglichkeit übersteigt dabei das Maß der Kontrollierbarkeit im Vergleich zu Naturgewalten wie Feuern, Überschwemmungen und Stürmen. Darüber hinaus muss Berücksichtigung finden, dass der Jagdpächter mit der Übernahme des Jagdrechts auch ein gewisses Maß an Gewähr für die Kontrolle des Wildbestandes übernimmt. Jedenfalls bei vertraglich vereinbarter Wildschadenshaftung wird sich eine solche vertragliche Gewährübernahme nicht verleugnen lassen. Vor diesem Hintergrund dürfte es konsequent sein, die Gefährdungshaftung des Jagdpächters für Wildschäden davon abhängig zu machen, ob er diese vertraglich übernommen hat. Dies entspricht sogar den aktuellen gesetzlichen Regelungen, die gemäß §§ 29 Abs. 1 S. 3, Abs. 2 S. 2, Abs. 3 S. 1 BJagdG eine Wildschadenshaftung des Jagdpächters nur für diesen Fall vorsehen.

Allerdings ist der Jagdpächter bzw. der Jagdausübungsberechtigte generell nicht der einzige Mensch, der auf das Wild Einfluss nimmt. Einen ebenfalls erheblichen Einfluss auf das Wild hat die Land- und Forstwirtschaft, da durch beide der Lebensraum des Wildes unmittelbar geprägt wird. Nicht nur der Jäger, sondern auch der Grundeigentümer als potenzieller Geschädigter verfügt damit über eine Einflussmöglichkeit auf das Wild, denn dieser kann das Grundstück auch nach der Verpachtung an den Jagdpächter nach seinem Belieben nutzen.[871] Demzufolge entscheidet der Grundeigentümer bzw. Landpächter selbst, ob er wildschadensanfällige Getreidesorten oder verbissgefährdete Baumarten anpflanzt. Diese Entscheidungen fallen freilich meist aus wirtschaftlichen Gesichtspunkten. Der potenziell Ersatzberechtigte hätte aber auch die Möglichkeit, wildschadensverhütend tätig zu werden. Insbesondere könnte er elektrische Zäune anbringen, um beispielsweise Schwarzwild von Getreide fernzuhalten. Auch in der Forstwirtschaft können junge Bäume eingezäunt und mit einem Verbissschutz versehen werden. Dem Grundeigentümer oder Landpächter ist durch die Übertragung des Jagdausübungsrechts auf den Jagdpächter nicht jedwede Einflussmöglichkeit auf das Wild genommen.

Die Abkehr von der verschuldensunabhängigen Wildschadenshaftung wird sicherlich die Befürchtung der Ersatzberechtigen mit sich bringen, zukünftig Schäden in erheblicher Höhe nicht mehr ersetzt zu bekom-

---

871 *Wetzel*, AUR 2010, 70, 72, 74.

men. Dieser Befürchtung kann jedoch mit der Subsidiärhaftung der Jagdgenossenschaft (§ 29 Abs. 1 S. 4 BJagdG) bzw. des Eigenjagdbesitzers (§ 29 Abs. 2 S. 3 BJagdG) entgegengetreten werden.

Ein konsequentes Haftungsmodell für den Jagdpächter lässt sich nur durch eine Orientierung an der Gefährdungshaftung als dogmatische Grundlage der Wildschadenshaftung des Jagdpächters unter Beachtung seiner nicht vollumfänglichen Einwirkungsmöglichkeit auf das Wild entwerfen. Da es sich bei der Haftung des Jagdpächters - auch de lege ferenda - nicht um eine Verschuldenshaftung handeln kann, kommt eine „Exkulpation" im klassischen Sinne nicht in Betracht. Es bleibt jedoch die Möglichkeit zur Schaffung effektiver und interessengerechter Haftungsausschlusstatbestände.[872]

E. Schadensfeststellungsverfahren

Im Zuge der Reformerwägungen muss auch das Wildschadensfeststellungsverfahren[873] hinterfragt werden. Das Schadensfeststellungsverfahren ist praktisch meist die einzige Möglichkeit des Ersatzpflichtigen, der Haftung bereits dem Grunde nach zu entgehen. Der Ersatzverpflichtete kann nur dann in Anspruch genommen werden, wenn der Schaden innerhalb der Frist des § 34 BJagdG angemeldet wird. Vor dem Hintergrund des immensen Haftungsrisikos ist die Beibehaltung des Feststellungsverfahrens als effektivstem Schutzmechanismus angezeigt.

Das vorgeschaltete Schadensfeststellungsverfahren im Rahmen der Wildschadenshaftung verfolgt mit der Beweissicherung, der fachkundigen Bestimmung des Schadensausmaßes und der Entlastung der Gerichte wichtige Zwecke. Durch die Anzeige des Schadens wird der Jagdpächter zudem in die Lage versetzt, dem Wildschaden gezielt auf den betroffenen Flächen entgegenzuwirken und dadurch die Intensivierung der Schädigung zu verhindern.[874] Vor diesem Hintergrund ist auch eine korrekte Handhabung der Regelung des § 34

872 Siehe hierzu unter den folgenden Ausführungen insbesondere Kapitel 5 G. II.

873 Vgl. dazu ausführlich Kapitel 4 A. VII.

874 BGH, Urteil v. 15.04.2010 – III ZR 216/09 Rn. 19, NJW-RR 2010, 1398, 1399.

BJagdG unerlässlich. Es ist daher nicht zu beanstanden, wenn bei einer Intensivierung eines bereits bestehenden Schadens keine neue Schadensmeldung erfolgt. Ist ein Schaden den Voraussetzungen der Schadensmeldung entsprechend bereits genau bezeichnet worden, so ist dieser bereits Gegenstand des Feststellungsverfahrens und der damit verbundenen Beweissicherung.[875] Anders als der Bundesgerichtshof ausführt,[876] kann mit Blick auf den Grundsatz der eigenständigen Meldung jedes Schadensfalls auch in „Ausnahmesituationen“[877] nicht abgewichen werden. Eine solche Ausnahme sah der Bundesgerichtshof in dem Fall gegeben, dass Wildschweine entsprechend ihrem arttypischen Verhalten einen bereits geschädigten Maisschlag während der Milchwachsreife bis zur Erntezeit mehrmals aufsuchen und schädigen. Die Auffassung des Bundesgerichtshofs, es handele sich bereits um einen einheitlichen Schadensfall, wenn das Wild eine vorgeschädigte Fläche mehrmals aufsuche, führt zu einer Verwischung der Konturen des einzelnen Schadensfalls. Der Schadensfall ist nicht bereits – wie der Bundesgerichtshof meint – die Schädigung der Fläche an sich, sodass jede erneute, gleich gelagerte Schädigung als Schadensintensivierung anzusehen wäre. Vielmehr kommt es auf die konkrete Gestalt des Schadens an und darauf, ob diese sich ihrem Wesen nach infolge einer erneuten Schädigung als anderer oder bloß intensivierter Schaden darstellt. Dass diese Abgrenzung im Einzelfall Probleme bereitet, zeigt sich in der vorliegenden Entscheidung auch daran, dass zunächst von einer „Ausnahmesituation“ die Rede ist und sodann doch eine Schadensintensivierung angenommen wird. Es bleibt folglich dabei: Auch bei sich wiederholenden Schadensfällen bzw. fortdauerndem schädigendem Verhalten des Wildes ist eine erneute Schadensmeldung erforderlich.[878]

875 Dies erachtet im Grunde auch BGH, Urteil v. 15.04.2010 – III ZR 216/09, NJW-RR 2010, 1398, 1400 Rn. 20, für maßgeblich.

876 Zu dieser im Folgenden dargestellten Auffassung BGH, Urteil v. 15.04.2010 – III ZR 216/09, NJW-RR 2010, 1398, 1400 Rn. 20.

877 BGH, Urteil v. 15.04.2010 – III ZR 216/09, NJW-RR 2010, 1398, 1399 f. Rn. 20.

878 LG Freiburg, VersR 1977, 748, 749; *Leonhardt*, Jagdrecht Bd. 1, § 34 BJagdG Rn. 2, 6; *Schäfer/Belgard*, in: Mitzschke/Schäfer § 34 Rn. 5; *Schuck*, in: Schuck BJagdG § 34 Rn. 6.

F. Art und Umfang der Haftung

Wie die bisherige Untersuchung gezeigt hat, ergeben sich Art und Umfang der Wildschadenshaftung aus §§ 249 ff. BGB i.V.m. § 31 BJagdG.[879]

Problematisch erscheint mit Blick auf die Art des zu leistenden Wildschadensersatzes, dass insbesondere geschädigte Landwirte vermehrt Gebrauch von ihrem Wahlrecht mit Blick auf den Geldersatz machen. Zugespitzt formuliert muss der ersatzpflichtige Jagdpächter daher nicht selten vier- bis fünfstellige Summen zahlen statt etwa im Wege der Naturalrestitution eine Fläche wieder einzusäen. Ausgangspunkt ist aber auch im Wildschadensersatzrecht der Grundsatz der Naturalrestitution nach § 249 Abs. 1 BGB. Es wäre einem Jagdpächter in manchen Fällen durchaus möglich, eine Wiese wieder einzusäen. Sollte der Geschädigte in dieser Konstellation Wertersatz verlangen, ist gegebenenfalls. dessen Schadensminderungspflicht in den Blick zu nehmen.[880]

Bei der Frage nach dem Haftungsumfang ist zu berücksichtigen, dass der Ersatzberechtigte – also in der Regel der Grundeigentümer oder der landwirtschaftliche Pächter – keinerlei Beschränkungen mit Blick auf die landwirtschaftliche Nutzung seiner Flächen unterliegt. Er kann de lege lata etwa wildschadensintensive Kulturen anpflanzen und die Schäden – vorbehaltlich der Ausnahmen für Sonderkulturen nach § 32 BJagdG – vom Jagdpächter ersetzt verlangen. Er kann seine Pflanzkulturen unmittelbar an einer Waldkante anbauen oder die Schläge so groß halten, dass dem Jäger keine Bejagungsmöglichkeit bleibt.[881] Angesichts dieser bekannten Problematiken ist eine gesetzliche Normierung einer speziellen Mitverschuldensregelung zwar nicht zwingend notwendig, könnte jedoch klarstellende Wirkung haben.

Die Ersatzpflicht könnte etwa auf solche Schäden beschränkt werden, die im Wege der ordnungsgemäßen Landwirtschaft entstanden sind.

879 Vgl. Kapitel 4 A. V.

880 Vgl. zur Schadensminderungspflicht Kapitel 4 A. V. 2. c).

881 Zur Erforderlichkeit von Bejagungsschneisen in diesen Fällen ausführlich *Kremer*, AUR 2012, 337 ff. sowie – auch zum Mitverschulden generell – bereits unter Kapitel 4 A. V. 2. c).

Zurzeit findet der Grundgedanke, dass der Landwirt lediglich solche Schäden ersetzt bekommen soll, die bei Anwendung der Grundsätze einer ordentlichen Wirtschaft entstanden sind, in § 31 Abs. 2 S. 2 BJagdG und damit lediglich im Rahmen der Bemessung der Schadenshöhe Berücksichtigung. Die Diskussion um die Anwendung des § 254 BGB bei Vereitelung der Bejagungsmöglichkeiten in großen Maisschlägen zeigt jedoch, dass ein Bedürfnis hierfür bereits mit Blick auf die Ersatzpflicht dem Grunde nach besteht. Als eine ausgewogene Lösung erscheint es, dem Wildschadensersatzverpflichteten die Ersatzpflicht ausschließlich für solche Schäden aufzuerlegen, die bei Beachtung der Grundsätze der ordnungsgemäßen Wirtschaft entstanden sind. Auf diesem Wege ließe sich verhindern, dass ein Landwirt seine Flächen zwecks Ertragsmaximierung ohne Rücksicht auf die Wildschadensintensität bewirtschaftet.

Es sollte aber jedenfalls vermieden werden, dass die Ersatzberechtigten mithilfe des Wildschadensersatzes in Form des Geldersatzes eine zusätzliche Einnahmequelle generieren und mit dem Wildschadensersatzanspruch als „doppeltem Boden" zunächst Pflanzkulturen vollkommen ungeachtet ihrer Schadensträchtigkeit und ohne jegliche Vermeidungsmaßnahmen anbauen, um sodann notfalls die finanziellen Einbußen mithilfe des Geldersatzes auszugleichen.

G. Ausschluss der Haftung des Jagdpächters

Es spricht Einiges dafür, auch die Wildschadenshaftung des Jagdpächters mit einer Enthaftungsmöglichkeit zu versehen. De lege lata haftet der Jagdpächter regelmäßig für sämtliche Wildschäden. Nach der derzeitigen Ausgestaltung ist es völlig gleichgültig, ob der Revierpächter die Jagd gewissenhaft und nachhaltig ausübt oder ob er den Wildbestand durch den Abschuss gar nicht reduziert. Die Haftung trifft den Pächter in allen denkbaren Konstellationen – unabhängig davon, ob er Einfluss auf den Wildbestand nimmt. Dabei wird oftmals vorgetragen, dass der Jäger „durch den Abschuss die einzige Einwirkungsmöglichkeit" auf das Wild habe.[882] Dennoch soll er unabhängig davon haften, ob er tatsächlich auf das Wild eingewirkt hat. Eine solche Wildschadenshaftung ist nicht interessengerecht. Die Haftung für Wildschäden könnte etwa als Konsequenz vorgesehen werden, wenn der Jagdpächter die Jagd in seinem Revier nicht ordnungsgemäß ausübt.[883] Es dürfte auch im Interesse der gegebenenfalls Ersatzberechtigten liegen, den Jagdpächter zu einer ordnungsgemäßen Jagdausübung anzuhalten, da diese jedenfalls zur Wildschadensverhütung beiträgt.

I. Erweiterung der aktuellen Ausschlusstatbestände

Die bisherigen gesetzlichen Haftungsausschlüsse beschränken sich auf das Unwirksammachen von Schutzvorkehrungen durch den Ersatzberechtigten (§ 32 Abs. 1 BJagdG) sowie das Fehlen von Schutzvorrichtungen für bestimmte Sonderkulturen (§ 32 Abs. 2 BJagdG). Die vertraglichen Wildschadenspauschalen und -begrenzungen wirken in diesem Zusammenhang wie eine Notlösung zum Schutz des Jagdpächters vor einer ausufernden Wildschadenshaftung, auf die sich die Ersatzberechtigten wegen zunehmender Wildschäden aber immer seltener einlassen.

De lege ferenda könnte eine Erweiterung des Kreises der Sonderkulturen aus § 32 Abs. 2 BJagdG angedacht werden. Der Gesetzgeber hielt hinsichtlich der dort aufgeführten Pflanzkulturen einen besonderen Schutz für notwendig, weil diese besonders wildschadensintensiv sind. Die Diskussion um Bejagungsschneisen in Maisschlägen zeigt, dass Mais im Grunde zu den besonders wildschadensintensiven Pflanzkulturen gehört. Es wäre daher durchaus konsequent, die Lösung der bisher im Rahmen des Mitverschuldens (§ 254 BGB) geführten Diskussion in gesetzliche Form zu gießen und die Aufzählung in § 32 Abs. 2 BJagdG um Maisfelder zu ergänzen. Gleiches wird für junge

---

882 *Konrad,* Wildschadensersatz, S. 78; *Wagner,* in: MKBGB § 835 Rn. 13. Kritisch dazu sogleich.

883 Die Idee, einen Sorgfaltsmaßstab zu etablieren ist keinesfalls neu. In Bezug auf das österreichische Recht mit ähnlichen Erwägungen *Schartner,* in: 22. Österreichische Jägertagung, 2016, S. 17, 21.

Bäume gelten, die verstärkt Verbissschäden ausgesetzt sind und für die Zukunft des Waldes von besonderer Bedeutung sind.

Besonders elegant mutet die Aufzählung einzelner Sonderkulturen allerdings nicht an. Diese enumerative Regelungstechnik mag zwar auf den ersten Blick den Vorteil der Bestimmtheit haben, sodass die Beteiligten stets im Blick haben können, welche besonderen Pflanzkulturen eines intensiveren Schutzes bedürfen. Demgegenüber eröffnen sich aber auch gravierende Nachteile: So bedarf es stets einer gesetzgeberischen Reaktion, damit Pflanzkulturen, die sich erst jüngst als besonders wildschadensintensiv erwiesen haben, von dem Haftungsausschluss erfasst sein können. Hieraus kann sich eine Diskrepanz zwischen Recht und Praxis ergeben.

Auf dieser Basis bietet sich eher eine abstrakt-generell ausgestaltete Regelung statt des aktuellen strengen Enumerationsprinzips an. Eine solche könnte sich beispielsweise daran orientieren, ob der Wildschaden im Rahmen der ordnungsgemäßen Land-, Forst- oder Fischereiwirtschaft entstanden ist. Zur Klarstellung kann eine exemplarische Aufzählung der Voraussetzungen der ordnungsgemäßen Wirtschaft jedoch nach wie vor sachdienlich sein.

Der Begriff der „ordnungsgemäßen Wirtschaft“ findet sich häufig im Zivilrecht. Auch im Rahmen der pachtvertraglichen Regelungen gewinnt er Bedeutung (vgl. §§ 581 Abs. 1 S. 1, 582 Abs. 2 S. 2, 582a Abs. 2 S. 1, 588 Abs. 3 BGB). Eine Legaldefinition findet sich hierzu jedoch nicht. Was zur „ordnungsgemäßen Wirtschaft“ gehört, ist nach der allgemeinen Verkehrsanschauung zu bestimmen.[884] Im Ergebnis geht es um ein angemessenes Kosten-Nutzen-Verhältnis.[885] Zum Zwecke einer näheren Begriffsbestimmung wird teils auf die zugrunde liegende vertragliche Vereinbarung[886] oder auf einen „objektiven Maßstab vernünftiger Wirtschaftsführung“[887] zurückgegriffen. Durch den Begriff der „ordnungsgemäßen Wirtschaft“ soll aber jedenfalls ein Raubbau ausgeschlossen und so eine nachhaltige Bewirtschaftung

884 *Mössner,* in: BeckOKG § 102 Rn. 13.
885 *Fritzsche,* in: BeckOK BGB § 102 Rn. 7.
886 *Gaier,* in: MKBGB § 347 Rn. 6; *Schall,* in: BeckOGK BGB § 347 Rn. 16.
887 *Grüneberg,* in: Palandt BGB § 347 Rn. 2; *Herrler,* in: Palandt BGB § 1036 Rn. 2; *Pohlmann,* in: MKBGB § 1036 Rn. 17.

sichergestellt werden.[888] Dementsprechend ist der zu bewirtschaftende Gegenstand in einem ordnungsgemäßen Zustand zu erhalten.[889] Im Ergebnis ist daher eine Bewirtschaftung ordnungsgemäß, die unter Berücksichtigung der Nachhaltigkeit den größtmöglichen Nutzen des zu bewirtschaftenden Gegenstandes mit sich bringt. Mit Blick auf die Landwirtschaft könnte durch die Anwendung des Begriffs der ordnungsgemäßen Wirtschaft also sichergestellt werden, dass sich die Bewirtschaftung der landwirtschaftlich genutzten Flächen in einem angemessenen Rahmen bewegt. Durch die Aufnahme des Begriffs der ordnungsgemäßen Land-, Forst- und Fischereiwirtschaft in die Haftungsvoraussetzungen des § 29 BJagdG könnte generell – und nicht nur bei Sonderkulturen – vermieden werden, dass ein Landwirt seinen Gewinn auf Kosten der Tier- und Pflanzenwelt sowie des Ersatzverpflichteten maximiert.

II. Neuer Haftungsausschlusstatbestand

1. Haftungsausschluss in anderen verschuldensunabhängigen Haftungssystemen

Dass der Jagdpächter das Wild nicht vollumfänglich in seiner Kontrolle hat, könnte im Rahmen seiner Wildschadenshaftung durch Haftungsausschlüsse Berücksichtigung finden. Die Besonderheit bei den klassischen Gefährdungshaftungen ist, dass sie für den Ersatzverpflichteten Haftungsausschlusstatbestände beinhalten.[890] Exemplarisch seien die §§ 833 BGB, 7 StVG, 1 HaftPlG, 1 ProdHaftG genannt, die allesamt gemeinsam haben, dass es sich um Gefährdungshaftungen handelt, die Möglichkeiten des Haftungsausschlusses vorsehen.

Bei § 833 BGB trifft den Tierhalter die Haftung für die von seinem Tier ausgehende, spezifische Gefahr. Gemäß § 833 S. 2 BGB entfällt die Ersatzpflicht jedoch, wenn der Schaden durch ein Haustier verursacht wird, das den Beruf, der Erwerbstätigkeit oder dem Unterhalt des Tierhalters zu dienen bestimmt ist, und entweder der Tierhalter bei

888 *Berger*, in: Jauernig BGB § 1122 Rn. 9; *Teichmann*, in: Jauernig BGB § 581 Rn. 6.
889 *Reischl*, in: BeckOK BGB § 1036 Rn. 11.
890 *Deutsch*, VersR 1971, 1, 4 f.

der Beaufsichtigung des Tieres die im Verkehr erforderliche Sorgfalt beobachtet oder der Schaden auch bei Anwendung dieser Sorgfalt entstanden sein würde. Der Gesetzgeber ermöglicht dem Tierhalter damit in speziellen Fällen eine Haftungsfreistellung.[891] Ebenso verhält es sich im Rahmen des § 7 StVG. Hier kann die Haftung des Fahrzeughalters gemäß § 7 Abs. 2 StVG ausgeschlossen sein, wenn der eingetretene Schaden durch höhere Gewalt verursacht worden sein sollte. Der Betreiber einer Schienen- oder Schwebebahn hat zweierlei Enthaftungsmöglichkeiten: Nach § 1 Abs. 2 HaftPflG ist die Ersatzpflicht „ausgeschlossen, wenn der Unfall durch höhere Gewalt verursacht ist". Gemäß § 1 Abs. 3 HaftPflG ist die Haftung des Weiteren ausgeschlossen, „wenn eine 1. zur Aufbewahrung angenommene Sache beschädigt wird; 2. beförderte Sache beschädigt wird, es sei denn, dass ein Fahrgast sie an sich trägt oder mit sich führt." Im Rahmen des Produkthaftungsgesetzes sind die Ausschlusstatbestände in § 1 Abs. 2, 3 ProdHaftG noch differenzierter ausgestaltet.

Anhand der zuvor angeführten Normen wird deutlich, dass der Haftende nicht für alle Schäden zur Verantwortung gezogen werden soll. Insbesondere soll die Haftung entfallen, wenn der Schaden durch „höhere Gewalt" entstanden ist. Im Rahmen des § 7 StVG ist von „höherer Gewalt" auszugehen, wenn „ein von außen einwirkendes, außergewöhnliches und nicht abwendbares Ereignis" eintritt.[892] Im Straßenverkehr kommt es hierbei darauf an, ob das schädigende Ereignis „betriebsfremd" war.[893] Durch dieses Tatbestandsmerkmal soll Berücksichtigung finden, ob der Betroffene mit diesem Ereignis hätte rechnen müssen. Unter den Begriff der höheren Gewalt fallen regelmäßig Eingriffe in den Straßenverkehr von Dritten, mit denen nicht zu rechnen war und außergewöhnliche Naturereignisse.[894] Nahezu identisch ist der Begriff der „höheren Gewalt" im Bereich des Haftpflichtgesetzes ausgestaltet.[895] Durch den Haftungsausschluss soll

891 Siehe dazu *Haag*, in: Geigel HPflProzess § 833 BGB Rn. 22 ff.

892 *Filthaut*, NZV 2015, 161; *Garbe/Hagedorn*, JuS 2004, 284, 289; *Neumann*, JA 2016, 167, 169 f.; *Schulz-Merkel/Meier*, JuS 2015, 201, 203; *Burmann*, in: StVR § 7 StVG Rn. 19; *Kuhn*, in: StVR § 23 Rn. 92.

893 *Garbe/Hagedorn*, JuS 2004, 284, 289; *Kuhn*, in: StVR § 23 Rn. 92.

894 *Filthaut*, NZV 2015, 161, 162, 164 ff.; *Burmann*, in: StVR § 7 StVG Rn. 19.

895 *Kaufmann*, in: Geigel HPflProzess §§ 1–13 HaftPflG Rn. 28 ff.

dafür Sorge getragen werden, dass die Haftung des Ersatzverpflichteten nicht ausufert. Insbesondere soll eine Haftung ausgeschlossen sein, wenn das schädigende Ereignis nicht aus seiner Sphäre stammt und er hierauf keinen Einfluss nehmen kann. Das Wild lässt sich allerdings nicht als „höhere Gewalt" ansehen. Die Wildschadenshaftung würde hierdurch ad absurdum geführt. Wenngleich das Wild mit anderen schädigenden Naturereignissen vergleichbar ist, stellt es im Hinblick auf die Wildschadenshaftung kein von außen einwirkendes Ereignis, sondern den Auslöser der Wildschadenshaftung dar.

2. Haftungsausschluss nach dem Vorbild des § 1 Abs. 2 ProdHaftG

Im Rahmen des Produkthaftungsgesetzes wird die Haftung nicht durch ein unabwendbares Naturereignis ausgeschlossen, sondern der Hersteller soll vielmehr von seiner Haftung frei werden, wenn er vor dem Inverkehrbringen alle möglichen Fehlerquellen analysiert und dem Stand der Wissenschaft und Technik nach abgewendet hat.

Nach § 1 Abs. 1 ProdHaftG haftet der Hersteller grundsätzlich für die Fehler seines Produktes, wenn ein Konsument durch das hergestellte Produkt getötet, an Körper oder Gesundheit verletzt oder eine Sache beschädigt wird. Die dogmatische Einordnung der Haftung nach dem Produkthaftungsgesetz ist nicht endgültig geklärt.[896] Sie wird teils als verschuldensabhängige Haftung qualifiziert, die nicht zu verschweigende Parallelen mit der Gefährdungshaftung aufweise.[897] Diese Einordnung lässt sich dadurch begründen, dass man sowohl beim Konstruktionsfehler als auch beim Instruktionsfehler durchaus verschuldensabhängige Elemente unterstellen kann.[898] Insbesondere Konstruktions- und Instruktionsfehler ließen eine Anknüpfung an die Verletzung verhaltensbezogener Sorgfaltspflichten erkennen.[899] Hat der Hersteller etwa dem Markt ein Produkt zugänglich gemacht und trotz positiver Kenntnis von Gefährdungen die Verbraucher nicht infor-

---

896 Einen Überblick über den Streitstand gibt *Seibl,* in: BeckOGK § 1 ProdHaftG Rn. 17 ff.; *Wagner,* in: MKBGB Einl. ProdHaftG Rn. 18 ff.

897 Für eine Verschuldenshaftung im Sinne des Folgenden *Kötz,* in: FS Lorenz, 1991, S. 107, 110.

898 *Kötz,* in: FS Lorenz, 1991, S. 107, 113, 119.

899 *Wagner,* in: MKBGB Einl. ProdHaftG Rn. 19.

miert, so lässt sich an dieser Stelle ein Verschulden durch Unterlassen erkennen.[900] Demgegenüber spricht Einiges dafür, dass es sich bei § 1 ProdHaftG um eine Gefährdungshaftung oder jedenfalls um eine verschuldensunabhängige Haftung handelt.[901] So knüpft etwa der Wortlaut der Norm nicht ausdrücklich an ein Verschulden an. Zudem wird die Haftung für fehlerhafte Produkte auch außerhalb des Produkthaftungsgesetzes als Gefährdungshaftung qualifiziert. Nicht zuletzt ging auch der Gesetzgeber[902] von einer Gefährdungshaftung aus. Teilweise wird die Haftung nach dem Produkthaftungsgesetz sogar als hybrides Haftungsregime aufgefasst,[903] da sie zugleich an eine Gefahrenquelle und auch an Sorgfaltspflichtverletzungen anknüpft.

Jedenfalls handelt es sich bei den Ausschlusstatbeständen aus § 1 Abs. 2, 3 ProdHaftG nicht um Exkulpationsmöglichkeiten im klassischen Sinne, sondern um Haftungsausschlüsse bei sorgfaltsgemäßem Verhalten.[904] Durch diese Enthaftungsmöglichkeit soll der Hersteller vor einer völlig ausufernden Haftung bewahrt werden.[905] Dabei sind die Ausnahmetatbestände eng ausgestaltet, um andererseits dem Verbraucher einen möglichst umfassenden Schutz zu bieten.[906]

Ein ähnliches System könnte mit Blick auf die Wildschadenshaftung zu einer ausgewogenen Lösung führen. Wie das Vorbild des Produkthaftungsgsetzes zeigt, kommen bei sorgfaltsgemäßem Verhalten greifende Haftungsausschlüsse selbst im Rahmen einer Gefährdungshaftung in Betracht, die sich für den Jagdpächter hinsichtlich der Wildschäden jedenfalls begründen lässt.[907] Dementsprechend ist ein Haftungsausschluss des Jagdpächters für den Fall zu konstruieren, dass er sich hinsichtlich der Wildschadensverhütung sorgfaltsgemäß verhalten hat.

900 *Kötz*, in: FS Lorenz, 1991, S. 107, 119.

901 Im Sinne einer verschuldensunabhängigen Haftung mit den folgenden Argumenten BT-Drs. 11/2447, S. 8, 11, 13; *Taschner*, NJW 1986, 611 f.

902 Vgl. BT-Drs. 11/2447, S. 8 ff.

903 *Oechsler*, in: Staudinger BGB Einl. ProdHaftG Rn. 27, 42; *Seibl*, in: BeckOGK § 1 ProdHaftG Rn. 24; *Wagner*, in: MKBGB Einl. ProdHaftG Rn. 19.

904 In diesem Sinne *Seibl*, in: BeckOGK § 1 ProdHaftG Rn. 71 ff.; *Wagner*, in: MKBGB § 1 ProdHaftG Rn. 23.

905 *Wagner*, in: MKBGB § 1 ProdHaftG Rn. 23.

906 BT-Drucks. 11/ 2447, S. 7 ff.; EuGH NJW 2001, 2781 ff.; *Wagner*, in: MKBGB § 1 ProdHaftG Rn. 23.

907 Vgl. Kapitel 5 D. II.

Es bleibt somit nur noch die Frage, wie ein solcher Haftungsausschluss aussehen könnte.

3. „Ordnungsgemäße Jagdausübung" als Sorgfaltsstandard

Dem Jagdausübungsberechtigten kann und sollte nur derjenige Sorgfaltsmaßstab abverlangt werden, den auch der Geschädigte selbst bei eigenständiger Bejagung anlegen würde. Durch die Aufspaltung von Jagd- und Jagdausübungsrecht sowie die praktisch übliche, anschließende Verpachtung des Jagdausübungsrechts wird der potenzielle Geschädigte überhaupt erst in die Lage versetzt, seine Flächen ohne jedwede Einschränkung nutzen zu können, da ihm ein Haftungssubjekt zur Verfügung steht, das ihm sogar Schäden ersetzt, die er im Rahmen der eigenen Bewirtschaftung und Bejagung hätte hinnehmen müssen.[908] Andererseits ist zugunsten des Ersatzberechtigten jedoch davon auszugehen, dass er die Jagd – dürfte er sie selbst ausüben – ordnungsgemäß ausgeübt und sämtliche ihm mit der Jagdausübung möglichen Wildschadensverhütungsmaßnahmen ergriffen hätte.

Eine Enthaftung des Jagdpächters sollte daher nur greifen, wenn die Jagd so ausgeübt wurde, dass der potenziell Ersatzberechtigte sie nicht zu beanstanden braucht. Damit geht es im Kern um die Frage, ob der Jagdpächter ausreichende Maßnahmen zur Eindämmung der Wildschadensgefahr ergriffen hat.[909] Der Haftungsausschluss könnte etwa an den Begriff der „ordnungsgemäßen Jagdausübung" anknüpfen. Ein solcher Anknüpfungspunkt ist dem Zivilrecht keineswegs fremd, wie ein Blick auf die teils als Haftungsvoraussetzung dienende „ordnungsgemäße Wirtschaft" zeigt.[910] Die ordnungsgemäße Jagdausübung müsste ebenfalls keine Legaldefinition erfahren, sondern könnte als unbestimmter Rechtsbegriff von der Rechtsprechung mit Leben gefüllt werden. Dabei könnte eine Orientierung an der bisherigen Hegeverpflichtung[911] erfolgen, da es auch hier dem Grunde nach darum

908 Diese Gedanken äußerte bereits *Wetzel*, AUR 2010, 70 ff.

909 Auch *Deutsch*, JuS 1981, 317, merkt an, dass es für sorgfältiges Handeln nicht um die tatsächliche Vermeidung der Gefahr, sondern um den sachgerechten Umgang mit derselben geht.

910 Vgl. zum Begriff der ordnungsgemäßen Wirtschaft Kapitel 5 G. I.

911 Vgl. Kapitel 2 B. III. 2. c) aa).

geht, eine friedliche Koexistenz zwischen artenreichen und gesunden Wildbeständen und land- sowie forstwirtschaftlichen Nutzpflanzen zu ermöglichen. Gleichwohl empfiehlt sich zumindest eine exemplarische Aufzählung einzelner Voraussetzungen der ordnungsgemäßen Jagdausübung mit Blick auf die Wildschadensverhütung. Konkret geht es um die Frage, ob der Jagdpächter bei einer Gesamtbetrachtung in ausreichendem Maße Wildschadensverhütungsmaßnahmen ergriffen hat. Eine solche Regelung würde für den Jäger einen zusätzlichen Anreiz bieten, seinen Verpflichtungen aus dem Pachtvertrag nachzukommen.

Naheliegend ist die Anknüpfung an die Erfüllung des Abschussplans.[912] Dabei muss jedoch Beachtung finden, dass es für das sehr schadensintensive Schwarzwild in den meisten Bundesländern keinen zahlenmäßig begrenzten Abschussplan mehr gibt. Beispielsweise darf das Schwarzwild in Hessen – vorbehaltlich der Ausnahme gemäß § 22 Abs. 4 BJagdG – ganzjährig bejagt werden.[913] Die Einschränkung des § 22 Abs. 4 BJagdG stellt klar, dass die Elterntiere nicht erlegt werden dürfen, solange die Jungtiere noch nicht selbstständig sind. Eine Abschaffung der Abschussplanung wird auch in Bezug auf das schadensintensive Rehwild angestrebt.[914] Für jene Wildarten, für die keine Abschussplanung vorgenommen wird, müsste zumindest in dem jeweiligen Revier ein Mindestabschuss vereinbart werden, da der Jäger sonst nie in den Genuss der entsprechenden Enthaftung kommen könnte. Der Abschussplan muss dabei einerseits so festgesetzt werden, dass auch die Möglichkeit der Erfüllung besteht. Andererseits sollte Berücksichtigung finden, dass selbst bei einer zielgerichteten und ausgiebigen Bejagung Schäden eintreten können. Der Jäger hat zwar eine Einwirkungsmöglichkeit auf den Wildbestand, kann jedoch die Erfüllung des Abschussplans ebensowenig vollständig sicherstellen wie die Wildschäden verhindern.[915] Darüber hinaus darf er den Abschussplan

---

912 So auch *Schartner,* in: 22. Österreichische Jägertagung, 2016, S. 17, 21.

913 Vgl. Die hessischen Jagd- und Schonzeiten (abrufbar unter https://ljv-hessen.de/wp-content/uploads/2020/05/2020-Jagdzeiten-Hessen.pdf, Stand: 20.12.2020).

914 Wissenschaftlicher Beirat Waldpolitik beim BMEL (Hrsg.) (2020), Eckpunkte der Waldstrategie 2050 Stellungnahme S. 42 f. Hierzu kritisch bereits unter Kapitel 2 B. III. 2. c) bb).

915 Zu diesem Absatz *Meyer-Ravenstein,* AUR 2010, 195, 196.

regelmäßig nicht überschreiten und damit die „Gefahrenquelle Wild" nicht nach seinem Gutdünken eindämmen.[916]

Es muss jedoch berücksichtigt werden, dass es sich bei dem Schadwild um nahezu unkontrollierbare herrenlose Lebewesen handelt, sodass unter Umständen der Mindestabschuss trotz intensivster Bemühungen nicht erfüllt werden kann. In Anbetracht dieser Problematik kann sich die Haftung des Jagdpächters nicht streng an der Erfüllung des Abschussplans orientieren, sondern man sollte ihm die Enthaftungsmöglichkeit auch dann eröffnen, wenn er sich mit dem Abschuss um die Wildschadensverhütung bemüht und diese mit Ernsthaftigkeit betrieben hat. Dahingehend ist dem Jagdpächter beispielsweise eine verlässliche Dokumentation der einzelnen Ansitze und Gesellschaftsjagden anzuraten, um die ernsthaften Bemühungen um die Erfüllung des Abschussplanes – und damit eine ordnungsgemäße Jagdausübung – nachzuweisen. Bei dieser Dokumentation handelt es sich weniger um eine Verpflichtung des Jagdpächters als um eine Obliegenheit: Fehlt es an einer verlässlichen Dokumentation der Jagdausübung, entgeht dem Jagdpächter die Möglichkeit der Enthaftung.

Des Weiteren könnte dem Jagdpächter durch einen entsprechenden Haftungsausschluss mittelbar die Pflicht auferlegt werden, schadensintensive Stellen im Revier zu schützen.[917] Insbesondere könnten Ersatzberechtigter und -verpflichteter gemeinsam Schutzvorrichtungen anbringen und gegebenenfalls anfallende Kosten untereinander aufteilen. Auf diese Weise könnte zugleich ein kooperatives Zusammenwirken zwischen den Parteien gefördert werden. Von einer etwaigen Sorgfaltspflicht des Jagdpächters müssen jedoch die Sonderkulturen nach § 32 Abs. 2 BJagdG ausgenommen werden, um eine Aushebelung dieser Vorschrift zu vermeiden. Die dort genannten Sonderkulturen sind derart wildschadensintensiv, dass hier nach der gesetzgeberischen Konzeption dem gegebenenfalls Ersatzberechtigten die Verpflichtung zum Anbringen von Schutzvorkehrungen auferlegt wird.[918]

916 *Schartner*, in: 22. Österreichische Jägertagung, 2016, S. 17, 21.

917 Auch *Schartner*, in: 22. Österreichische Jägertagung, 2016, S. 17, 21, erwägt, die Haftung u.a. auf Fälle der „Nichtvornahme zumutbarer Schutzmaßnahmen" zu begrenzen.

918 Vgl. Kapitel 4 A. VI. 1. b).

Verdichten sich auf bestimmten Flächen Wildschäden, so ist dem Jagdpächter ferner zuzumuten, auf diesen Flächen Vergrämungsmaßnahmen durchzuführen. Da Wildschäden innerhalb der Wochenfrist des § 34 BJagdG gemeldet werden müssen, erlangt der Jagdausübungsberechtigte relativ schnell Kenntnis darüber, an welchen Stellen im jeweiligen Jagdbezirk sich schadensintensives Wild aufhält. Dort kann er das Wild sodann durch akustische oder optische Reize vergrämen.[919] Unter anderem wird zunehmend berichtet, dass Wiesenschäden durch Schwarzwild vermieden werden können, wenn ein Schwefeldünger ausgebracht wird. Diese Düngung scheint sowohl auf Grünflächen als auch im Mais erfolgversprechend zu sein.[920]

Außerdem kann der Jagdpächter zur Vermeidung von Wildschäden Ablenkfütterungen anlegen, wenn diese im jeweiligen Bundesland zulässig sind. An einer Ablenkfütterung darf das Wild nicht bejagt werden, sodass es bejagte, land- oder forstwirtschaftliche Kulturen eher scheut.[921] Durch das Anlegen solcher Ablenkfütterungen kann das Wild daher gezielt von schadensintensiven Flächen weggelockt werden.

All diese Maßnahmen sollen keinen abschließenden Katalog der zur ordnungsgemäßen Jagdausübung gehörenden Wildschadensverhütungsmaßnahmen darstellen. Gleichwohl verstehen sie sich als Regelbeispiele der praktisch relevantesten Maßnahmen. Vor allem der potenziell Ersatzberechtigte dürfte von dieser Vorgehensweise profitieren, da sie in größerem Maße als die bisherigen Regelungen auf die Wildschadensverhütung abzielt. Auf diese Weise lassen sich Rechtsstreitigkeiten in Zusammenhang mit dem Wildschadensersatz vermeiden. Ob die Jagd im Vorfeld ordnungsgemäß ausgeübt würde, muss im Streitfall vom jeweiligen Amtsgericht beurteilt werden. Die genannten Maßnahmen geben jedoch entscheidende Anhaltspunkte für die Beurteilung des Wildschadensverhütungsengagements des Jagdpächters.

---

919 Beispielsweise sind Geräte verfügbar, die das Wild durch akustische Signale beunruhigen. https://www.naturtech-oberland.de/wild-vergraemung/ (Stand: 20.12.2020).

920 https://www.wochenblatt-dlv.de/feld-stall/pflanzenbau/schwarzwild-flur-vergraemen-541519#:~:text=Eine%20D%C3%BCngung%20mit%20elementarem%20Schwefel,beim%20Umwandlungsprozess%20als%20Zwischenprodukt%20entsteht. (Stand: 20.12.2020).

921 https://djz.de/ablenkfuetterungen-1960/ (Stand: 20.12.2020).

Kapitel 6: Fazit und Vorschlag de lege ferenda

Im Rahmen der bisherigen Ausführungen sind einige Schwächen der aktuellen gesetzlichen Regelungen zur Wildschadenshaftung mit Blick auf den Jagdpächter gewahr geworden.

Zunächst bietet sich die Aufhebung der überkommenen Differenzierung zwischen Jagd- und Jagdausübungsrecht an, die eines praktischen, über ihre historische Bedeutung hinausgehenden Nutzens für den Rechtsanwender entbehrt. Es wäre durchaus möglich, das Jagdrecht ipso iure der Jagdgenossenschaft bzw. dem Eigenjagdbesitzer zuzusprechen, die es sodann verpachten könnten.

Obgleich die Verpachtung des Jagdausübungsrechts in der aktuellen Jagdpraxis den Regelfall darstellt, entbehrt die Wildschadenshaftung des Jagdpächters nahezu vollständig einer gesetzlichen Normierung. Für einen gemeinschaftlichen Jagdbezirk und Flächen, die einem Eigenjagdbezirk angegliedert sind, beschränkt sich die gesetzliche Regelung auf die wenig erhellende Feststellung, dass der Jagdpächter die Wildschäden zu tragen hat, wenn er die Haftung pachtvertraglich übernommen hat (§ 29 Abs. 1 S. 3, Abs. 2 S. 2 BJagdG). Lediglich für das Rechtsverhältnis zum Eigenjagdbesitzer sieht das Gesetz darüber hinaus ein Verschuldenserfordernis mit Blick auf den Abschuss vor, sofern es an einer anderweitigen vertraglichen Regelung fehlt (§ 29 Abs. 3 BJagdG).

Es entspricht daher der gängigen Praxis, dem Jagdpächter die jedenfalls verschuldensunabhängige Haftung für Wildschäden aufzubürden. Der Jagdpächter haftet damit prinzipiell nach denselben Grundsätzen wie die zur Verlustkollektivierung herangezogene Jagdgenossenschaft in einem gemeinschaftlichen Jagdbezirk oder der vom Grundsatz der Zufallshaftung („casum sentit dominus") getroffene Eigenjagdbesitzer. Diese Haftung findet lediglich durch die Beschränkung auf bestimmte Schadwildarten (§ 29 Abs. 1 BJagdG), das Unwirksammachen oder Fehlen von Schutzvorrichtungen (§ 32 BJagdG) sowie das Erfordernis der fristgerechten Schadensmeldung (§ 34 BJagdG) eine explizite gesetzliche Begrenzung. Doch auch bezüglich der fristgerechten Schadensmeldung hat es regelmäßig nicht der Jagdpächter in der Hand, ob dieser prinzipiell wirksamste Schutzmechanismus zum Tragen kommt. Vielmehr muss er den Schaden selbst rechtzeitig dokumentieren und hoffen, dass der Ersatzberechtigte die Meldefrist versäumt. Im Übrigen muss der Jagdpächter auf die vertragliche Vereinbarung einer Wildschadensbegrenzung oder zumindest -pauschale mit dem Verpächter hoffen. All diese Schutzmechanismen erweisen sich aber in der jagdlichen Praxis zunehmend als „zahnloser Tiger".

Dies bringt den Jagdpächter in die missliche Lage, dass er sich zunehmend mit immensen, potenziell existenzgefährdenden Wildschadensersatzforderungen konfrontiert sieht, ohne diesen wirksam entgegentreten zu können. Damit kommt der Jagdpächter als Privatperson für land- oder forstwirtschaftliche Schäden des Verpächters auf. Zurzeit ergibt sich daraus eine Störung des jagdpachtvertraglichen Äquivalenzverhältnisses,[922] da der Verpächter neben der Pachtzinszahlung eine Bejagung (und damit Wildschadensverhütung) seiner Flächen und notfalls eine Wildschadensersatzzahlung erhält, während der Jagdpächter über den Pachtzins hinaus erhebliche Kompensationszahlungen zu erbringen hat, ohne sich gegen diese unüberschaubaren Risiken versichern zu können.

Um dem unüberschaubaren Haftungsrisiko des Jagdpächters entgegenzuwirken, sollten im Bereich der Wildschadensregulierung neue Wege beschritten werden. Als problematisch erweist sich dabei, dass sich eine ordnungsgemäße Jagdausübung durch den Jagdpächter – insbesondere mit Blick auf die Wildschadensverhütung – de lege lata in keiner Weise haftungsmindernd auswirkt. Um eine ausgewogene Lösung herbeizuführen, muss dem Jagdpächter die Möglichkeit eingeräumt werden, bei sorgfältiger Wildschadensverhütung der Haftung zu entge-

922 Vgl. dazu bereits Kapitel 5 A. I. Ebenso stellt *Beck*, Wildschadenersatz im Reviersystem, S. 53 ff. in Bezug auf die Regelungen im Bereich des österreichischen Wildschadensersatzes fest, dass die derzeit bestehenden Regelungen nicht mehr zeitgemäß und ausgewogen sind, ohne jedoch einen konkreten Lösungsvorschlag zu unterbreiten.

hen, ohne dass der Ersatzberechtigte gleichzeitig einer unzureichenden Bejagung ausgesetzt wird.

Es empfiehlt sich daher die Schaffung von Ausschlusstatbeständen nach dem dogmatischen Leitbild des Produkthaftungsgesetzes. Auch wenn der Jagdpächter qua vertraglicher Gewährübernahme für die „Gefahrenquelle Wild" verantwortlich ist, hindert dies nicht die Schaffung von Haftungsausschlüssen, die an ein sorgfaltsgemäßes Verhalten des Jagdpächters anknüpfen. Hat er die Jagd mit Blick auf die Wildschadensverhütung ordnungsgemäß ausgeübt, so ist es nur interessengerecht, ihm die Möglichkeit der Haftungsfreistellung zu eröffnen.

Um die Reformanregungen dieser Untersuchung abschließend zusammenzuführen, könnte ein möglicher Vorschlag de lege ferenda in der Modifizierung der bestehenden Regelungen liegen. Dabei sollte das Augenmerk auf der praktisch zum Regelfall gewordenen Übertragung der Wildschadenshaftung auf den Jagdpächter liegen, die bisher – mit Ausnahme von § 29 Abs. 3 BJagdG – einer gesetzlichen Normierung entbehrt. Es gilt daher die Wildschadenshaftung des Jagdpächters unter Beibehaltung des bisherigen gesetzlichen Grundgerüsts zugunsten eines ausgewogenen Jagdpachtverhältnisses klar zu begrenzen:[923]

§ 29 BJagdG Schadensersatzpflicht

(1) Wird ein *nach den Regeln der ordnungsgemäßen Wirtschaft land-, forst- oder fischereiwirtschaftlich genutztes* Grundstück, das zu einem gemeinschaftlichen Jagdbezirk gehört oder einem gemeinschaftlichen Jagdbezirk angegliedert ist (§ 5 Abs. 1), durch Schalenwild, Wildkaninchen oder Fasanen beschädigt, so hat die Jagdgenossenschaft dem Geschädigten den Wildschaden zu ersetzen. Der aus der Genossenschaftskasse geleistete Ersatz ist von den einzelnen Jagdgenossen nach dem Verhältnis des Flächeninhalts ihrer beteiligten Grundstücke zu tragen. Hat der Jagdpächter den Ersatz des Wildschadens ganz oder teilweise übernommen, so trifft die Ersatzpflicht den Jagdpächter. *Die Ersatzpflicht des Jagdpächters ist ausgeschlossen, wenn er mit Blick auf die Wildschadensverhütung die Grundsätze der ordnungsgemäßen Jagd-*

923 Die vorgeschlagenen Passagen sind vorliegend kursiv abgedruckt.

ausübung eingehalten hat. Die Jagd wurde in der Regel ordnungsgemäß ausgeübt, wenn der Jagdpächter

1.a) *den Abschussplan in Bezug auf das Schadwild (Abs. 1 S. 1) erfüllt hat oder*

b) *die Jagd regelmäßig und in angemessenem Maße ausgeübt hat,*

2. *dem Ersatzberechtigten Hilfe dabei geleistet hat, Schutzvorrichtungen für schadensintensive Kulturen, mit der Ausnahme der Sonderkulturen nach § 32 Abs. 2 BJagdG, anzubringen,*

3. *auf schadensintensiven Flächen Maßnahmen zur Vergrämung des Schadwildes ausgeführt hat und*

4. *zulässige Ablenkfütterungen angelegt hat.*

Die Ersatzpflicht der Jagdgenossenschaft bleibt bestehen, soweit der Geschädigte Ersatz von dem Pächter nicht erlangen kann.

(2) Wildschaden an Grundstücken, die einem Eigenjagdbezirk angegliedert sind (§ 5 Abs. 1), hat der Eigentümer oder der Nutznießer des Eigenjagdbezirks zu ersetzen. Im Falle der Verpachtung haftet der Jagdpächter, wenn er sich im Pachtvertrag zum Ersatz des Wildschadens verpflichtet hat. *Absatz 1 Satz 4 und Satz 5 gelten entsprechend.* In diesem Falle haftet der Eigentümer oder der Nutznießer nur, soweit der Geschädigte Ersatz von dem Pächter nicht erlangen kann.

(3) Bei Grundstücken, die zu einem Eigenjagdbezirk gehören, richtet sich, abgesehen von den Fällen des Absatzes 2, die Verpflichtung zum Ersatz von Wildschaden (Absatz 1) nach dem zwischen dem Geschädigten und dem Jagdausübungsberechtigten bestehenden Rechtsverhältnis. Sofern nichts anderes bestimmt ist, ist der Jagdausübungsberechtigte ersatzpflichtig, *wenn er die Grundsätze ordnungsgemäßer Jagdausübung nach Absatz 1 Satz 5 nicht beachtet hat.*

(4) Die Länder können bestimmen, daß die Wildschadensersatzpflicht auch auf anderes Wild ausgedehnt wird und daß der Wildschadensbetrag für bestimmtes Wild durch Schaffung eines Wildschadensausgleichs auf eine Mehrheit von Beteiligten zu verteilen ist (Wildschadensausgleichkasse).

Den Kern des hier unterbreiteten Vorschlags de lege ferenda bildet die Normierung von Haftungsausschlusstatbeständen, die dem Jagdpächter die Möglichkeit einer Enthaftung eröffnen, wenn er die Jagd ordnungsgemäß ausgeübt hat. Wann von einer ordnungsgemäßen Jagdausübung auszugehen ist, ist freilich einer Einzelfallbetrachtung zu unterziehen. Daher sind die vorgeschlagenen Haftungsausschlusstatbestände als Regelbeispiele ausgestaltet, die grundsätzlich kumulativ erfüllt werden müssen. Eine Ausnahme ist dem Jagdpächter jedoch insofern zuzugestehen, als eine Enthaftung nicht streng von der Erfüllung des Abschussplans abhängig gemacht werden kann. Denn selbst wenn die Jagd in zeitlich erheblichem Umfang ausgeübt wird, liegt es nicht selten in der Hand des Zufalls, ob eine Erfüllung des Abschussplans tatsächlich gelingt. Dementsprechend muss es im Sinne eines Alternativverhältnisses genügen, dass der Jagdpächter den Abschussplan entweder erfüllt oder die Jagd regelmäßig und in angemessenem Maße ausgeübt hat.

Der vorliegende Vorschlag versteht sich als richtungsweisender Denkanstoß. Mithilfe klarer gesetzlicher Haftungsregelungen für die Wildschadenshaftung des Jagdpächters ließen sich im Vorfeld die „Spielregeln“ für den Schadensfall festlegen. Auf einer solchen Grundlage darf man auf eine Deeskalation in der Wildschadensproblematik hoffen. Durch ein konstruktives Miteinander von Grundeigentümern bzw. Verpächtern, Land- und Jagdpächtern könnten nicht nur zahlreiche Wildschäden, sondern auch die damit verbundenen Konflikte vermieden werden.

Literaturverzeichnis

Adams, Michael Ökonomische Analyse der Gefährdungs- und Verschuldenshaftung, Heidelberg 1985.

Armbrüster, Christian Eigentumsschutz durch den Beseitigungsanspruch nach § 1004 I 1 BGB und durch Deliktsrecht, NJW 2003, 3087–3090.

Bahn, Walter Reichsjagdgesetz Kommentar nebst Ausführungsbestimmungen, einschlägigen Nebengesetzen und Jagdstrafrecht, Berlin 1935 (zit.: Bearbeiter, in: Bahn RJG).

Bauch, Heinz Die Grundgedanken des Reichsjagdrechts und ihre Durchführung im Reichsjagdgesetz und seiner Ausführungsverordnung, Leipzig 1936.

Bauer, Josef Die Jagdgesetze Preussens – Nach dem neuesten Stand der Gesetzgebung einschließlich des Wildschongesetzes vom 14. Juli 1904 sowie der Rechtsprechung, 3. Aufl. 1904.

Ernst, Werner/Zinkhahn, Willy/Bielenberg, Walter (Begr.) Krautzberger, Michael (Hrsg.) Baugesetzbuch Kommentar, 136. Aufl., München 2019 (zit.: Bearbeiter, in: BauGB).

Battis, Ulrich/Krautzberger, Michael/Löhr Rolf-Peter (Hrsg.) Baugesetzbuch Kommentar, 14. Aufl., München 2019 (zit.: Bearbeiter, in: BauGB).

Beck, Rudolf Der Wildschadenersatz im Reviersystem – noch zeitgemäss?, Wien 2010.

Becker, Florian Öffentliches und Privates Recht, NVwZ 2019, 1385–1392.

beck-online.GROSSKOMMENTAR zum Zivilrecht Gsell, Beate/Krüger, Wolfgang/Lorenz, Stephan/Reymann, Christoph (Hrsg.), München 2021.

Beck'scher Online-Kommentar BGB Hau, Wolfgang/Poseck, Roman (Hrsg.), 58. Edition, München 2021.

Beck'scher Online-Kommentar GVG Graf, Jürgen (Hrsg.), 11. Edition, München 2021 (zit.: Bearbeiter, in: BeckOK GVG).

Bendel, Bernold Zum Ersatz von Wildschäden an Industriegemüse, AgrarR 1975, 273–277.

Benöhr, Hans-Peter Die Grundlagen des BGB – Das Gutachten der Vorkommission von 1874, JuS 1977, 79-82.

Benöhr, Hans-Peter Politik und Rechtstheorie: Die Kontroverse Thibaut – Savigny vor 160 Jahren, JuS 1974, 681–684.

Benöhr, Hans-Peter Die Entscheidung des BGB für das Verschuldensprinzip Tijdschrift voor Rechtsgeschiedenis 1978, 1–31.

Binder, Helmut Jagdrecht, Wien 1992.

Bitting, Joseph Das dingliche Jagdrecht, Marburg 1931.

Blaschczok, Andreas Gefährdungshaftung und Risikozuweisung, 1. Aufl., Köln u.a. 1993.

Blaszkowski, Jonas Die Besteuerung der Landwirte – Ertragsteuerliche Behandlung und umsatzsteuerliche Begünstigungen, Norderstedt 2018.

Blau, Achim / Hehn, Marcus / Klett, Heiner Weinrecht, Jagdrecht, Forstrecht, Fischereirecht, Berlin 2012.

Bode, Wilhelm / Emmert, Elisabeth Jagdwende: vom Edelhobby zum ökologischen Handwerk, München 2000.

Bork, Reinhard Allgemeiner Teil des Bürgerlichen Gesetzbuchs, 4. Aufl., Tübingen 2016.

Brand, Oliver Schadensersatzrecht, 2. Aufl., München 2015.

Braun, Stefan Das waffenrechtliche Bedürfnisprinzip, GewA 2017, 221.

Braun, Stefan Aktuelle Änderungen im Waffenrecht, NJOZ 2020, 961–972.

Brenner, Michael Vom Jagdrecht zum "Wildtiermanagement" – Das jagdliche Eigentum im Dickicht legislativer Irrungen und Wirrungen. DÖV 2014, 232–240.

Brox, Hans / Walker, Wolf-Dietrich Allgemeines Schuldrecht, 45. Aufl., München 2021.

Brox, Hans / Walker, Wolf-Dietrich Besonderes Schuldrecht, 44. Aufl., München 2020.

Palandt Bürgerliches Gesetzbuch Kommentar, 80. Aufl., München 2021.

von Caemmerer, Ernst Wandlungen des Deliktsrechts, in: von Caemmerer/Ernst/Lange, Richard (Hrsg.), Hundert Jahre deutsches Rechtsleben: Festschrift zum hundertjährigen Bestehen des Deutschen Juristentages 1860–1960 Band 2, Karlsruhe 1960.

Canaris, Claus-Wilhelm Schutzgesetze – Verkehrspflichten – Schutzpflichten, in: Canaris/Diederichsen (Hrsg.), Festschrift für Karl Larenz zum 80. Geburtstag am 23. April 1983, München 1983, 27–110.

Canaris, Claus-Wilhelm Schulrechtsmodernisierung 2002, München 2002.

Canaris, Claus-Wilhelm Grundstrukturen des deutschen Deliktsrechts, VersR 2005, 577–584.

Canaris, Claus-Wilhelm Die Feststellung von Lücken im Gesetz – eine methodologische Studie über Voraussetzungen und Grenzen der richterlichen Rechtsfortbildung praeter legem, Berlin 2012.

Chiotellis, Aristide Rechtsfolgenbestimmung bei Geschäftsgrundlagenstörungen in Schuldverträgen, München 1981.

Cosack, Tilman Die Gefährdungshaftung im Vordringen – Hintergründe und Entwicklungslinien der aktuellen Tendenz im deliktischen Haftungsrecht, VersR 1992, 1439–1444.

Crone, Petra Verantwortungsvolle Jagd und effektiven Naturschutz zusammen denken (SPD), in: Dietlein/Froese (Hrsg.), Jagdliches Eigentum, Berlin 2018, 317–320.

Dalcke, Albert / Delius, Hans Preußisches Jagdrecht – Zum praktischen Gebrauch dargestellt und erläutert, Breslau 1908.

Danwerth, Christopher Analogie und teleologische Reduktion – zum Verhältnis zweier scheinbar ungleicher Schwestern, ZfPW 2017, 230–249.

Däubler, Wolfgang Die Reform des Schadensersatzrechts, JuS 2002, 625–630.

Detterbeck, Steffen Öffentliches Recht – Ein Basislehrbuch zum Staatsrecht, Verwaltungsrecht und Europarecht mit Übungsfällen, 11. Aufl., München 2018.

Deutsch, Erwin Methoden und Konzept der Gefährdungshaftung, VersR 1971, 1–8.

Deutsch, Erwin Gefahr, Gefährdung, Gefahrerhöhung, in: Paulus/Diederichsen/Canaris (Hrsg.), Festschrift für Karl Larenz zum 70. Geburtstag, München 1973, 885–904.

Deutsch, Erwin Haftungsrecht – Allgemeine Lehren, Köln u.a. 1976.

Deutsch, Erwin Gefährdungshaftung: Tatbestand und Schutzbereich, JuS 1981, 317–325.

Deutsch, Erwin Zivilrechtliche Haftung aus Aufopferung, in: Deutsch/Klingmüller/Kullmann (Hrsg.), Festschrift für Erich Steffen zum 65. Geburtstag am 28. Mai 1995 – Der Schadensersatz und seine Deckung, Berlin 1995, 101–120.

Deutsch, Erwin Allgemeines Haftungsrecht, 2. Aufl., München 1996.

Deutsch, Erwin / Ahrens, Hans-Jürgen Unerlaubte Handlungen, Schadensersatz, Schmerzensgeld, 6. Aufl., München 2014.

Dickel, Karl Das deutsche bürgerliche Recht für Forstmänner, Berlin 1900.

Dietlein, Johannes Das System der Wildschadenshaftung im Lichte des drittschützenden Charakters von § 21 BJagdG – Zur Konkurrenz der Entschädigungs- und Schadensersatzansprüche des Jagdgenossen nach dem Urteil des BVerwG vom 30.3.1995 – BVerwG 3C 8.94, AgrarR 1996, 241–246.

Dietlein, Johannes Zwangsmitgliedschaft in öffentlich-rechtlichen Jagdgenossenschaften – Das Revierprinzip nach dem Urteil des EGMR vom 29.4.1999 – Cassagnou u.s./Frankreich, AgrarR 2000, 76–79.

Dietlein, Johannes Jagdrecht von A-Z, München 2003.

Dietlein, Johannes Jagdliches Eigentum und staatliche Intervention – Kürzungen des Katalogs jagbarer Arten sowie ganzjährige Jagdverschonung im Lichte des Verfassungsrechts in: Ruttig/Jung (Hrsg.), Liber amicorum für Manfred Hecker, Köln 2017, 57–82.

Dietlein, Johannes Rechtsgeschichte der Jagd, in: Dietlein/Froese (Hrsg.), Jagdliches Eigentum, Berlin 2018, 29–54.

Dietlein, Johannes Zur Sozialpflichtigkeit des Eigentums, in: Dietlein/Froese (Hrsg.), Jagdliches Eigentum, Berlin 2018, 197–215.

Ditscherlein, Elke Zur Rechtmäßigkeit der Zwangsvereinigung in Jagdgenossenschaften, Natur und Recht 2005, 305–311.

Dötsch, Wolfgang Wasserschadenhaftung im Mehrfamilienhaus analog § 906 II 2 BGB?, NZM 2004, 177–181.

Drees, Hans Rechtliche Möglichkeiten zur Verhinderung und zum Ausgleich forstwirtschaftlicher und ökologischer Schäden durch Überbesatz von Schalenwild, Natur und Recht 1979, 57–59.

Düsing, Mechtild/Martínez, José (Hrsg.) Agrarrecht Kommentar, München 2016 (zit.: Bearbeiter, in: Düsing/Martínez AgrarR).

Ebner, Albert Der gemeinschaftliche Jagdbezirk – Seine Bildung und seine Verwaltung, Berlin 1933.

Ehmann, Horst Deliktsrecht mit Gefährdungshaftung, München 2014.

Eidenmüller, Horst Der Spinnerei-Fall: Die Lehre von der Geschäftsgrundlage nach der Rechtsprechung des Reichsgerichts und im Lichte der Schuldrechtsmodernisierung, JURA 2001, 824–832.

Emmerich, Volker Das Recht der Leistungsstörungen, München 1997.

Engelhard, Max / Danckelmann, Bernhard Das Jagdrecht im Geltungsbereich der Preußischen Jagdordnung vom 15. Juli 1907, Berlin 1908.

Englaender, Curt Fragen der Wildschadensregulierung, AgrarR 1976, 40–42.

Erbs, Georg / Kohlhaas, Max (Begr.) Häberle, Peter (Hrsg.) Strafrechtliche Nebengesetze, 234. EL., München 2021 (zit.: Bearbeiter, in: Erbs/Kohlhaas).

Erman Bürgerliches Gesetzbuch Westermann, Harm (Hrsg.), 16. Aufl., Köln 2020 (zit.: Bearbeiter, in: Erman BGB).

Esser, Josef Grundlagen und Entwicklung der Gefährdungshaftung – Beiträge zur Reform des Haftpflichtrechts und zu seiner Wiedereinordnung in die Gedanken des allgemeinen Privatrechts, 2. Aufl., München 1969.

Esser, Josef / Weyers, Hans-Leo Schuldrecht Band II Besonderer Teil – Teilband 2, 8. Aufl., Heidelberg 2000.

Filthaut, Werner Fragen zum Begriff der höheren Gewalt i.S.v. §§ 1 II HaftPflG und 7 II StVG unter Berücksichtigung der neueren Rechtsprechung, NZV 2015, 161–165.

Flume, Werner Rechtsgeschäft und Privatautonomie, in: Caemmerer/Friesenhahn/Lange (Hrsg.), Hundert Jahre deutsches Rechtsleben: Festschrift zum hundertjährigen Bestehen des Deutschen Juristentages 1860 – 1960 Band 1, Karlsruhe 1960, 135–238.

Flume, Werner Allgemeiner Teil des Bürgerlichen Rechts: Band 2: Das Rechtsgeschäft, 4. Aufl., Berlin 1992.

Frevert, Walter Jagdliches Brauchtum und Jägersprache, 4. Aufl., Stuttgart 2020.

Froese, Judith Ebenen und Ebenenverflechtungen des jagdlichen Eigentums, in: Dietlein/Froese (Hrsg.), Jagdliches Eigentum, Berlin 2018, 159–196.

Frotscher, Matthias/Geurts, Gerrit (Hrsg.) Einkommenssteuergesetz Kommentar, 223. Aktualisierung 2021 (zit.: Bearbeiter, in: Frotscher/Geurts EStG).

Gaisbauer, Georg Ersatz von Wildschäden an Freilandpflanzungen und hochwertigen Handelsgewächsen, VersR 1973, 199–205.

Garbe, Thorsten / Hagedorn, Amelie Die zivilrechtliche Haftung beim Verkehrsunfall, JuS 2004, 284–294.

Geigel Der Haftpflichtprozess – mit Einschluss des materiellen Haftpflichtrechts, Haag, Kurt (Hrsg), 28. Aufl., München 2020 (zit.: Bearbeiter, in: Geigel HPflProzess).

Gernhuber, Joachim Die Haftung für Hilfspersonen innerhalb des mitwirkenden Verschuldens, AcP 1952/1953, 69–83.

Gieg, Georg De tacita conditione rebus sic stantibus: Ein Beitrag zur Dogmengeschichte von clausula rebus sic stantibus und Geschäftsgrundlage, Würzburg 1992.

Giese, Friedrich Anmerkung zu BGH, Urteil v. 09.04.1953 – III ZR 77/52 (KG), JZ 1953, 466–469.

Gisawi, Feras Der Grundsatz der Totalreparation – Naturrechtliche Wertungen als Grundlage für einen deutschen Sonderweg, Tübingen 2015.

Glaser, Andreas Das Jagdrecht im Spannungsfeld bundesstaatlicher Gesetzgeber – Auswirkungen der Föderalismusreform auf die Jagdgesetzgebung in Deutschland, NuR 2007, 439–446.

Green, Michael D. / Cardi, W. Jonathan Grundfragen des Schadenersatzrechts aus US-amerikanischer Sicht, in: Koziol (Hrsg.), Grundfragen des Schadenersatzrechts aus rechtsvergleichender Sicht, Wien 2014, 479–572.

Greiner, Stefan Störungen des Austausch- und Äquivalenzverhältnisses als Kündigungstatbestand, RdA 2007, 22–34.

Gröpl, Christoph Staatsrecht I – Staatsgrundlagen Staatsorganisation, 12. Aufl., München 2020.

Harke, Jan Dirk Allgemeines Schuldrecht, Heidelberg 2010.

Hartmann, Bernd / Tieben, Samuel Amtshaftung, JA 2014, 401–407.

Hasenjäger, Heinrich Beiträge zur Lehre vom Jagdpachtvertrag – insbesondere die Stellung des Jagdpächters bei Veränderungen im Bestand des Jagdbezirks während der Pachtzeit nach preußischem Recht, Leipzig 1908.

Haug, Richard Naturalrestitution und Vermögenskompensation (Teil 1) – Der Stand der Rechtsprechung im Hinblick auf die geplante Gesetzesänderung, VersR 2000, 1329–1337.

Heider, Stephan Der Tierartenschutz im Naturschutzrecht und artverwandten Gebieten, Köln 1990.

Heinrichs, Helmut Vertragsanpassung bei Störung der Geschäftsgrundlage – Eine Skizze der Anspruchslösung des § 313 BGB, in: Lorenz/Trunk/Eidenmüller u. a. (Hrsg.), Festschrift für Andreas Heldrich zum 70. Geburtstag, München 2005, 183–205.

Heller, Robert E. / Soschinka, Holger / Rabe, Stephan Verschärfung im Waffenrecht 2020 Darstellung der wichtigsten Änderungen des 3. WaffRÄndG und der WaffRÄndV mit Hinweisen für die Anwendung in der Praxis, NVwZ 2020, 595–601.

Hemsen, Vollert Der allgemeine bürgerlich-rechtliche Aufopferungsanspruch, Hamburg 1961.

Hertel, Stephan Jagdliche Eigentumsrechte des Jagdpächters, in: Dietlein/Froese (Hrsg.), Jagdliches Eigentum, Berlin 2018, 271–285.

Hespeler, Bruno Wildschäden & Schäden durch Wildtiere, Graz u.a. 2019.

Heussen, Benno Analogie ist unlogisch Über die Funktion der Gefühle im Verfahren der Rechtsgewinnung, NJW 2016, 1500–1504.

Hindelang, Steffen / Berner, Katharina Referendarexamensklausur – Öffentliches Recht: Europarecht, Verfassungsrecht und Verwaltungsrecht – Jagdgenosse wider Willen, JuS 2013, 925–931.

Hofmann, Reinholf / Schmidt Klaus Heintges – Sicher durch die Jägerprüfung Haarwild, Weiden 2016.

Holtgreven, Anton Das Wildschadengesetz vom 11. Juli 1891 – erläutert von A. Holtgreven, Berlin 1902.

Honsell, Thomas Die Quotenteilung im Schadensersatzrecht – Historische und dogmatische Grundlagen der Lehre vom Mitverschulden, Ebelsbach am Main 1977.

Horst, Paul-Günter Querverbindungen zwischen Aufopferungsanspruch und Gefährdungshaftung einerseits und Aufopferungsanspruch und Eingriffserwerb andererseits, Berlin 1966.

Hubmann, Heinrich Der bürgerlichrechtliche Aufopferungsanspruch, JZ 1958, 489–493.

Isensee, Josef / Kirchhoff, Paul (Hrsg.) Handbuch des Staatsrechts der Bundesrepublik Deutschland – Band II: Verfassungsrecht, 3. Aufl., Heidelberg 2004 (zit.: Bearbeiter, in: HbStR II)

Janda, Constanze Störung der Geschäftsgrundlage und Anpassung des Vertrages, NJ 2013, 1–10.

Janeczek, Christian Verkehr/Schaden/Versicherung, 3. Aufl., Baden-Baden 2016 (zit.: Bearbeiter, in Janeczek).

Jarass, Hand / Pieroth, Bodo Grundgesetz für die Bundesrepublik Deutschland – Kommentar, 16. Aufl., München 2020.

Jatzow, H. Motive zu dem Entwurfe eines Bürgerlichen Gesetzbuches für das Deutsche Reich – Band 2: Recht der Schuldverhältnisse, 2. Aufl., Berlin u.a. 1888.

Jauernig Bürgerliches Gesetzbuch Kommentar Stürner, Rolf (Hrsg.), 18. Aufl., München 2021 (zit.: Bearbeiter, in Jauernig BGB).

Joel, Antje Jagd – Unsere Versöhnung mit der Natur, Hamburg 2018.

Kannowski, Bernd / Zeller, Christian Anfängerhausarbeit – Bürgerliches Recht: Sekundäransprüche beim Vertrag zu Gunsten Dritter, JuS 2006, 983–988.

Karollus, Martin Funktion und Dogmatik der Haftung aus Schutzgesetzverletzung – Zugleich ein Beitrag zum Deliktssystem des ABGB und zur Haftung für casus mixtus, Wien 1992.

Katzenstein, Gerhard Entschädigungspflicht des Staates bei rechtswidrig schuldloser Ausübung öffentlicher Gewalt, Hamburg 1935.

Koehler, Philipp Allgemeine Geschäftsbedingungen im Internet, MMR 1998, 289–294.

Köhler, Helmut Rückwirkende Vetragsanpassung bei Dauerschuldverhältnissen?, in: Baur/Hopt/Mailänder (Hrsg.), Festschrift für Ernst Steindorff zum 70. Geburtstag am 13. März 1990, Berlin 1990, 611–641.

Konrad, Holger Wildschadensersatz in gemeinschaftlichen Jagdbezirken nach § 29 Abs. 1 BJagdG – Geschichte, Systematik und aktuelle Problemstellung, Berlin 2012.

Konzen, Horst Aufopferung im Zivilrecht – Beitrag zu den Lehren vom bürgerlichrechtlichen und arbeitsrechtlichen Aufopferungsanspruch, Berlin 1969.

Kopp, Rudolf / Tausch, Adolf; Boettcher, Peter Das Jagdrecht in Hessen – Kommentar mit allen wichtigen Vorschriften im Anhang, Jagdrecht Hessen, 9. Aufl., Stuttgart 2010 (zit.: Bearbeiter, in: Kopp/Tausch/Boettcher Jagdrecht Hessen).

Korch, Stefan Haftung und Verhalten – Eine ökonomische Untersuchung des Haftungsrechts unter Berücksichtigung begrenzter Rationalität und komplexer Präferenzen, Tübingen 2015.

Kötz, Hein Ziele des Haftungsrechts, in: Baur/Hopt/Mailänder (Hrsg.), Festschrift für Ernst Steindorff zum 70. Geburtstag am 13. März 1990, Berlin 1990, 643–666.

Wagner, Gerhard Deliktsrecht, 14. Aufl., München 2021.

Kötz, Hein Ist die Produkthaftung eine vom Verschulden unabhängige Haftung?, in: Pfister/Will (Hrsg.), Festschrift für Werner Lorenz zum siebzigsten Geburtstag, Tübingen 1991, 107–121.

Koziol, Helmut Die Mitverantwortlichkeit des Geschädigten: Spiegelbild – oder Differenzierungsthese?, in: Ahrens/Bar/Fischer, Gerfried, Spickhoff u. a. (Hrsg.), Medizin und Haftung – Festschrift für Erwin Deutsch zum 80. Geburtstag, Berlin u.a. 2009, 781–794.

Koziol, Helmut Grundfragen des Schadenersatzrechts, Wien 2009.

Kremer, Eva-Maria Anlegung von Bejagungsschneisen zur Wildschadensabwehr – Pflicht des Landwirts oder nur auf Kosten des Jagdausübungsberechtigten?, AUR 2012, 337–340.

Kreuzer, Karl Prinzipien des deutschen außervertraglichen Haftungsrechts – Eine Skizze, in: Pfister/Will (Hrsg.), Festschrift für Werner Lorenz zum siebzigsten Geburtstag, Tübingen 1991, 123–141.

Kuhlmann, Carl Wilhelm Das Jagdrecht, seine Struktur und Stellung im System, und der Schutz des Jagdberechtigten, Leipzig 1910.

Lange, Klaus Die Abgrenzung von öffentlichrechtlichem und privatrechtlichen Vertrag, JuS 1982, 500–504.

Larenz, Karl Die Prinzipien der Schadenszurechnung – Ihr Zusammenspiel im modernen Schuldrecht, JuS 1965, 373–379.

Larenz, Karl Lehrbuch des Schuldrechts Band I Allgemeiner Teil, 14. Aufl., München 1987.

Larenz, Karl / Canaris, Claus-Wilhelm Lehrbuch des Schuldrechts Band II, 13. Aufl., München 1994.

Lauven, Dieter Zur Ersatzpflicht für Wildschäden unter Berücksichtigung des Eigenverschuldens des Geschädigten, AgrarR 1990, 149–155.

Leonhardt, Paul Jagdrecht – Bundesjagdgesetz Bayrisches Jagdgesetz Ergänzende Bestimmungen Band 1, Aktualisierungslieferung Nr. 89, Köln Dezember 2018.

Leonhardt, Paul / Bauer, Josef / Schätzler, Heinrich / Moog, Martin Wild- und Jagdschadensersatz – Handbuch zur Schadensabwicklung mit Berechnungsgrundlagen und Tabellen, Aktualisierungslieferung Nr. 19, Köln Oktober 2020.

Lettl, Tobias Die Anpassung von Verträgen des Privatrechts, JuS 2001, 248–251.

Leuschner, Lars Empirische Belege für eine systematische Fehleinschätzung der unternehmerischen Praxis, NJW 2016, 1222–1225.

Liebl, Thomas Ergebnisse einer landesweiten Befragung der Wildschadensschätzer WFS-Mittelungen Nr. 3/2003, 1–4.

Limbach, Günter Das Rechtsverständnis in der Vertragslehre, JuS 1985, 10–15.

Linnenkohl, Karl Bundesjagdgesetz und ergänzende Vorschriften – Taschenkommentar, 12. Aufl., Baden-Baden 1998.

Looschelders, Dirk Die Mitverantwortlichkeit des Geschädigten im Privatrecht, Tübingen 1999.

Looschelders, Dirk Schuldrecht Allgemeiner Teil, 16. Aufl., München 2018.

Looschelders, Dirk / Roth, Wolfgang Juristische Methodik im Prozeß der Rechtsanwendung – Zugleich ein Beitrag zu den verfassungsrechtlichen Grundlagen von Gesetzesauslegung und Rechtsfortbildung, Berlin 1996.

Lorenz, Stephan Grundwissen – Zivilrecht: Vertretenmüssen (§ 276 BGB), JuS 2007, 611–613.

Lorenz, Stephan Grundwissen – Zivilrecht: Stellvertretung, JuS 2010, 382–385.

Lorenz, Stephan Grundwissen – Zivilrecht: Deliktsrecht – Haftung aus § 823 II BGB, JuS 2020, 12–14.

Lorz, Albert/Metzger, Ernst/ Stöckel, Heinz Jagdrecht, Fischereirecht – Bundesjagdgesetz mit Verordnungen und Länderrecht, Binnenfischereirecht, Fischereischeinrecht, Seefischereirecht, 4. Aufl., München 2011 (zit.: Bearbeiter, in: Lorz/Metzger/Stöckel BJagdG).

Loyal, Florian Vertragsaufhebung wegen Störung der Geschäftsgrundlage, NJW 2013, 417–422.

Luig, Klaus Die Kontinuität allgemeiner Rechtsgrundsätze: Das Beispiel der clausula rebus si stantibus, in: Zimmermann/Knütel/Meincke (Hrsg.), Rechtsgeschichte und Privatrechtsdogmatik – Hans Hermann Seiler zum 24. Dezember 1999, Heidelberg 1999, 171–187.

Luther, Christoph Die juristische Analogie, JURA 2013, 449–453.

Maierhöfer, Christian Das Jagdrecht und die Europäische Menschenrechtskonvention in der förderalen Normenhierarchie, NVwZ 2007, 1155–1158.

Maierhöfer, Christian Jagdduldungszwang und Europäische Menschenrechtskonvention – Das Urteil Herrmann/Deutschland und seine Folgen, NVwZ 2012, 1521–1524.

Maier-Reimer, Georg Schutzgesetz – Verhaltensnormen, Sanktionen und ihr Adressat, NJW 2007, 3157–3162.

Mataja, Victor Das Recht des Schadensersatzes vom Standpunkt der Nationalökonomie, Leipzig 1888.

Maunz, Theodor / Dürig, Günter (Begr.) Herzog, Roman/Herdegen, Matthias/Scholz, Rupert/Klein, Hans (Hrsg.) Grundgesetz Kommentar – Band II – Art. 6–15, 93. Aufl., München 2020 (zit: Bearbeiter, in: Maunz/Dürig GG).

Maunz, Theodor / Dürig, Günter (Begr.) Herzog, Roman/Herdegen, Matthias/Scholz, Rupert/Klein, Hans (Hrsg.) Grundgesetz Kommentar – Band II – Art. 6–15, 85. Aufl., München 2018 (zit: Bearbeiter, in: Maunz/Dürig GG).

Maunz, Theodor / Dürig, Günter (Begr.) Herzog, Roman/Herdegen, Matthias/Scholz, Rupert/Klein, Hans (Hrsg.) Grundgesetz Kommentar – Band III – Art. 16–22, 93. Aufl., München 2020 (zit: Bearbeiter, in: Maunz/Dürig GG).

Maurer, Hartmut / Waldhoff, Christian Allgemeines Verwaltungsrecht, 20. Aufl., München 2020.

Medicus, Dieter Naturalrestitution und Geldersatz, JuS 1969, 449–455.

Medicus, Dieter Gefährdungshaftung im Zivilrecht, JURA 1996, 561–566.

Medicus, Dieter Die Leistungsstörungen im neuen Schuldrecht, JuS 2003, 521–529.

Medicus, Dieter / Lorenz, Stephan Schuldrecht I – Allgemeiner Teil, 19. Aufl., München 2010.

Medicus, Dieter / Lorenz, Stephan Schuldrecht II – Besonderer Teil, 18. Aufl., München 2018.

Medicus, Dieter / Petersen, Jens Grundwissen zum Bürgerlichen Recht: Ein Basisbuch zu den Anspruchsgrundlagen, 11. Aufl., München 2019.

Meyer-Ravenstein, Dietrich Die Jagdberechtigungen, Göttingen 1986.

Meyer-Ravenstein, Dietrich Ersatz von Wildschäden an befriedeten Bezirken – Anmerkung zum Urteil des BGH vom 4. März 2010, AUR 2010, 195–198.

Meyer-Ravenstein, Dietrich Anmerkung zu AG Plettenberg, Urteil vom 15.12.2014, 1 C 425/13, AUR 2015, 149.

Meyer-Ravenstein, Dietrich Das Jagdrecht als Teil des Grundeigentums, in: Dietlein/Froese (Hrsg.), Jagdliches Eigentum, Berlin 2018, 217–247.

Miethaner, Tobias AGB oder Individualvereinbarung – die gesetzliche Schlüsselstelle „im Einzelnen ausgehandelt", NJW 2010, 3121–3127.

Mitzschke, Gustav/Schäfer, Karl Kommentar zum Bundesjagdgesetz, 4. Aufl., Hamburg, Berlin 1982 (zit.: Bearbeiter, in: Kommentar zum BJG).

Mitzschke, Gustav/Schäfer, Karl Das Reichsjagdgesetz – nebst Ausführungsverordnungen und Ausführungsbestimmungen sowie den im Protektorat Böhmen und Mähren und im Generalgouvernement geltenden Vorschriften, Berlin 1943.

Mollenhauer, Anna-Maria Das gestörte Gesamtschuldverhältnis – Insbesondere die beschränkte Haftung der Eltern nach § 1664 Abs. 1 BGB, NJ 2011, 1–8.

Mommsen, Friedrich Zur Lehre von dem Interesse, Braunschweig 1855.

Moog, Martin Bewertung von Wildschäden im Wald – Modelle – Methoden – Bewertung, Melsungen 2008.

Moréteau, Olivier Grundfragen des Schadensersatzes aus französischer Sicht, in: Koziol (Hrsg.), Grundfragen des Schadenersatzrechts aus rechtsvergleichender Sicht, Wien 2014, 3–112.

Möslein, Florian Dispositives Recht – Zwecke, Strukturen und Methoden, Tübingen 2011.

Müller, Ernst Wolfgang Die Wildschadensvorschriften des deutschen bürgerlichen Rechts, Erlangen 1903.

Müller-Schallenberg, Ralph / Förster, Philipp Die Pflichtmitgliedschaft in Jagdgenossenschaften – Erwiderung zu Sailer, ZRP 2005, 88, ZRP 2005, 230–232.

Müller-Schallenberg, Ralph / Förster, Philipp Das Verhältnis von Jagd und Tierschutz – Einheit oder Widerspruch?, Natur und Recht 2007, 161–165.

Münchener Anwaltshandbuch Agrarrecht Dombert, Matthias/Witt, Karsten (Hrsg.), 2. Aufl., München 2016 (zit.: Bearbeiter, in: MAH AgrarR).

Münchener Anwaltshandbuch Mietrecht Hannemann, Thomas/Wiegner, Michael (Hrsg.), 5. Aufl. 2019 (zit.: Bearbeiter, in: MAH MietR).

Münchener Kommentar zum Bürgerlichen Gesetzbuch Säcker, Franz/Rixecker, Roland/Oetker, Hartmut/Limperg, Bettina (Hrsg.), Band 1: Allgemeiner Teil – §§ 1–240, AllgPersönlR, ProstG, AGG, 8. Aufl., München 2018 (zit.: Bearbeiter, in: MKBGB).

Münchener Kommentar zum Bürgerlichen Gesetzbuch Säcker, Franz/Rixecker, Roland/Oetker, Hartmut/Limperg, Bettina (Hrsg.), Band 2: Schuldrecht Allgemeiner Teil I, 8. Aufl., München 2019 (zit.: Bearbeiter, in: MKBGB).

Münchener Kommentar zum Bürgerlichen Gesetzbuch Säcker, Franz/Rixecker, Roland/Oetker, Hartmut/Limperg, Bettina (Hrsg.), Band 3: Schuldrecht Allgemeiner Teil II, 8. Aufl., München 2019 (zit.: Bearbeiter, in: MKBGB).

Münchener Kommentar zum Bürgerlichen Gesetzbuch Säcker, Franz/Rixecker, Roland/Oetker, Hartmut/Limperg, Bettina (Hrsg.), Band 4: Schuldrecht Besonderer Teil I – §§ 433–534, Finanzierungsleasing, CISG, 8. Aufl., München 2019 (zit.: Bearbeiter, in: MKBGB).

Münchener Kommentar zum Bürgerlichen Gesetzbuch Säcker, Franz/Rixecker, Roland/Oetker, Hartmut/Limperg, Bettina (Hrsg.), Band 5: Schuldrecht Besonderer Teil II, §§ 535–630h, 8. Aufl., München 2020 (zit.: Bearbeiter, in: MKBGB).

Münchener Kommentar zum Bürgerlichen Gesetzbuch Säcker, Franz/Rixecker, Roland/Oetker, Hartmut/Limperg, Bettina (Hrsg.), Band 7: Schuldrecht Besonderer Teil IV, §§ 705–853, Partnerschaftsgesellschaftsgesetz, Produkthaftungsgesetz, 8. Aufl., München 2020 (zit.: Bearbeiter, in: MKBGB).

Münchener Kommentar zum Bürgerlichen Gesetzbuch Säcker, Franz/Rixecker, Roland/Oetker, Hartmut/Limperg, Bettina (Hrsg.), Band 8: Sachenrecht – §§ 854–1296, WEG, ErbbauRG, 8. Aufl., München 2020 (zit.: Bearbeiter, in: MKBGB).

Münchener Kommentar zum Handelsgesetzbuch Schmidt, Karsten/Ebke, Werner (Hrsg.), Band 5: §§ 343–406, CISG, 4. Aufl., München 2018 (zit.: Bearbeiter, in: MKHGB).

Münchener Kommentar zum Strafgesetzbuch Joecks, Wolfgang/Miebach, Klaus (Hrsg.), Band 5: §§ 263–358 StGB, 3. Aufl., München 2019 (zit.: Bearbeiter, in: MKStGB).

Münchener Kommentar zur Zivilprozessordnung Krüger, Wolfgang/Rauscher, Thomas (Hrsg.), Band 1: §§ 1–354, 6. Aufl., München 2020 (zit.: Bearbeiter, in: MKZPO).

Münchener Kommentar zur Zivilprozessordnung Krüger, Wolfgang/Rauscher, Thomas (Hrsg.), Band 2: §§ 355–945b, 6. Aufl., München 2020 (zit.: Bearbeiter, in: MKZPO).

Musielak, Hans-Joachim Vertragsfreiheit und ihre Grenzen, JuS 2017, 949–954.

Musielak, Hans-Joachim / Voit, Wolfgang (Hrsg.) Zivilprozessordnung Kommentar – mit Gerichtsverfassungsgesetz, 18. Aufl., München 2021 (zit.: Bearbeiter, in: Musielak/Voit ZPO).

Nauen, Bernd Leistungserschwerung und Zweckvereitelung im Schuldverhältnis – Zur Funktion und Gestalt der Lehre von der Geschäftsgrundlage im BGB und im System des Reformentwurfs der Schuldrechtskommission, Berlin 2001.

Neumann, Alexander Die Haftung bei Verkehrsunfällen – eine Einführung, JA 2016, 167–173.

Nomos Kommentar BGB Schuldrecht – Band 2, Dauner-Lieb, Barbara/Langen, Werner (Hrsg.), 4. Aufl., Baden-Baden 2021 (zit.: Bearbeiter, in: NKBGB).

Nomos Kommentar Waffengesetz König, Achim-Volker/Papsthart, Christian (Hrsg.) 2. Aufl., Baden-Baden 2012 (zit.: Bearbeiter, in: NKWaffG).

Oertmann, Paul Die Geschäftsgrundlage: ein neuer Rechtsbegriff, Leipzig 1921.

Oliphant, Ken Grundfragen des Schadensersatzrechts aus der Sicht Englands und des Commonwealth, in: Koziol (Hrsg.), Grundfragen des Schadenersatzrechts aus rechtsvergleichender Sicht, Wien 2014, 393–476.

Ossenbühl, Fritz / Cornils, Matthias Staatshaftungsrecht, München 2013.

Parlamentsrecht Handbuch Morlok, Martin/Schliesky, Utz/Wiefelspütz, Dieter (Hrsg.), 1. Aufl., Baden-Baden 2016 (zit.: Bearbeiter, in: Morlok/Schliesky/Wiefelspütz Parlamentsrecht).

Paulus, Christoph G. / Zenker, Wolfgang Grenzen der Privatautonomie, JuS 2001, 1–9.

Paulus, David Stellvertretung und unternehmenbezogenes Geschäft, JuS 2017, 301–305.

Pawlowski, Hans-Martin Methodenlehre für Juristen – Theorie der Norm und des Gesetzes, 3. Aufl., Heidelberg 1999.

Pecho, Fritz Die Rechtsstellung und der Schutz der Jagdpächter in Eigenjagdbezirken gegenüber Störungen von Seiten der Grundstückspächter, Breslau 1932.

Peer, Gundula Die Rechtsfolgen von Störungen der Geschäftsgrundlage – Ein Vergleich zwischen § 313 RegE eines Schuldrechtsmodernisierungsgesetzes und dem geltenden deutschen und österreichischen Recht sowie modernen Regelwerken, in: Helms/Neumann/Capsers u. a. (Hrsg.), Jahrbuch Junger Zivilrechtswissenschaftler 2001 – Das neue Schuldrecht, Stuttgart u.a. 2001, 61–83.

Petersen, Jens Einwendungen und Einreden, JURA 2008, 422–424.

Petersen, Jens Examens-Repetitorium Allgemeines Schuldrecht, 10. Aufl., Heidelberg u.a. 2021.

Prütting, Hanns Sachenrecht: ein Studienbuch, 37. Aufl., München 2020.

Prütting/Wegen/Weinreich BGB Kommentar, 15. Aufl., Köln 2020 (zit.: Bearbeiter, in: Prütting/Wegen/Weinreich BGB).

Pückler, Mark von Der Jäger und sein Recht, Hamburg, Berlin 1985.

Pückler, Mark von Zur Klagebefugnis des Grundeigentumers (Jagdgenossen) gegen einen Abschussplan, AgrarR 1995, 193–197.

Pückler, Mark von Deutsches Jagdrecht und Europäische Menschenrechtskonvention – Zur Vereinbarkeit des deutschen Reviersystems mit den europäischen Menschenrechten und Grundfreiheiten (1), AgrarR 2001, 72–76.

Pückler, Mark von Jagdschein rechtzeitig verlängern – Pachtvertrag erlischt, Munitionsbesitz wird illegal, Wild und Hund 2014, 82–85.

Puppe, Ingeborg Kleine Schule des juristischen Denkens, 4. Aufl., Göttingen 2019.

Rachlitz, Richard / Ringshandl, Andreas Der bürgerlich-rechtliche Aufopferungsanspruch, JuS 2011, 970–976.

Raiser, Ludwig Das Recht der allgemeinen Geschäftsbedingungen, Berlin 1935.

Raiser, Ludwig Vertragsfunktion und Vertragsfreiheit, in: Caemmerer/Friesenhahn/Lange (Hrsg.), Hundert Jahre deutsches Rechtsleben: Festschrift zum hunderjährigen Bestehen des Deutschen Juristentages 1860 – 1960 Band 1, Karlsruhe 1960, 101–134.

Rehbinder, Manfred Allgemeine Geschäftsbedingungen und die Kontrolle ihres Inhalts, Berlin 1972, Reprint 2020.

Reiff, Peter Die Unverhältnismäßigkeit als Grenze der Naturalrestitution, NZV 1996, 425–430.

Reimoser, Friedrich Die Jagd als wirtschaftlicher Faktor, in: Dietlein/Froese (Hrsg.), Jagdliches Eigentum, Berlin 2018, 57–81.

Reischl, Klaus Grundfälle zum Schuldrecht, JuS 2003, 40–48.

Riesenhuber, Karl / Domröse, Ronny Der Tatbestand der Geschäftsgrundlage in § 313 BGB – Dogmatik und Falllösung, JuS 2006, 208–213.

Rösler, Hannes Störung der Geschäftsgrundlage nach der Schuldrechtsreform, ZGS 2003, 383–391.

Rösler, Hannes Grundfälle zur Störung der Geschäftsgrundlage, JuS 2004, 1058–1062.

Rother, Werner Haftungsbeschränkungen im Schadensrecht, München 1965.

Rümelin, Max Das Verschulden in Straf- und Zivilrecht, Tübingen 1909.

Rümelin, Max Schadensersatz ohne Verschulden, Tübingen 1910.

Rüping, Matthias Der mündige Bürger – Leitbild der Privatrechtsordnung?, Berlin 2017.

Sachs, Michael Verteilung der Gesetzgebungskompetenzen für Fragen des Jagdwesens zwischen Bund und Ländern, in: Dietlein/Froese (Hrsg.), Jagdliches Eigentum, Berlin 2018, 105–158.

Saenger, Ingo Gesellschaftsrecht, 5. Aufl., München 2020.

Sailer, Christian Der Jagdzwang und die Menschenrechte, ZRP 2005, 88–92.

Sailer, Christian Kein Pardon für Jagdgegner?, NVwZ 2006, 174–176.

Schack, Friedrich Aufopferungsanspruch bei Versagung der Abwehrklage aus § 1004 – BGHZ 16, 366, JuS 1963, 263–268.

Schäfer, Hans-Bernd / Ott, Claus Lehrbuch der ökonomischen Analyse des Zivilrechts, 5. Aufl., Heidelberg 2012.

Schartner, Gerhard Verschuldensunabhängige Haftung für Wildschäden – ein Anachronismus?, in: Höhere Bundeslehr- und Forschungsanstalt für Landwirtschat Raumberg-Gumpenstein, A-8952 Irdning-Donnersbachtal des Bundesministeriums für Land- und Forstwirtschaft, Umwelt und Wasserwirtschaft (Hrsg.), 22. Österreichische Jägertagung 2016 – Jagd im Spannungsfeld aktueller Herausforderungen 2016, 17–22.

Scheffer, Markus Waffenrechtliche Bedürfnisprüfung bei Jägern, GewA 2005, 278–282.

Scherping, Ulrich / Vollbach, Adolf Das Reichsjagdgesetz vom 3. Juli 1934, Berlin 1935.

Schiemann, Gottfried Argumente und Prinzipien bei der Fortbildung des Schadensrechts – dargestellt an der Rechtsprechung des BGH, München 1981.

Schlichter, Otto Baurechtlicher Nachbarschutz, NVwZ 1983, 641–649.

Schlick, Wolfgang Die Rechtsprechung des BGH zu den öffentlich-rechtlichen Ersatzleistungen, NJW 2017, 2509–2514.

Schmalz, Dieter Methodenlehre für das juristische Studium, 4. Aufl., Baden-Baden 1998.

Schmidt, Hubert Die Haftung für die Verwendung unwirksamer Allgemeiner Geschäftsbedingungen, WuM 2010, 191.

Schmidt, Karsten Handelsrecht – Unternehmensrecht I, 6. Aufl., Köln 2014.

Schmidt-Futterer, Wolfgang (Begr.) Blank, Hubert (Hrsg.) Mietrecht – Großkommentar des Wohn- und Gewerberaummietrechts, 14. Aufl., München 2019.

Schmidt-Preuß, Matthias Kollidierende Privatinteressen im Verwaltungsrecht – das subjektive öffentliche Recht im multipolaren Verwaltungsrechtsverhältnis, Berlin 1992.

Schmidt-Salzer, Joachim Allgemeine Geschäftsbedingungen, München 1971.

Schoch, Friedrich / Schneider, Jens-Peter / Bier, Wolfgang (Hrsg.) Verwaltungsgerichtsordnung Kommentar, 39. EL., München, Juli 2020 (zit: Bearbeiter, in: Schoch/Schneider/Bier VwGO).

Scholz, Philipp Das Verhältnis von Entschädigung und Störung der Geschäftsgrundlage, NJW 2020, 2209–2213.

Schroeder, Klaus-Peter Gottlieb Planck (1825–1910) – „Ziehvater" des BGB, JuS 2000.

Schuck, Marcus (Hrsg.) Bundesjagdgesetz unter Einbeziehung des Landesrechts Kommentar, 3. Aufl., München 2019 (zit: Bearbeiter, in: Schuck BJagdG).

Schuck, Marcus (Hrsg.) Bundesjagdgesetz unter Einbeziehung des Landesrechts Kommentar, 2. Aufl., München 2015 (zit: Bearbeiter, in: Schuck BJagdG [2. Aufl.]).

Schulz, Wilhelm / Seherr-Thoß, Günter von Die Jagd – Jagdrecht, Jagdpolizei, Wildschaden, Jagdschutz, Berlin 1904.

Schulze-Osterloh, Lerke Das Prinzip der Eigentumsopferentschädigung im Zivilrecht und im öffentlichen Recht – Untersuchungen zu Inhalt und Geltungsbereich des verfassungsrechtlichen Entschädigungsgebot nach Art. 14 GG, Berlin 1980.

Schulz-Merkel / Meier, Dominik Grundfälle zur Haftung bei Verkehrsunfällen, JuS 2015, 201–205.

Schwacke, Peter Juristische Methodik: – mit Technik der Fallbearbeitung, 5. Aufl., Stuttgart 2011.

Schwenk, Sigrid Kulturgeschichte der Jagd – Kultur, Kulturgeschichte und Jagd, in: Dietlein/Froese (Hrsg.), Jagdliches Eigentum, Berlin 2018, 3–27.

Seibt, Siegfried Grundwissen Jägerprüfung – Das Standardwerk zum Jagdschein, Stuttgart 2015.

Selter, Susanne Die Hasen und die Entstehung des BGB, AUR 2009, 175–181.

Spickhoff, Andreas Gesetzesverstoß und Haftung 1998.

Spickhoff, Andreas Die Grundstruktur der deliktischen Verschuldenshaftung, JuS 2016, 865–872.

Spyridakis, Johannes Gedanken über einen allgemeinen privatrechtlichen Aufopferungsanspruch, in: Baur/Larenz/Wieacker (Hrsg.), Beiträge zur europäischen Rechtsgeschichte und zum geltenden Zivilrecht – Festgabe für Johannes Sontis, München 1977, 241–251.

Stamm, Jürgen Die Gesamtschuld auf dem Vormarsch, NJW 2003, 2940–2944.

Stamm, Jürgen Die Bewältigung der „der gestörten Gesamtschuld" – Ein Beitrag zum Konkurrenzverhältnis zwischen § 426 I BGB und § 426 II BGB, NJW 2004, 811–813.

Starke, Heinz Die Haftung für Wildschaden nach dem Reichsjagdgesetz vom 3. Juli 1934, Jena 1935.

Staudinger BGB Buch 2: Recht der Schuldverhältnisse – §§ 830–838 (Haftung mehrerer Schädiger, Tierhalter-, Gebäudehaftung), Neubearbeitung 2018, Berlin (zit.: Bearbeiter, in Staudinger BGB).

Staudinger BGB Buch 2: Recht der Schuldverhältnisse – §§ 826–829, ProdHaftG (Unerlaubte Handlungen 2, Produkthaftung), Neubearbeitung 2018, Berlin (zit.: Bearbeiter, in Staudinger BGB).

Steindorf, Joachim (Begr.) Waffenrecht Kommentar – Waffengesetz, Beschussgesetz, Kriegswaffenkontrollgesetz einschließlich untergesetzlichem Regelwerk und Nebenbestimmungen, 10. Aufl., München 2015.

Stelkens, Paul/Bonk, Joachim/Sachs, Michael (Hrsg.) Verwaltungsverfahrensgesetz Kommentar, 9. Aufl., München 2018 (zit: Bearbeiter, in Stelkens/Bonk/Sachs).

Stockhofe, Rita Politsche Perspektiven auf die Zukunft des Jagdeigentums (CDU/CSU), in: Dietlein/Froese (Hrsg.), Jagdliches Eigentum, Berlin 2018, 311–316.

Stödter, Rolf Öffentlich-rechtliche Entschädigung, Hamburg 1933.

Stoll, Hans Begriff und Grenzen des Vermögensschadens, Karlsruhe 1973.

Stolting, Hermann / Zoebe, Gerhard Das Tier im Recht – Handbuch für alle Tierschutzfragen, Frankfurt am Main u.a. 1962.

Straßenverkehrsrecht Kommentar Mühlhaus, Hermann (Begr.), 26. Aufl., München 2020 (zit.: Bearbeiter, in: StVR).

Taschner, Hans Die künftige Produzentenhaftung in Deutschland, NJW 1986, 611–616.

Tausch, Adolf Jagdrecht Hessen – Ein Lehr- und Handbuch, 1. Auflage, Melsungen 2010.

Thies, Hans-Jürgen Anmerkung zum Urteil vom 13.12.1994 – 7 U 151/94 – (150/96), AgrarR 1996, 406–407.

Thies, Hans-Jürgen Aktuelle Urteile des BGH zum Wildschadensersatz, AUR 2010, 325–329.

Thies, Hans-Jürgen Anmerkung zum Aufsatz von RA Wetzel in AUR 2010, S. 70, AUR 2010, 266–267.

Thies, Hans-Jürgen Wild- und Jagdschaden, 9. Aufl., Stuttgart 2011.

Thies, Hans-Jürgen Das jagdliche Eigentum der Jagdgenossenschaften und Eigenjagdinhaber, in: Dietlein/Froese (Hrsg.), Jagdliches Eigentum, Berlin 2018, 249–269.

Thomas, Heinz (Begr.) / ***Putzo, Hans*** (Hrsg.) Zivilprozessordnung: ZPO Kommentar, 41. Aufl. 2020.

Ulrici, Bernhard / Purrmann, Anja Einwendungen und Einreden, JuS 2011, 104–107.

Verwaltungsrecht Handkommentar Fehling, Michael/Kastner, Berthold/Störmer, Rainer (Hrsg.), VwVfG, VwGO, Nebengesetze, 5. Aufl. 2021 (zit.: Bearbeiter, in: VerwR HK).

Vieweg, Klaus / Werner, Almuth Sachenrecht, 8. Auflage, München 2018.

Vollmer, Roland Wildschäden in der Landwirtschaft, Stuttgart 2017.

Vuia, Mihai Der merkantile Minderwert als Teil des Vermögensschadens, NJW 2012, 3057–3061.

Waffengesetz Kommentar Gade, Gunther (Hrsg.), 2. Aufl., München 2018.

Wagner, Stefan Probleme der Abschussplanung und der Wildschadenshaftung im Wald, AgrarR 1998, 240–246.

Weber, Hans Das Jagdpachtrecht, NJW 1957, 1508.

Weidner, Ulrich Die Mitverursachung als Entlastung des Haftpflichtigen, Karlsruhe 1970.

Wellenhofer, Marina Sachenrecht, 35. Aufl., München 2020.

Wertenbruch, Johannes BGB Allgemeiner Teil, 4. Aufl., München 2017.

Wetzel, Henning Die Obliegenheit des Landwirtes zur Schaffung von Bejagungsmöglichkeiten im Rahmen der Ersatzpflicht für Feldwildschäden, AUR 2010, 70–74.

Weyers, Hans-Leo Unfallschäden – Praxis und Ziele von Haftpflicht- und Vorsorgesystemen, Frankfurt am Main 1971.

Wiegand, Joseph Reichsjagdgesetz – mit der Ausführungsverordnung vom 27. März 1935, den Überleitungsvorschriften, Durchführungsbestimmungen und Erlassen sowie allen einschlägigen reichs- u. landesrechtlichen Bestimmungen, München 1935 (zit.: Bearbeiter, in: Wiegand RJG).

Wieling, Hans Josef Venire contra factum proprium und Verschulden gegen sich selbst, AcP 1976, 334–355.

Wilhelmi, Rüdiger Risikoschutz durch Privatrecht – Eine Untersuchung zur negatorischen und deliktischen Haftung unter besonderer Berücksichtigung von Umweltschäden, Tübingen 2009.

Wolff, Martin / Reiser, Ludwig Sachenrecht – Ein Lehrbuch von Martin Wolff, 10. Aufl., Tübingen 1957.

Zenner, Andreas Der Vertrag mit Schutzwirkung zu Gunsten Dritter – Ein Institut im Lichte seiner Rechtsgrundlage, NJW 2009, 1030–1034.

Zippelius, Reinhold Juristische Methodenlehre, 11. Aufl., München 2012.

Zrenner, Petra Die konservativen Parteien und die Entstehung des Bürgerlichen Gesetzbuches, Münster 2007.

FSC
www.fsc.org
MIX
Papier | Fördert
gute Waldnutzung
FSC® C083411

Kolibri 360 GmbH
Ferdinand-Jühlke-Straße 7
99095 Erfurt, Deutschland
produktsicherheit@kolibri360.de